Elements D'optique Physique...

J. Delsaulx

T 3 8 5/7

ÉLÉMENTS

D'OPTIQUE PHYSIQUE.

RÉSUMÉS DE PHYSIQUE MATHÉMATIQUE.

3ᵉ RÉSUMÉ.

ÉLÉMENTS

D'OPTIQUE PHYSIQUE,

PAR

le P. J. DELSAULX,

Professeur de physique mathématique au collége de la Compagnie de Jésus, à Louvain.

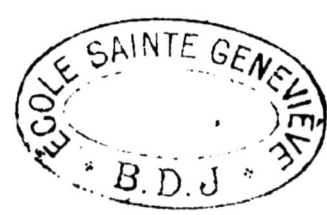

BRUXELLES,

IMPRIMERIE DE CHARLES LELONG,

Rue du Commerce, 25.

1868.

TABLE DES MATIÈRES.

CHAPITRE CINQUIÈME.

DE LA POLARISATION.

CHAPITRE SIXIÈME.

DE LA DOUBLE RÉFRACTION.

ÉLÉMENTS

D'OPTIQUE PHYSIQUE.

Outre les phénomènes de la réflexion, de la réfraction et de la diffusion de la lumière, dont l'étude fait l'objet de l'*optique géométrique*, il en est d'autres, liés plus étroitement que les premiers à la nature de l'agent lumineux, que l'on a coutume de nos jours de réunir et de traiter à part.

Ces phénomènes sont ceux des interférences, de la diffraction, de la polarisation et de la double réfraction. La partie de l'optique qui s'y rattache porte le nom d'*optique physique*.

CHAPITRE PREMIER.

DU RAYON LUMINEUX.

L'ensemble des phénomènes nous autorise à admettre l'existence d'un milieu matériel, impondérable, très-élastique, qui remplit les espaces et pénètre les intervalles moléculaires des corps. Ce milieu s'appelle *éther*. Sa densité peut varier d'un corps à l'autre; elle peut aussi changer dans un seul et même corps avec la direction.

Lorsque la densité d'une masse éthérée reste constante dans une même direction, quand on passe d'un point à un autre, on dit que la masse est *homogène;* elle est dite *hétérogène* dans le cas contraire. Dans la théorie des ondulations, que nous entreprenons d'exposer, on considère la lumière comme un mouvement vibratoire, communiqué à l'éther élastique et propagé par celui-ci de proche en proche.

I.

DU RAYON DE LUMIÈRE POLARISÉE.

DÉFINITION. Imaginons une file rectiligne de molécules éthérées, et supposons que la première d'entre elles, ayant été ébranlée normalement à la direction de la file, oscille de part et d'autre de sa position d'équilibre, dans la direction de l'écart initial, suivant les lois du mouvement rectiligne défini par les équations

$$x = a \cos \frac{2\pi}{T} t$$

et (1)

$$v = \alpha \sin \frac{2\pi}{T} t.$$

Dans ces équations, x représente la distance de la molécule en mouvement à sa position d'équilibre, au bout du temps t; v la vitesse correspondante prise en signe contraire; a la demi-amplitude de la vibration; α le maximum de la vitesse, et T la durée de l'oscillation totale. Les paramètres a, α, T satisfont d'ailleurs à la relation $\alpha = \frac{2\pi}{T} a$.

Admettons, en outre, que le mouvement oscillatoire se communique de proche en proche, aux autres molécules de la file éthérée, avec la vitesse de propagation ω, et nous donnerons ainsi naissance à un mouvement vibratoire général défini à la distance d du centre d'ébranlement, par les équations

$$x = a \cos \frac{2\pi}{T} \left(t - \frac{d}{\omega} \right)$$

et (2)

$$v = \alpha \sin \frac{2\pi}{T} \left(t - \frac{d}{\omega} \right).$$

Une file de molécules ainsi ébranlées dans un seul et même plan, constitue ce que l'on est convenu d'appeler un *rayon de lumière polarisée*. Le plan perpendiculaire à la vibration se nomme *plan de polarisation*.

Plusieurs files de cette nature, tellement juxtaposées que les plans de polarisation soient parallèles et que les mouvements vibratoires, passant simultanément par un même plan normal à la direction commune des files, soient concordants à chaque instant, forment ce que l'on nomme un *faisceau cylindrique de lumière polarisée.*

Nous démontrerons plus tard, au chapitre sixième, la possibilité de ces ébranlements et de cette propagation dans des circonstances déterminées.

Scholie. Le mouvement défini par les équations (1) n'est autre que le mouvement très-petit d'une molécule dérangée de sa position d'équilibre, dans un milieu élastique homogène. En effet, dans un mouvement élastique de cette nature, il est permis de ne conserver que le premier terme du développement en série de la force accélératrice suivant les puissances ascendantes de l'écart; ce qui conduit immédiatement à l'équation

$$\frac{dv}{dt} = - kx.$$

De là,

$$vdv = - kxdx,$$

et, par suite,

$$v^2 = \left(\frac{dx}{dt}\right)^2 = k(a^2 - x^2).$$

L'intégration de cette dernière équation donne :

$$x = a \cos(t\sqrt{k})$$

ou

$$x = a \cos \frac{2\pi}{T} t$$

T représentant le temps de l'oscillation, et vérifiant l'égalité

$$\sqrt{k} = \frac{2\pi}{T}.$$

Remarque. Les équations (2) peuvent se mettre sous la forme

$$x = a \cos 2\pi \left(\frac{t}{T} - \frac{d}{\lambda}\right)$$

et

$$v = \alpha \sin 2\pi \left(\frac{t}{T} - \frac{d}{\lambda}\right),$$

(3)

λ étant déterminé par l'équation

$$\lambda = \omega T;$$

ou encore, sous cette autre forme,

$$x = a \cos \frac{2\pi}{T} (t - \tau)$$

et $\qquad\qquad\qquad\qquad\qquad\qquad\qquad\qquad\qquad$ (4)

$$v = \alpha \sin \frac{2\pi}{T} (t - \tau).$$

Au lieu de compter le temps dans les équations (3) et (4), à partir de l'élongation maximum du centre d'ébranlement, on peut le compter à partir de l'élongation maximum d'un point quelconque du rayon : à ce point de vue plus général que nous conserverons dans la suite, les paramètres d et τ doivent être considérés dans les équations (2), (3) et (4) comme positifs ou négatifs suivant le cas, et l'origine du temps comme complètement arbitraire.

Le paramètre λ représente ce que l'on est convenu d'appeler la *longueur d'onde*, et τ la *phase* du mouvement vibratoire. La longueur d'onde, la phase et la distance d sont liées l'une à l'autre par les relations

$$\tau = \frac{d}{\lambda} T = \frac{d}{\omega}.$$

THÉORÈME. *L'intensité lumineuse d'un rayon de lumière polarisée est mesurée par la moitié du carré de la vitesse maximum du mouvement vibratoire correspondant.*

En effet, il est *naturel* de regarder l'intensité lumineuse d'un rayon de lumière polarisée, comme proportionnelle à la moyenne du travail vibratoire produit dans ce rayon pendant la durée d'une oscillation; attendu que l'effet mécanique d'un mouvement vibratoire ne peut être qu'une production de travail ou de force vive.

Or, cette moyenne est elle-même proportionnelle à la limite de la somme

$$\frac{\sum_{0}^{T} v^2}{\frac{T}{\Delta t}}$$

ou à

$$\frac{1}{T} \int_{0}^{T} v^2 dt;$$

et l'on a

$$\frac{1}{T} \int_{0}^{T} v^2 dt = \frac{\alpha^2}{T} \int_{0}^{T} \sin^2 \frac{2\pi}{T} (t-\tau) dt = \frac{\alpha^2}{2}.$$

En représentant par i l'intensité lumineuse d'un rayon de lumière polarisée, nous pouvons donc poser :

$$i = \frac{\alpha^2}{2}.$$

Scholie. S'il y avait quelque raison de considérer l'intensité i comme une quantité variable d'une oscillation à l'autre dans un même rayon, on prendrait alors, pour mesure du pouvoir lumineux, la moyenne d'un grand nombre de valeurs successives de i et on poserait :

$$\mathrm{I} = \mathrm{moy}\,(i) = \mathrm{moy}\left(\frac{1}{2}\,\alpha^2\right).$$

Cette intensité I est appelée intensité *multipériodique*, et celle que nous avons désignée par i est connue sous le nom d'intensité *unipériodique*.

Remarque. La polarisation dont nous venons de parler se nomme *polarisation rectiligne*.

————

II.

COMPOSITION DES RAYONS DE LUMIÈRE POLARISÉE ([*]).

Lorsque deux rayons de lumière polarisée se propagent suivant la même droite, il se passe des phénomènes de composition de mouvement que nous allons analyser.

1er THÉORÈME. *Deux rayons polarisés rectilignement, ayant une même période d'oscillation et un même plan de polarisation, donnent naissance par leur superposition, à un rayon résultant polarisé rectilignement, de même période et de même plan de polarisation que les rayons composants.*

En effet, soit $2\tau'$ la différence de phase des deux rayons. Par un choix convenable de l'origine du temps en chaque point, on a pour l'équation du premier rayon

$$x' = a' \cos \frac{2\pi}{T}(t - \tau')$$
$$v' = a' \sin \frac{2\pi}{T}(t - \tau') \tag{5}$$

et, par suite, pour l'équation du second

$$x'' = a'' \cos \frac{2\pi}{T}(t + \tau')$$
$$v'' = a'' \sin \frac{2\pi}{T}(t + \tau'). \tag{6}$$

Or on a comme expression de l'écart et de la vitesse dans le mouvement vibratoire du rayon résultant

$$X = x' + x''$$
$$V = v' + v'',$$

([*]) De Sénarmont, *Résumé du cours de physique de l'École Polytechnique*, pp. 405 et 441.

et, par suite,

$$X = (a' + a'') \cos \frac{2\pi}{T} t . \cos \frac{2\pi}{T} \tau' + (a' - a'') \sin \frac{2\pi}{T} t . \sin \frac{2\pi}{T} \tau'$$

$$V = (\alpha' + \alpha'') \sin \frac{2\pi}{T} t . \cos \frac{2\pi}{T} \tau' - (\alpha' - \alpha'') \cos \frac{2\pi}{T} t . \sin \frac{2\pi}{T} \tau'.$$

Si l'on pose

$$\frac{(a' + a'') \cos \frac{2\pi}{T} \tau'}{\cos \frac{2\pi}{T} \tau} = \frac{(a' - a'') \sin \frac{2\pi}{T} \tau'}{\sin \frac{2\pi}{T} \tau}$$

$$= \sqrt{(a' + a'')^2 \cos^2 \frac{2\pi}{T} \tau' + (a' - a'')^2 \sin^2 \frac{2\pi}{T} \tau'} = (a)$$

et

$$(\alpha) = \frac{2\pi}{T} (a),$$

on aura

$$X = (a) \cos \frac{2\pi}{T} (t - \tau)$$

et

$$V = (\alpha) \sin \frac{2\pi}{T} (t - \tau).$$

Dans ces équations du rayon résultant, τ est constant et l'origine du temps t, variable d'un point à l'autre ; mais on peut évidemment rapporter le temps à une origine fixe et rendre à τ son caractère de variabilité.

COROLLAIRE. L'intensité unipériodique du rayon résultant est donnée par la formule

$$i = \tfrac{1}{2} (\alpha)^2 = \frac{2\pi^2}{T^2} (a)^2$$

ou

$$i = \frac{2\pi^2}{T^2} \left\{ (a' + a'')^2 \cos^2 \frac{2\pi}{T} \tau' + (a' - a'')^2 \sin^2 \frac{2\pi}{T} \tau' \right\},$$

ou encore

$$i = \frac{2\pi^2}{T^2} \left(a'^2 + a''^2 + 2a'a'' \cos \frac{4\pi}{T} \tau' \right).$$

Cette intensité est maximum et égale à

$$\frac{2\pi^2}{T^2} (a' + a'')^2$$

lorsque

$$2\tau' = 2m \frac{T}{2},$$

m étant un nombre entier quelconque; ou, ce qui est la même chose, quand on a

$$2m \frac{T}{2} = \frac{2d'}{\lambda} T$$

et, par suite,

$$2d' = 2m \frac{\lambda}{2}.$$

$2\tau'$ est la *différence de phase* des rayons composants (5) et (6), et $2d'$ la *différence de marche* correspondante. On peut donc dire, en général, que l'intensité du rayon résultant est *maximum* lorsque la différence de phase des rayons composants est égale à un nombre pair de demi-périodes d'oscillation, ou, ce qui revient au même, lorsque la différence de marche équivaut à un nombre pair de demi-longueurs d'onde.

Quant au *minimum* dont la valeur est

$$\frac{2\pi^2}{T^2} (a' - a'')^2,$$

il a évidemment lieu lorsque la différence de phase des rayons composants est égale à un nombre impair de demi-périodes d'oscillation, ou lorsque la différence de marche est égale à un nombre impair de demi-longueurs d'onde.

On peut remarquer, en outre, que ce *minimum* est nul lorsque a' est égal à a'', c'est-à-dire, lorsque les rayons composants sont de même intensité.

2e THÉORÈME. *Deux rayons polarisés rectilignement ayant une même période d'oscillation, une même phase, et des plans de polarisation rectangulaires, donnent naissance par leur superposition à un rayon résultant polarisé rectilignement de même période d'oscil'ation et de même phase que les rayons composants.*

Soient, en effet, les deux rayons composants

$$x = a' \cos \frac{2\pi}{T} (t + \tau)$$
$$v' = \alpha' \sin \frac{2\pi}{T} (t + \tau) \tag{7}$$

et

$$y = a'' \cos \frac{2\pi}{T} (t + \tau)$$
$$v'' = \alpha'' \sin \frac{2\pi}{T} (t + \tau). \tag{8}$$

Il est aisé de voir que la vibration du rayon résultant se fait suivant l'azimut φ déterminé par chacune des égalités

$$\tan \varphi = \frac{y}{x} = \frac{a''}{a'} = \frac{\alpha''}{\alpha'} = \sqrt{\frac{i''}{i'}},$$

et en posant

$$(a)^2 = a'^2 + a''^2$$
$$(\alpha)^2 = \alpha'^2 + \alpha''^2,$$

les équations du mouvement résultant sont

$$X = (a) \cos \frac{2\pi}{T} (t + \tau)$$
$$V = (\alpha) \sin \frac{2\pi}{T} (t + \tau), \tag{9}$$

COROLLAIRE. L'intensité unipériodique du rayon résultant est donnée par la formule

$$i = \tfrac{1}{2}(a)^2 = \tfrac{1}{2}(a'^2 + a''^2) = i' + i'' :$$

elle est égale à la somme des intensités unipériodiques des rayons composants.

SCHOLIE. Lorsqu'un rayon polarisé rectilignement est représenté par les équations (9), il est toujours permis de le décomposer dans les deux rayons polarisés rectilignement rectangulaires (7) et (8); et alors on a, comme dans la décomposition des forces,

$$a' = (a)\cos\varphi$$
$$a'' = (a)\sin\varphi,$$

et

$$\alpha' = (\alpha)\cos\varphi$$
$$\alpha'' = (\alpha)\sin\varphi,$$

et, par suite,

$$i' = i\cos^2\varphi$$
$$i'' = i\sin^2\varphi.$$

3ᵉ THÉORÈME. *Deux rayons polarisés rectilignement et à angle droit, ayant une même période d'oscillation, une même amplitude et une différence de marche égale à un quart de longueur d'onde, donnent naissance par leur superposition à un rayon qui est dit polarisé circulairement, dextrogyre ou lévogyre.*

Vu les égalités (5) et (6), les équations des rayons dont il s'agit sont en chaque point

$$x = a\cos\frac{2\pi}{T}\left(t + \frac{T}{8}\right)$$
$$v' = \alpha\sin\frac{2\pi}{T}\left(t + \frac{T}{8}\right) \qquad (10)$$

et

$$y = a \cos \frac{2\pi}{T} \left(t - \frac{T}{8} \right)$$
$$v'' = \alpha \sin \frac{2\pi}{T} \left(t - \frac{T}{8} \right) \qquad (11)$$

Or, les équations (11) peuvent se mettre sous la forme

$$y = a \sin \frac{2\pi}{T} \left(t + \frac{T}{8} \right)$$
$$v'' = - \alpha \cos \frac{2\pi}{T} \left(t + \frac{T}{8} \right).$$

De là,

$$x^2 + y^2 = a^2 \qquad (12)$$
$$\tan \varphi = \frac{y}{x} = \tan \frac{2\pi}{T} \left(t + \frac{T}{8} \right)$$
$$\varphi = \frac{2\pi}{T} \left(t + \frac{T}{8} \right) \qquad (13)$$
$$V = \sqrt{v'^2 + v''^2} = \alpha = \frac{2\pi}{T} a = a \frac{d\varphi}{dt}. \qquad (14)$$

Les équations (12), (13), (14) montrent que la molécule éthérée, soumise à l'influence des rayons polarisés rectangulaires (10) et (11), décrit une orbite circulaire, avec une vitesse constante et dans le sens de $(+ x)$ à $(+ y)$, c'est-à-dire, de la direction de la vibration du rayon en avance vers la direction de la vibration du rayon en retard.

Une file de molécules éthérées décrivant successivement, autour de leur position d'équilibre, des orbites circulaires égales avec une vitesse constante, constitue ce qu'on est convenu d'appeler un rayon de *lumière polarisée circulairement*.

Scholie. Un rayon de lumière polarisée circulairement, représenté par les équations (12), (13), (14), peut toujours être décomposé dans les deux rayons polarisés rectilignement rectangulaires (10) et (11).

4ᵉ Théorème. *Deux rayons polarisés rectilignement de même période, mais dont l'amplitude, la phase et les plans de polarisation sont différents, donnent naissance par leur superposition à ce qu'on appelle un rayon polarisé elliptiquement.*

On a pour ces deux rayons, en vertu des équations (5) et (6),

$$x = a' \cos \frac{2\pi}{T} (t + \tau)$$

et

$$y = a'' \cos \frac{2\pi}{T} (t - \tau).$$

De là,

$$\text{arc} \cos \frac{x}{a'} = \frac{2\pi}{T} (t + \tau)$$

et

$$\text{arc} \cos \frac{y}{a''} = \frac{2\pi}{T} (t - \tau)$$

et, par suite,

$$\text{arc} \cos \frac{x}{a'} - \text{arc} \cos \frac{y}{a''} = \theta,$$

θ étant déterminé par la relation

$$\theta = \frac{4\pi}{T} \tau.$$

En prenant les cosinus des deux membres dans l'avant-dernière équation, on obtient

$$\frac{x}{a'} \frac{y}{a''} + \sqrt{\left(1 - \frac{x^2}{a'^2}\right) \left(1 - \frac{y^2}{a''^2}\right)} = \cos \theta,$$

ou

$$\frac{x^2}{a'^2} + \frac{y^2}{a''^2} - 2 \frac{\cos\theta}{a'a''} xy = \sin^2\theta$$

Il en résulte que la molécule éthérée, soumise à l'influence des deux rayons polarisés rectilignement décrit une orbite elliptique.

Une file de molécules éthérées, décrivant ainsi successivement autour de leur position d'équilibre des orbites elliptiques, constitue ce que l'on appelle un rayon de *lumière polarisée elliptiquement*.

La polarisation elliptique comprend évidemment, comme cas particuliers, la polarisation rectiligne et la polarisation circulaire.

III.

DU RAYON DE LUMIÈRE NATURELLE.

La lumière polarisée prend naissance dans des conditions particulières, dont l'exposé fera le sujet d'un des chapitres suivants. En dehors de ces cas plus ou moins exceptionnels, la lumière est appelée *naturelle*.

Une observation attentive des phénomènes a montré :

1° *Qu'un faisceau de rayons de lumière naturelle peut être considéré comme équivalant à deux faisceaux superposés de rayons polarisés rectilignement et à angle droit ; ces faisceaux ont même intensité, et leurs plans de polarisation, tout en étant rectangulaires, peuvent être orientés d'une manière quelconque autour de la ligne de propagation ;*

2° *Que la teinte d'un rayon est déterminée par la période d'oscillation de son mouvement vibratoire ;*

3° *Que les rayons de lumière naturelle sont distincts des rayons polarisés circulairement ou elliptiquement;*

4° *Que ces mêmes rayons sont dépourvus de toute trace de polarisation sensible.*

Il résulte de ces faits que les rayons de lumière naturelle ne peuvent jouir d'aucune propriété particulière, suivant une direction perpendiculaire à celle de leur propagation.

Pour satisfaire à ces conditions, on *assimile* le rayon de lumière naturelle à un rayon de lumière polarisée rectilignement, dont la période d'oscillation reste constante mais dont l'amplitude, la phase et le plan de polarisation varient d'une manière déterminée. Ainsi l'on suppose que l'azimut du plan de polarisation change un très-grand nombre de fois dans un temps très-court. L'amplitude varie aussi, mais de telle sorte néanmoins que, dans un rayon de lumière naturelle d'intensité constante, l'intensité *multipériodique* ait la même valeur dans chaque azimut.

L'explication ultérieure des faits montrera toute la probabilité de ces *hypothèses*. Elles sont en accord évident avec la deuxième, la troisième et la quatrième condition énoncée plus haut, et il est facile de faire voir qu'elles concordent aussi avec la première.

En effet, en décomposant le mouvement vibratoire correspondant à chacun des azimuts, suivant deux directions rectangulaires fixes, on a par les équations (7), (8), (9), pour le mouvement vibratoire azimutal,

$$X = (a) \cos \frac{2\pi}{T} (t + \tau)$$

et

$$V = (\alpha) \sin \frac{2\pi}{T} (t + \tau);$$

puis pour les mouvements composants,

$$x = a' \cos \frac{2\pi}{T} (t + \tau)$$

$$v' = \alpha' \sin \frac{2\pi}{T} (t + \tau),$$

et

$$y = a'' \cos \frac{2\pi}{T} (t + \tau)$$

$$v'' = \alpha'' \sin \frac{2\pi}{T} (t + \tau),$$

a', a'', α', α'' étant donnés par les équations

$$a' = (a) \cos \varphi$$

$$a'' = (a) \sin \varphi,$$

et

$$\alpha' = (\alpha) \cos \varphi$$

$$\alpha'' = (\alpha) \sin \varphi.$$

L'intensité multipériodique de ces mouvements composants est déterminée par les équations

$$I' = \cos^2 \varphi . \, \text{moy} \left\{ \frac{1}{2} (\alpha)^2 \right\} = I \cos^2 \varphi$$

et

$$I'' = \sin^2 \varphi . \, \text{moy} \left\{ \frac{1}{2} (\alpha)^2 \right\} = I \sin^2 \varphi,$$

I représentant l'intensité multipériodique du mouvement azimutal considéré.

Lorsque φ varie de o à 2π dans un temps très-court, les intensités doublement *multipériodiques* correspondantes sont données par les égalités

$$(I') = \text{moy} (\cos^2 \varphi) = I \frac{\displaystyle\int_o^{2\pi} \cos^2 \varphi \, d\varphi}{2\pi} = \frac{1}{2} I$$

et

$$(I'') = I \text{ moy } (\sin^2 \varphi) = I \, \frac{\displaystyle\int_0^{2\pi} \sin^2\varphi \, d\varphi}{2\pi} = \tfrac{1}{2} I$$

Les intensités proprement dites des deux rayons composants de la lumière naturelle sont donc égales entre elles, et leur valeur commune est indépendante de l'orientation des plans de polarisation suivant lesquels on a opéré la décomposition; ce qui est la première condition imposée par l'expérience. On voit, de plus, que cette intensité commune est égale à la moitié de l'intensité multipériodique constante de chacun des mouvements azimutaux.

CHAPITRE DEUXIÈME.

DES INTERFÉRENCES.

Deux rayons polarisés rectilignement, de même période
d'oscillation et de même plan de polarisation, donnent naissance par leur superposition, comme nous avons vu, à un
rayon résultant polarisé rectilignement dans le même plan,
et dont l'intensité, variable avec la différence de marche des
rayons composants, peut être inférieure, égale ou supérieure
à celles de ces derniers. Lorsque cette composition a lieu
on dit que les deux rayons *interfèrent*, et le phénomène
porte le nom d'*interférence*. On appelle encore interférence,
la composition de deux rayons résultants formés de rayons
polarisés rectilignement capables d'interférer entre eux.

Nous nous proposons d'exposer dans ce chapitre les phénomènes d'interférence et les principes qui les régissent.

I.

PRINCIPES (*).

1er THÉORÈME. *Deux rayons homogènes polarisés rectilignement et superposés n'interfèrent jamais, lorsqu'ils émanent de
deux sources indépendantes.*

(*) Verdet, *Cours de physique de l'École Polytechnique*, t. II, pp. 177
et suiv.

Ce principe est plutôt un fait d'expérience, qu'un théorème proprement dit. Voici l'explication qu'on en donne.

Soient

$$x = a' \cos \frac{2\pi}{T} (t + \tau)$$

$$v' = \alpha' \sin \frac{2\pi}{T} (t + \tau)$$

et

$$y = a'' \cos \frac{2\pi}{T} (t - \tau)$$

$$v'' = \alpha'' \sin \frac{2\pi}{T} (t - \tau)$$

les équations des deux rayons, et soit ψ l'angle formé par leurs plans de polarisation.

La superposition de ces rayons donne naissance à un mouvement vibratoire résultant dont la vitesse est donnée par l'équation

$$V^2 = v'^2 + v''^2 + 2v'v'' \cos \psi$$

ou

$$V^2 = \alpha'^2 \sin^2 \frac{2\pi}{T}(t+\tau) + \alpha''^2 \sin^2 \frac{2\pi}{T}(t-\tau) + \alpha'\alpha'' \cos \psi \left\{ \cos \frac{4\pi}{T}\tau - \cos \frac{4\pi}{T}t \right\}.$$

On a donc pour l'intensité unipériodique de ce mouvement résultant,

$$i = \frac{\int_o^T V^2 dt}{T}$$

ou

$$i = \frac{1}{2} (\alpha'^2 + \alpha''^2) + \alpha'\alpha'' \cos \psi . \cos \frac{4\pi}{T} \tau,$$

puisque

$$\int_0^T \sin^2 \frac{2\pi}{T}(t+\tau)\, dt = \int_0^T \sin^2 \frac{2\pi}{T}(t-\tau)\, dt = \frac{T}{2}$$

et

$$\int_0^T \cos \frac{4\pi}{T}\, t \, . \, dt = o .$$

Or, une source lumineuse étant assujettie, par le fait de l'action tumultueuse qui la produit, à des perturbations nombreuses et incessantes, on suppose que dans le cas de deux sources *indépendantes*, la demi-différence de phase τ passe par toutes les valeurs comprises entre o et T pendant un temps très-court, de manière à donner naissance à une intensité multipériodique correspondante déterminée par l'égalité

$$I = \tfrac{1}{2}(\alpha'^2 + \alpha''^2) + \frac{\alpha' \, \alpha'' \cos \psi}{T} \int_0^T \cos \frac{4\pi}{T}\tau \, . \, d\tau$$

ou

$$I = \frac{1}{2}(\alpha'^2 + \alpha''^2) = i' + i'' .$$

Cette intensité est constante et égale à la somme des intensités unipériodiques des rayons composants; par cette constance, elle est incompatible avec une interférence proprement dite.

Scholie. Le résultat qui précède est indépendant de l'angle ψ et applicable à la lumière naturelle dont le rayon équivaut, comme on sait, à deux rayons d'égale intensité polarisés rectilignement et à angle droit.

. 2ᵉ **Théorème.** *Deux rayons homogènes polarisés rectiligne-ment dans le même plan de polarisation produisent toujours, par leur superposition, le phénomène de l'interférence, lorsque ces rayons émanent de deux sources conjuguées.*

En effet, les équations de ces rayons étant, lorsque les deux sources sont *conjuguées,*

$$x' = a \cos \frac{2\pi}{T} (t + \tau)$$

$$v' = \alpha \sin \frac{2\pi}{T} (t + \tau) \qquad\qquad (15)$$

et

$$x'' = a \cos \frac{2\pi}{T} (t - \tau)$$

$$v'' = \alpha \sin \frac{2\pi}{T} (t - \tau), \qquad\qquad 16$$

on a pour la vitesse du rayon résultant

$$V = 2\alpha \cos \frac{2\pi}{T} \tau . \sin \frac{2\pi}{T} t,$$

et pour son intensité unipériodique

$$(i) = 2\alpha^2 \cos^2 \frac{2\pi}{T} \tau.$$

Cette intensité est *maximum* et égale à

$$2\alpha^2 \qquad \text{ou} \qquad 4i,$$

lorsque 2τ est égal à

$$o, \quad T, \quad 2T, \quad 3T \ldots \ldots :$$

c'est-à-dire, vu l'égalité

$$2\tau = \frac{2d}{\lambda} T,$$

lorsque la différence de marche 2d est égale à

$$o, \quad 2\,\frac{\lambda}{2}, \quad 4\,\frac{\lambda}{2}, \quad 6\,\frac{\lambda}{2} \cdot \cdot \cdot \cdot \cdot,$$

ou à *un nombre pair de demi-longueurs d'onde.*

Elle est, au contraire, *minimum* et égale à *o*, lorsque 2τ est égal à

$$\frac{T}{2}, \quad 3\,\frac{T}{2}, \quad 5\,\frac{T}{2}, \quad 7\,\frac{T}{2} \cdot \cdot \cdot \cdot \cdot,$$

et la différence de marche 2d égale à

$$\frac{\lambda}{2}, \quad 3\,\frac{\lambda}{2}, \quad 5\,\frac{\lambda}{2}, \quad 7\,\frac{\lambda}{2} \cdot \cdot \cdot \cdot \cdot,$$

ou à *un nombre impair de demi-longueurs d'onde.*

REMARQUE. Nous avons supposé que les rayons composants (15) et (16) ont des amplitudes et des intensités égales. Dans le cas contraire, ces rayons sont représentés par les équations (5) et (6), et ils interfèrent suivant les mêmes lois que les rayons (15) et (16), comme il a été démontré au chapitre précédent.

SCHOLIE. Tous ces résultats s'étendent à la lumière naturelle.

3e THÉORÈME. *Deux rayons homogènes polarisés rectilignement et à angle droit n'interfèrent pas, alors même qu'ils émanent de deux sources conjuguées.*

Nous supposerons ici que les deux rayons polarisés à angle droit, ont été extraits d'un seul et même rayon polarisé rectilignement, conformément à la décomposition qui a été faite plus haut pour les rayons (7) et (8) par rapport au rayon (9). Les procédés d'extraction seront suffisamment indiqués dans la suite.

Cela posé, et en tenant compte de l'état conjugué des sources, on a pour les équations de ces deux rayons,

$$x = a \cos \varphi . \cos \frac{2\pi}{T} (t + \tau$$

$$v' = a \cos \varphi . \sin \frac{2\pi}{T} (t + \tau)$$

et

$$y = a \sin \varphi . \cos \frac{2\pi}{T} (t - \tau)$$

$$v'' = a \sin \varphi . \sin \frac{2\pi}{T} (t - \tau.$$

De là, dans le rayon résultant,

$$V^2 = a^2 \cos^2 \varphi . \sin^2 \frac{2\pi}{T} (t + \tau) + a^2 \sin^2 \varphi . \sin^2 \frac{2\pi}{T} (t - \tau)$$

et

$$i = \frac{1}{T} . \int_o^T V^2 dt ;$$

par suite,

$$i = \frac{1}{2} a^2 (\cos^2 \varphi + \sin^2 \varphi) = i' + i'' = \frac{1}{2} a^2.$$

Quelle que soit la différence de marche des rayons composants, l'intensité reste donc invariable et l'interférence est impossible.

Scholie. Cette conclusion, indépendante de l'angle azimutal φ, s'étend aux rayons polarisés à angle droit extraits d'un rayon de lumière naturelle par la voie de décomposition indiquée dans le théorème.

II.

FRANGES DE FRESNEL.

Les physiciens ont imaginé différentes méthodes pour produire et observer le phénomène des interférences.

1re Méthode, miroirs. Fresnel a étudié le premier ce phénomène dans de bonnes conditions de simplicité.

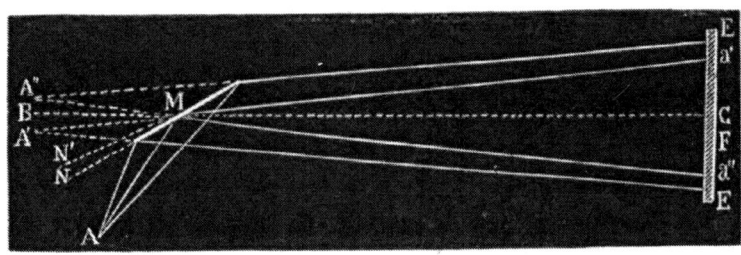

Une ligne lumineuse verticale A, formée au foyer d'une lentille cylindrique par un faisceau de lumière homogène, engendre par la réflexion de ses rayons sur deux miroirs plans verticaux MN et MN' faisant entre eux un angle obtus très-voisin de 180°, deux images linéaires, verticales aussi, A' et A'', dont les rayons vont éclairer simultanément la partie centrale a'a'' de l'écran EE.

Afin de simplifier notre exposé, nous supposerons que le phénomène de la réflexion de la lumière consiste uniquement dans le changement de direction des rayons incidents, dont il a été question dans l'optique géométrique. Pour envisager l'expérience de Fresnel dans toute sa réalité physique, il faudrait tenir compte de la variation d'amplitude et du changement de direction de la vibration qui se produisent dans l'acte de la réflexion. Ces considérations nouvelles répandraient plus de lumière sur les côtés accessoires du phénomène, mais elles n'altéreraient pas la légitimité de nos résultats. Cette remarque restrictive, étendue à la réfraction et à la diffusion, doit être appliquée aux différents phénomènes d'interférence dont il sera question dans ce chapitre. Qu'il nous suffise de la mentionner ici. Cela posé, il est évident que le point F de l'espace central $a'a''$ est éclairé par les deux rayons *conjugués* A''F et A'F, dont la différence de marche est

$$A''F - A'F = \sqrt{l^2 + (a+x)^2} - \sqrt{l^2 + (a-x)^2},$$

l représentant la distance BC du point milieu du segment A'A'' à l'écran EE, a la moitié de ce même segment A'A'', et x la distance FC.

En développant par la formule du binome les termes du second membre de l'équation précédente, et en négligeant les puissances de $\left(\dfrac{a \pm x}{l}\right)$ supérieures à la deuxième, on obtient

$$A''F - A'F = \frac{2ax}{l}$$

ou, en représentant l'angle A'CA'' par 2α,

$$A''F - A'F = 2x \tang \alpha.$$

Les deux rayons A'F et A''F, émanant des deux sources conjuguées et homogènes A' et A'', sont dans les conditions exigées pour l'interférence. L'illumination de la partie $a'a''$ de l'écran doit donc présenter des variations périodiques d'intensité; le *maximum* d'éclat correspondant, dans chaque plan horizontal, aux valeurs de x déterminées par l'équation

$$2x \tang \alpha = 2m \frac{\lambda}{2},$$

m étant un nombre entier quelconque, et le *minimum*, aux valeurs de *x* fournies par la formule

$$2x \tan \alpha = (2m + 1) \frac{\lambda}{2}.$$

Les parties les plus éclairées de la série des franges verticales brillantes viendront ainsi se projeter sur l'écran, à des distances de la ligne centrale C respectivement égales à

$$0, \quad \frac{2}{\tan \alpha} \frac{\lambda}{4}, \quad \frac{4}{\tan \alpha} \frac{\lambda}{4}, \quad \frac{6}{\tan \alpha} \frac{\lambda}{4} \cdots \cdots,$$

et les centres de la série des franges verticales obscures, aux distances de la même ligne verticale C

$$\frac{1}{\tan \alpha} \frac{\lambda}{4}, \quad \frac{3}{\tan \alpha} \frac{\lambda}{4}, \quad \frac{5}{\tan \alpha} \frac{\lambda}{4}, \quad \frac{7}{\tan \alpha} \frac{\lambda}{4} \cdots \cdots$$

De la sorte, l'intervalle compris entre le centre d'une frange brillante et celui de la frange obscure suivante, ou réciproquement, est constant et égal à

$$\frac{1}{\tan \alpha} \frac{\lambda}{4}.$$

Dans l'expérience des miroirs de Fresnel, on remarque, en effet, que la partie $a'a''$ de l'écran est divisée en franges verticales équidistantes, alternativement brillantes et obscures. Ces franges sont réparties symétriquement de part et d'autre de la frange centrale brillante C, et elles forment dans l'espace une suite de surfaces cylindriques à sections hyperboliques, de même plan axial, et ayant les droites A' et A'' pour foyers linéaires communs. Pour une même position de l'écran, les franges sont d'autant plus espacées que l'angle des miroirs est plus voisin de 180. Cela doit être, puisque l'angle α diminue indéfiniment, à mesure que les images linéaires A' et A'' se rapprochent.

Pour apercevoir les franges de Fresnel, il n'est pas nécessaire de les projeter sur un écran ; on peut les observer à
l'œil nu ou avec une loupe.

COROLLAIRE. En regardant les franges d'interférence avec
une loupe à réticule montée sur l'écrou mobile d'une vis
micrométrique, on peut faire coïncider facilement le fil vertical de l'instrument avec la partie centrale des franges
obscures ou brillantes successives, et déterminer ainsi, pour
une position particulière du plan d'observation EE, la série
des valeurs de x, et, par suite, la valeur de λ ou la longueur
d'onde de la lumière homogène soumise à l'expérience.

C'est par ce moyen, et par d'autres plus exacts dont nous
parlerons plus loin, que l'on a pu calculer toutes les valeurs
du tableau suivant :

COULEURS.	λ	T	N
Violet.	423	141	708
Indigo	449	149	669
Bleu	475	158	630
Vert	521	173	576
Jaune.	551	183	543
Orangé	583	194	513
Rouge	620	207	483

Dans ce tableau, λ représente la longueur d'onde estimée
en millionièmes de millimètre, T le temps d'une oscillation
évalué en cent quatrillionièmes de seconde, et N le nombre
de trillions de vibrations à la seconde.

SCHOLIE. Dans l'expérience des miroirs de Fresnel, on obtient avec la lumière blanche une superposition des effets observés séparément avec chacune des sept couleurs. On peut se faire une idée assez nette du phénomène, en construisant la série des centres des franges brillantes de la teinte violette dont la longueur d'onde est la plus courte, et en échelonnant, à la suite de ces centres, les bandes colorées dues à la juxtaposition des franges brillantes de même ordre des diverses teintes.

La largeur de ces bandes colorées est

$$\frac{2}{\tan g \, \alpha} \frac{\lambda_r - \lambda_v}{4} \, , \quad \frac{4}{\tan g \, \alpha} \frac{\lambda_r - \lambda_v}{4} \, , \quad \frac{6}{\tan g \, \alpha} \frac{\lambda_r - \lambda_v}{4} \, \ldots \ldots ;$$

elle est d'autant plus grande que l'ordre des franges est plus élevé.

Il en résulte qu'à une distance même assez faible de la frange brillante C, toute coloration doit disparaître, et qu'une teinte blanche uniforme doit y remplacer l'irisation des régions centrales. C'est ce que l'expérience confirme.

2e MÉTHODE, BIPRISME. M. Pouillet s'est servi d'un procédé différent de celui de Fresnel pour produire les deux images conjuguées linéaires A′ et A″, et donner ainsi naissance au phénomène des interférences.

Avant d'exposer cette nouvelle méthode expérimentale, il convient de faire une remarque au sujet des prismes (*).

Lorsque des rayons émanés d'un point lumineux S rencontrent un prisme en faisant avec sa surface des angles d'incidence peu différents les uns des autres, ces rayons

---

(*) Jamin, *Cours de physique de l'École Polytechnique*, t. III, pp. 408 et suiv.

divergent tous sensiblement, à l'émergence, d'un seul et même foyer virtuel S'.

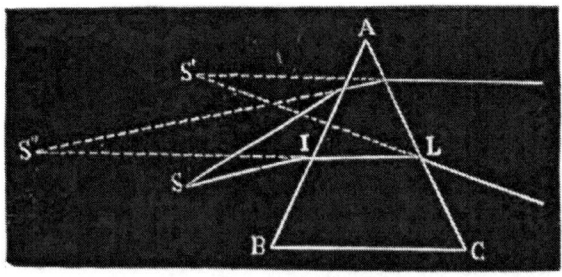

Construisons, en effet, le point de concours auxiliaire S", ainsi que la figure l'indique, et posons

$$SI = p \qquad S''I = p'' \quad \cdot \qquad S'L = p'.$$

On a, comme on sait,

$$\sin i = n \sin r$$
$$r + r' = (A)$$
$$\sin i' = n \sin r'$$

et, par suite,

$$\cos i \, di = n \cos r \, dr$$
$$dr + dr' = o$$
$$\cos i' \, di' = n \cos r' \, dr'.$$

On a aussi, comme il est facile de s'en convaincre à l'inspection de la figure,

$$\frac{p\,di}{\cos i} = \frac{p''dr}{\cos r}$$

et

$$\frac{p'di'}{\cos i'} = \frac{(p'' + IL)\,dr'}{\cos r'}$$

De là, en négligeant le segment IL devant p'', ce que l'on pourra toujours faire lorsque la réfraction aura lieu dans le voisinage du sommet du prisme ou que l'angle réfringent (A) sera très-petit, on a

$$\frac{p'}{p} \frac{\cos i\, di'}{\cos i'\, di} = \frac{\cos r\, dr'}{\cos r'\, dr}$$

ou

$$p' = p \frac{\cos^2 i'.\cos^2 r}{\cos^2 i .\cos^2 r'}$$

ou encore

$$p' = p \frac{(n^2 - \sin^2 i)\,(1 - \sin^2 i')}{(n^2 - \sin^2 i')\,(1 - \sin^2 i)}.$$

COROLLAIRE. Pour $i = 90°$

$$p' = \infty ;$$

pour $i = i'$, cas où la déviation produite par le prisme est *minimum*, on a

$$p' = p ;$$

enfin, pour $i = 0$

$$p' = p \frac{1 - n^2 \sin^2(A)}{\cos^2(A)}.$$

EXPÉRIENCE. Pour produire le phénomène des interférences, M. Pouillet réunissant par la base deux prismes égaux à angle réfringent très-petit, éclaire le système avec la lumière homogène d'une source lumineuse concentrée au foyer linéaire A d'une lentille cylindrique. L'axe de la lentille et les arêtes du *biprisme* PP sont parallèles, et la déviation des rayons émergents avoisine plus ou moins le *minimum*.

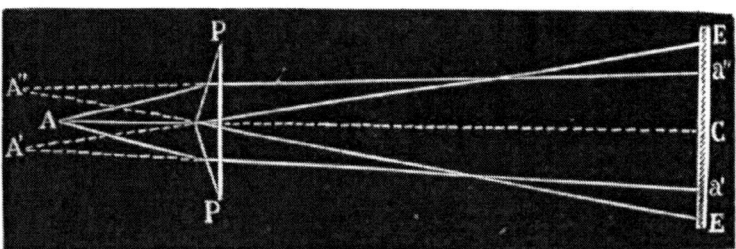

Les rayons émis par les foyers virtuels A′ et A″ se superposent dans la partie a′a″ de l'écran ; c'est là qu'on observe les franges.

Les mesures se font comme dans l'expérience de Fresnel.

Avec la lumière blanche, le biprisme a l'avantage de produire moins de dispersion que l'appareil des deux miroirs. En effet, il y a ici autant de foyers linéaires A′ et A″ qu'il y a de couleurs dans le spectre, et l'angle α va en augmentant du rouge au violet. Il est facile de voir qu'un des résultats d'une telle disposition est de rapprocher les franges colorées du même ordre sur l'écran.

GÉNÉRALISATION DES MÉTHODES (*). Lorsque les rayons interférents ont traversé des milieux de nature différente, les conditions d'interférence ne sont plus les mêmes que précédemment.

En représentant les trajets de chacun des rayons conjugués à travers ces milieux par

$$d_1{}' \quad , \quad d_1{}'' \quad , \quad d_1{}''' \quad \ldots\ldots$$
$$d_2{}' \quad , \quad d_2{}'' \quad , \quad d_2{}''' \quad \ldots\ldots$$

(*) Verdet, ouvrage déjà cité, t. II, pp. 180 et 181.

et les vitesses de propagation correspondantes par

$$\omega' \quad , \quad \omega'' \quad , \quad \omega''' \quad \ldots \ldots \quad ,$$

les conditions deviennent

$$\sum \frac{d_1}{\omega} - \sum \frac{d_2}{\omega} = 2 k \frac{T}{2}$$

pour le *maximum*, et

$$\sum \frac{d_1}{\omega} - \sum \frac{d_2}{\omega} = (2 k + 1) \frac{T}{2}$$

pour le *minimum*.

Comme cas particulier, nous supposerons qu'on ait placé sur le trajet d'un des faisceaux lumineux émanés des points A′ et A″, une lame à faces parallèles d'épaisseur e, et que dans le déplacement simultané de la frange centrale C et de son cortége de franges alternativement obscures et brillantes, le centre de la frange de rang p soit venue prendre la place de la frange centrale primitive.

En posant

$$A'C = d = A''C ,$$

on aura, dans ce cas, pour une inclinaison convenable de la lame par rapport au faisceau qui la traverse,

$$\frac{d - e}{\omega} + \frac{e}{\omega'} - \frac{d}{\omega} = 2p \frac{T}{2} .$$

De là

$$\frac{e}{\omega'} - \frac{e}{\omega} = 2p \frac{T}{2}$$

ou

$$e \left(\frac{\omega}{\omega'} - 1 \right) = 2p \frac{\lambda}{2} \tag{17}$$

s'il s'agit d'une frange brillante, et

$$e\left(\frac{\omega}{\omega'} - 1\right) = \left(2p - 1\right)\frac{\lambda}{2} \qquad (18)$$

s'il s'agit d'une frange obscure.

Dans cette expérience on a toujours

$$\frac{\omega}{\omega'} = n,$$

n étant l'indice de réfraction de la lame par rapport au milieu ambiant. Ce résultat de l'observation sera expliqué par la théorie au commencement du chapitre quatrième.

Le phénomène de déplacement que nous venons d'analyser, fournit à Arago un moyen très-facile de mesurer les indices de réfraction des lames transparentes.

Cette méthode a l'avantage d'une très-grande sensibilité ; car de faibles variations de l'indice n sont accusées par des variations beaucoup plus considérables de p dans les équations (17) et (18).

REMARQUE. Arago a aussi observé que l'interposition d'une lame suffisamment épaisse, sur le trajet d'un des faisceaux A' et A", fait disparaître les franges d'interférence. Voici la raison donnée par Fresnel de ce fait curieux.

A mesure que l'épaisseur croît, la valeur de p fournie par les équations (17) et (18) augmentant rapidement, il en résulte que la partie commune des faisceaux A' et A" n'est plus sillonnée sur l'écran, que par des franges de rang élevé. Nous avons vu que dans de telles conditions, tout phénomène de coloration disparaît nécessairement, quand il s'agit de la lumière blanche. **La même chose devra** donc aussi avoir lieu en général pour une lumière quelconque dont l'homogénéité ne serait pas parfaite, pourvu que l'on emploie une lame d'une épaisseur convenable.

EXPÉRIENCE DE MM. FIZEAU ET FOUCAULT (*). Par un procédé ingénieux que nous allons faire connaître, MM. Fizeau et Foucault sont parvenus à rendre sensibles dans les expériences de Fresnel et de M. Pouillet, des interférences correspondant à d'énormes différences de marche.

Dans la partie de $a'a''$ dont la teinte est uniforme et sensiblement blanche, chaque élément compris entre deux droites verticales infiniment voisines doit être considéré comme un lieu de concours, où viennent se superposer les centres linéaires d'un certain nombre de franges *brillantes* appartenant aux *principales* teintes de l'Iris. Or, cette superposition entraine nécessairement, au même lieu, celle de centres *obscurs* correspondant aux teintes intermédiaires.

En effet, en représentant par d_1 et d_2 les distances de l'élément de l'écran aux deux foyers lumineux virtuels A' et A'', et par q un nombre entier quelconque, on a pour la condition du *maximum* ou du *minimum* de l'intensité sur cet élément,

$$\frac{d_1 - d_2}{\omega} = q\,\frac{T}{2}$$

ou

$$\frac{2(d_1 - d_2)}{\lambda} = q\,.$$

(*) *Annales de Chimie et de Physique*, 3e série, t. XXVI, pp. 138 et suiv.

La longueur d'onde des teintes qui ont un centre brillant en coïncidence avec l'élément dont il s'agit doit donc être telle, que le quotient correspondant q de l'équation précédente soit égal à un nombre pair. Cela ne peut évidemment pas avoir lieu pour plusieurs teintes successives sur un même élément de l'écran, sans que ce même quotient ne passe par les valeurs impaires correspondantes pour les teintes intermédiaires.

Il en résulte que l'éclairement est formé sur chaque élément de la partie blanche de l'écran par la superposition de centres linéaires de diverses teintes, alternativement brillants et obscurs.

Cela posé, en isolant un de ces éléments par un diaphragme à fente étroite, et en dispersant les différentes teintes par le moyen d'un prisme ou d'un système de prismes, on donnera naissance à un spectre discontinu, coupé par autant de bandes noires qu'il y avait primitivement de centres obscurs superposés sur l'élément considéré.

Le nombre de ces bandes obscures augmente rapidement avec la différence de marche $(d_1 - d_2)$; et à partir d'un point de l'écran suffisamment éloigné de la frange centrale C, le spectre discontinu n'est plus formé que de franges alternativement brillantes et obscures, étroites et très-serrées, au milieu desquelles on aperçoit les raies fixes de Frauenhofer. La présence des raies fixes permet de déterminer dans quelles conditions de retard se font les interférences que l'on a sous les yeux; il suffit pour cela de compter le nombre de franges brillantes et obscures interposées entre deux raies fixes.

En effet, en représentant par λ' et λ'' les longueurs d'onde des parties du spectre qui répondent aux deux raies, par

q' et q'' les valeurs de q correspondantes, et par m le nombre des bandes interposées, on a

$$\frac{2\,(d_1 - d_2)}{\lambda'} = q'$$

$$\frac{2\,(d_1 - d_2)}{\lambda''} = q''$$

et

$$q' = q'' \div m.$$

De là,

$$q'' = m \frac{\lambda'}{\lambda'' - \lambda'}$$

et

$$q' = m \frac{\lambda''}{\lambda'' - \lambda'}$$

et, par suite,

$$d_1 - d_2 = \frac{m}{2} \frac{\lambda' \lambda''}{\lambda'' - \lambda'}.$$

On a observé de la sorte des interférences de rayons en différence de marche de 40,000 longueurs d'onde correspondant à la teinte violette.

III.

PHÉNOMÈNES DES LAMES ÉPAISSES (*).

Les phénomènes de coloration produits par les lames épaisses sont une nouvelle manifestation du fait des interférences.

(*) Billet, *Traité d'optique physique*, t. I, pp. 148 et suiv.

Anneaux de Newton. Lorsqu'un rayon de lumière homogène LA rencontre normalement une lame transparente **PQ**, le point d'incidence A devient réellement un centre d'ébranlement qui rayonne en tous sens vers l'écran EE diverses sortes de rayons; des rayons, par exemple, tels que ACDF diffusé en A, réfléchi en C et réfracté en D, et d'autres tels que ABAF, réfracté normalement en A, réfléchi en B, puis diffusé en A. Ces rayons, éprouvés sur leur route par les mêmes perturbations physiques, sont sensiblement égaux en intensité; mais ils diffèrent de marche et sont, par suite, dans les conditions requises pour interférer totalement.

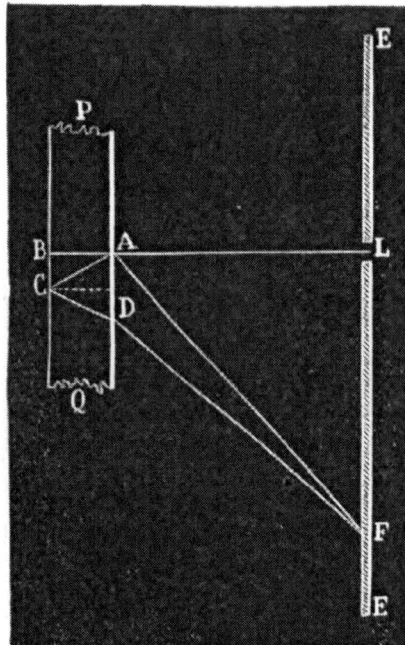

Le chemin parcouru par le premier est, en nombre de vibrations complètes,

$$\frac{2AC}{\lambda'} + \frac{DF}{\lambda},$$

λ et λ' représentant les longueurs d'onde dans l'air et dans la lame; le chemin parcouru par le second a pour valeur

$$\frac{2AB}{\lambda'} + \frac{AF}{\lambda}.$$

De là, une différence de marche

$$\frac{2(AB - AC)}{\lambda'} + \frac{AF - DF}{\lambda}$$

ou, sensiblement

$$\frac{2\,(AB - AC)}{\lambda'} + \frac{AD\,\cos\,DAF}{\lambda}\,.$$

En posant

$$AB = e \qquad\qquad BAC = r$$

et en considérant l'angle r comme un angle de réfraction correspondant à un angle d'incidence représenté par i, cette différence de marche devient

$$\frac{2e}{\lambda'}\left(1 - \frac{1}{\cos\,r}\right) + \frac{2e}{\lambda}\,\tan g\,r\,\sin\,i,$$

puisque les rayons FA et FD font respectivement avec la normale au point A et au point D des angles sensiblement égaux entre eux et à l'angle i.

Pour les rayons dont la superposition produit sur l'écran EE un *maximum* d'éclat, on a donc

$$\frac{2e}{\lambda'}\left(1 - \frac{1}{\cos\,r}\right) + \frac{2e}{\lambda}\,\tan g\,r\,\sin\,i = p,$$

p étant un nombre entier quelconque.

En multipliant les deux membres par $\frac{\lambda}{n}$, et en remarquant que $\frac{\lambda}{\lambda'} = n$, l'égalité précédente devient

$$2\,e\,(1 - \cos\,r) = \frac{p\lambda}{n}\,;$$

ce qui donne

$$\cos\,r = 1 - \frac{p\lambda}{2e\,n}$$

et

$$\sin^2\,i = n^2\,(1 - \cos^2\,r) = \frac{p\lambda}{e}\left(n - \frac{p\lambda}{4e}\right).$$

Par suite, en représentant par d la distance de l'écran à la lame, par x le rayon LF des anneaux brillants où l'éclat de l'écran est *maximum*, et en négligeant le carré de $\frac{\lambda}{e}$, on a

$$x = d \tan g\, i = d \sqrt{\frac{2pn}{e} \frac{\lambda}{2}}.$$

Ce résultat renferme toutes les lois des interférences dans les lames épaisses :

1º *Le diamètre d'un anneau d'un ordre déterminé est directement proportionnel à la distance qui sépare l'écran de la lame transparente, à la racine carrée de l'indice et à celle de la longueur d'onde de la lumière employée;*

2º *Ce même diamètre est inversément proportionnel à la racine carrée de l'épaisseur de la lame;*

3º *Quant aux diamètres des anneaux des divers ordres, leurs carrés varient, toutes choses égales d'ailleurs, pour les anneaux brillants, comme les nombres pairs successifs, et pour les anneaux obscurs intermédiaires, comme les nombres impairs.*

La plupart de ces lois ont été trouvées par Newton, et sont consignées dans son *Optique*. C'est pour cela que le phénomène des anneaux des lames épaisses porte le nom de l'illustre physicien.

SCHOLIE. Si on se sert pour produire les anneaux de Newton d'une lame transparente à faces planes et parallèles, il faut avoir soin que le faisceau incident soit mince; car lorsqu'on ne prend pas cette précaution, la superposition des anneaux provenant des divers rayons incidents fait disparaître tout le phénomène. On a remarqué aussi que les anneaux gagnent en éclat, quand on ternit la première face de la lame, de manière à en augmenter le pouvoir diffusif. Le même effet a lieu, quand la seconde face a reçu par l'étamage un pouvoir réflecteur plus considérable. Ces remarques confirment singulièrement l'explication que nous venons de donner.

Quand au lieu d'être homogène, le faisceau incident est blanc, il y a superposition d'effets et formation d'anneaux irisés.

Dans la production des anneaux des lames épaisses, on peut encore se servir d'un miroir concave à faces parallèles; c'est même de cette façon que Newton a trouvé les lois énoncées plus haut. Dans ce cas, l'explication du phénomène reste la même quant à la substance; mais les calculs deviennent plus longs et plus compliqués.

ANNEAUX DE M. BABINET. En plaçant une lame épaisse dont les faces ont été légèrement ternies, sur le trajet d'un faisceau conique de rayons lumineux allant former au foyer conjugué d'une lentille convergente l'image réelle d'un point radiant, M. Babinet a obtenu sur l'écran autour de l'image focale du point une belle série d'anneaux colorés, entièrement analogues aux anneaux de Newton, et dont l'origine s'explique de la même manière.

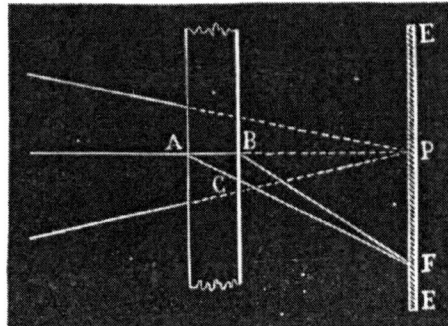

Car, à n'envisager que le rayon central, il est facile de voir qu'un point quelconque F de l'écran, peut être considéré comme le point de concours de deux espèces de rayons : d'un rayon tel que ACF, diffusé en A et réfracté régulièrement en C, et d'un rayon tel que ABF, réfracté normalement en A et diffusé en B.

Le second de ces rayons est en retard sur le premier d'un nombre de vibrations complètes égal à

$$\frac{AB - AC}{\lambda'} + \frac{BF - CF}{\lambda}$$

ou, en adoptant les notations précédentes,

$$\frac{e}{\lambda'}\left(1 - \frac{1}{\cos r}\right) + \frac{e}{\lambda}\, \text{tang}\, r \sin i.$$

Cette expression est identique à celle que nous avons trouvée pour les anneaux de Newton, si ce n'est que l'épaisseur n'y est pas doublée.

En posant

$$PF = x \qquad \text{et} \qquad PB = d,$$

on aura donc, comme précédemment,

$$x = d\sqrt{\frac{2pn\lambda}{e}}\, ;$$

ce qui montre que les anneaux de M. Babinet sont soumis aux mêmes lois que ceux de Newton.

CHAPITRE TROISIÈME.

DE LA DIFFRACTION.

Les mouvements lumineux qui rayonnent librement en tous sens autour de la source dont ils émanent, et se répandent de la même manière suivant toutes les directions dans les milieux homogènes et en l'absence de tout obstacle, semblent revêtir aux limites des corps opaques placés sur leur passage, des propriétés nouvelles et toutes spéciales. Les phénomènes qui résultent de ces modifications apparentes sont connus sous le nom de phénomènes de *diffraction*.

Fresnel a le premier donné une explication convenable de ces faits importants. Dans ce chapitre, nous nous proposons d'exposer, aussi complètement et aussi élémentairement que possible, la théorie du célèbre physicien.

I.

PRINCIPES SYNTHÉTIQUES (*).

Nous démontrerons dans le chapitre sixième, que les vibrations lumineuses se propagent avec une égale vitesse suivant toutes les directions, dans les milieux dont l'élasticité éthérée est la même dans tous les sens. On appelle ces milieux *isotropes*.

Dans ces corps, le mouvement vibratoire initial donne naissance à une suite d'ondes sphériques où la direction et l'amplitude de la vibration sont généralement variables d'un point à l'autre.

AXIOME FONDAMENTAL. Cela posé, il est évident qu'*un mouvement vibratoire, parti originairement d'un point lumineux et se propageant dans le milieu adjacent en ondes sphériques successives, peut être considéré en chaque point de l'onde mobile, comme résultant de la composition de tous les mouvements vibratoires envoyés simultanément au point considéré par chacun des éléments qui constituent une quelconque des ondes antécédentes.*

Ce principe, qui n'est à proprement parler, que l'expression même du fait de la propagation successive des mouvements vibratoires, est fréquemment et avantageusement employé dans l'optique physique : on l'appelle le *principe de Huyghens.*

Voici quelques théorèmes très-propres à faciliter l'usage de ce principe. Il en est parmi eux qui sont encore à l'état

(*) Verdet, ouvrage déja cité, t. II, pp. 189 et suiv.

de *postulata*, comme il arrive assez souvent aux propositions fondamentales à l'origine des théories.

1ᵉʳ Théorème. *La partie efficace d'une onde circulaire se réduit à un arc très-petit ayant pour point milieu sur le périmètre de l'onde, le pôle du point éclairé.*

En effet, considérons une onde circulaire QR émanant du point lumineux O, et éclairant le point A d'après le principe de Huyghens.

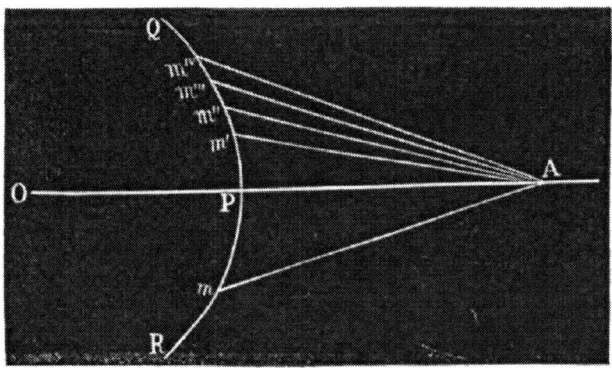

Supposons, de plus, qu'à partir du *pôle* P où la droite OA rencontre la surface de l'onde, on ait divisé l'arc indéfini PQ en *arcs élémentaires* Pm', m'm'', m''m'''. . . . tels que

$$Am' - AP = Am'' - Am' = Am''' - Am'' = \ldots = \frac{\lambda}{2}.$$

Il est facile de voir que ces arcs élémentaires sont rapidement décroissants à mesure qu'on s'éloigne du premier. Car, en posant généralement

$$Pm = s \qquad \text{et} \qquad Am = u,$$

on a dans le voisinage du pôle P, par les propriétés des *maxima* et des *minima* des fonctions,

$$u = f(s) = f(o) + \frac{s^2}{2} f''(o)$$

ou

$$u - f(o) = \frac{s^2}{2} f''(o).$$

De là

$$Am' - AP = \frac{\lambda}{2} = \frac{s'^2}{2} f''(o)$$

$$Am'' - AP = 2\frac{\lambda}{2} = \frac{s''^2}{2} f''(o)$$

$$Am''' - AP = 3\frac{\lambda}{2} = \frac{s'''^2}{2} f''(o)$$

$$\cdots\cdots\cdots\cdots\cdots\cdots\cdots,$$

ou

$$s' = \sqrt{\frac{\lambda}{f''(o)}}$$

$$s'' = \sqrt{2}\,\sqrt{\frac{\lambda}{f''(o)}}$$

$$s''' = \sqrt{3}\,\sqrt{\frac{\lambda}{f''(o)}}$$

$$\cdots\cdots\cdots\cdots\cdots,$$

et, par suite,

$$Pm' = \sqrt{\frac{\lambda}{f''(o)}}$$

$$m'm'' = \sqrt{\frac{\lambda}{f''(o)}}\left(\sqrt{2} - 1\right)$$

$$m''m''' = \sqrt{\frac{\lambda}{f''(o)}}\left(\sqrt{3} - \sqrt{2}\right)$$

$$\cdots\cdots\cdots\cdots\cdots\cdots\cdots,$$

expressions qui montrent évidemment la décroissance annoncée.

Or, en représentant par

$$1, b', b'', b''', \ldots \ldots$$

les vitesses résultantes envoyées au point A par la série des arcs élémentaires, et en remarquant que dans la série des rayons correspondants, chacun de ces rayons est en retard d'une demi-longueur d'onde sur celui qui le précède, on a pour la vitesse totale au point éclairé,

$$1 - b' + b'' - b''' + \ldots \ldots$$

Cette série est composée de termes alternativement positifs et négatifs, et rapidement décroissants; par suite, la somme totale est comprise entre 1 et 1—b'. Il en résulte que le mouvement vibratoire communiqué au point A par la demi-onde circulaire indéfinie PQ, peut être attribué au rayonnement d'une portion du premier arc élémentaire Pm'.

La même chose ayant lieu pour la seconde moitié de l'onde, il s'ensuit que l'action totale de l'onde RPQ se réduit en réalité à celle d'un arc très-petit, moindre que le double du premier arc élémentaire, et ayant pour point milieu sur le périmètre de l'onde le pôle du point éclairé.

On suppose dans ce raisonnement que les vitesses 1, b, b'... envoyées au point A sont parallèles. Fresnel a cru pouvoir étendre la conclusion au cas où le mouvement vibratoire de l'onde circulaire à un instant donné, varie d'une manière quelconque, mais continue, d'un point à un autre. Il considère alors l'action de chacun des arcs élémentaires comme annulée, moitié par moitié, par les actions contraires des demi-arcs élémentaires adjacents. Nous reviendrons plus loin sur cette idée.

REMARQUE. Ce que nous venons de dire d'une onde circulaire indéfinie doit évidemment s'entendre de toute onde circulaire limitée de quelque étendue, comprenant le pôle du point éclairé.

Dans le cas où l'onde circulaire finie ou indéfinie s'étend tout entière d'un même côté de la droite AO, il est également évident que la partie efficace se réduit à une portion de l'arc élémentaire le plus rapproché du pôle.

SCHOLIE. Tous les raisonnements émis jusqu'ici sont fondés uniquement sur les propriétés générales des *maxima* et des *minima*; ils sont donc applicables au rayonnement vibratoire d'une onde circulaire quelconque, agissant vers des points situés en dehors de son plan. Il n'y a qu'une seule attention à avoir, c'est de substituer partout à la considération du *pôle*, celle du point de l'onde le plus rapproché du point éclairé.

2e THÉORÈME. *La partie efficace d'une onde sphérique se réduit à une plage circulaire très-petite ayant pour centre à la surface de l'onde, le pôle du point éclairé.*

Pour démontrer ce théorème, il suffit de découper l'onde sphérique en fuseaux élémentaires, par des plans sécants perpendiculaires à un quelconque des grands cercles passant par le point éclairé, et de raisonner sur chacun des fuseaux, comme nous venons de le faire sur une onde circulaire simple. Ce raisonnement est trop facile pour que nous le reproduisions.

Toutefois, nous ne croyons pas qu'il soit possible de parvenir à une conclusion entièrement rigoureuse par cette voie ou par toute autre équivalente, sans tenir compte de l'affaiblissement probable du rayonnement vibratoire, dû à l'obliquité de l'élément vibrant sur la ligne de propagation qui va de cet élément au point éclairé.

SCHOLIE. Il est facile d'apercevoir ce que devient le principe précédent, dans le cas d'ondes sphériques limitées, régulières, d'une certaine étendue, mais ne comprenant pas dans leur partie active le pôle du point éclairé.

3e THÉORÈME. *Dans la communication du mouvement vibratoire d'un foyer lumineux à un point de l'espace, l'amplitude de l'oscillation varie en raison inverse de la distance qui sépare le point lumineux du point éclairé.*

En effet, dans la propagation lumineuse par ondes sphériques, la quantité de *force vive* reste constante d'une onde à l'autre. Cela exige que le produit $r^2 \alpha^2$ du carré du rayon de l'onde par le carré de la vitesse *maximum* de l'oscillation, reste constant dans les mêmes circonstances. Il en est donc de même du produit $r\alpha$; ce qu'il fallait démontrer.

———

II.

FORMULES GÉNÉRALES (*).

LEMME. *Deux mouvements vibratoires parallèles et de même période, ayant pour équations*

$$x' = a' \cos \frac{2\pi}{T} \left(t - \frac{T}{8} \right)$$

$$v' = \alpha' \sin \frac{2\pi}{T} \left(t - \frac{T}{8} \right)$$

———

(*) Billet, ouvrage déjà cité, t I, pp. 116 et suiv. — Fresnel, *Mémoire sur la diffraction de la lumière.*

et

$$x'' = a'' \cos \frac{2\pi}{T} \left(t + \frac{T}{8} \right)$$

$$v'' = \alpha'' \sin \frac{2\pi}{T} \left(t + \frac{T}{8} \right),$$

donnent naissance par leur superposition à un mouvement vibratoire résultant de même période que les mouvements composants, dont les équations sont :

$$X = (a) \cos \frac{2\pi}{T} (t - \tau)$$

$$V = (\alpha) \sin \frac{2\pi}{T} (t - \tau).$$

Dans ces équations (a), (α) *et* τ *sont déterminés par les égalités*

$$(\alpha) = \frac{2\pi}{T} (a)$$

et

$$\frac{a' + a''}{\cos \frac{2\pi}{T} \tau} = \frac{a' - a''}{\sin \frac{2\pi}{T} \tau} = (a) \sqrt{2}$$

c'est-à-dire,

$$(a) = \sqrt{a'^2 + a''^2}$$

$$\tang \frac{2\pi}{T} \tau = \frac{a' - a''}{a' + a''}.$$

Ce théorème est une conséquence de ce que nous avons dit plus haut de la composition des rayons polarisés rectilignement, représentés par les équations (5) et (6).

4

Réciproquement, *tout mouvement vibratoire ayant pour équations*

$$X = (a) \cos \frac{2\pi}{T} (t - \tau)$$

$$V = (\alpha) \sin \frac{2\pi}{T} (t - \tau),$$

peut être décomposé dans les deux mouvements vibratoires parallèles équivalents et de même période

$$x' = a' \cos \frac{2\pi}{T} \left(t - \frac{T}{8} \right)$$

$$v' = \alpha' \sin \frac{2\pi}{T} \left(t - \frac{T}{8} \right)$$

et

$$x'' = a'' \cos \frac{2\pi}{T} \left(t + \frac{T}{8} \right)$$

$$v'' = \alpha'' \sin \frac{2\pi}{T} \left(t + \frac{T}{8} \right),$$

a', a'', α', α'' *étant déterminés par les équations*

$$a' = (a) \frac{\cos \frac{2\pi}{T} \tau + \sin \frac{2\pi}{T} \tau}{\sqrt{2}}$$

$$a'' = (a) \frac{\cos \frac{2\pi}{T} \tau - \sin \frac{2\pi}{T} \tau}{\sqrt{2}},$$

et

$$\frac{a'}{(a)} = \frac{\alpha'}{(\alpha)}, \qquad\qquad \frac{a''}{(a)} = \frac{\alpha''}{(\alpha)}.$$

RÉDUCTION DE LA PARTIE AGISSANTE D'UNE ONDE SPHÉRIQUE À UN RAYON RÉSULTANT UNIQUE. L'action lumineuse d'une onde QPR sur un point A, se réduit, ainsi que nous l'avons démontré plus haut, au rayonnement vibratoire des éléments situés

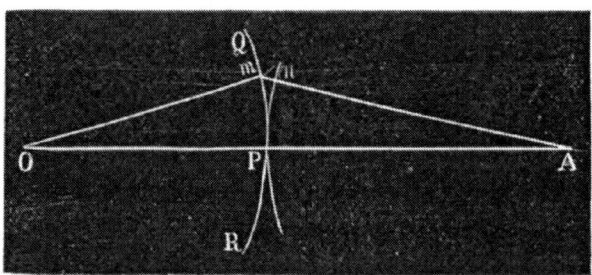

dans le voisinage du pôle P; on peut donc, sans erreur sensible, substituer à la partie agissante de la surface QPR, la partie correspondante du plan tangent en P.

Or, si du pôle P comme origine, nous construisons dans ce plan tangent deux axes coordonnés rectangulaires, et que nous représentions par $dxdy$ l'élément vibrant de l'onde au point m (x, y), par p la distance du point lumineux au pôle P, et par p', celle du même pôle au point éclairé, nous remarquerons facilement en nous reportant au théorème 3e du paragraphe précédent, que la vitesse vibratoire envoyée en A par l'élément $dxdy$ est proportionnelle à

$$\frac{dx\,dy}{pp'},$$

et que le retard du rayon correspondant sur le rayon direct PA est donné par le segment mn, ou, ce qui est la même chose, par la projection de ce segment sur l'axe OA.

Cette projection a pour expression

$$(x^2 + y^2)\left(\frac{1}{2p} + \frac{1}{2p'}\right),$$

et, par suite, la vitesse vibratoire du rayon mA est déterminée par l'équation

$$v = \frac{dx\,dy}{pp'}\,\sin\frac{2\pi}{T}\,(t-\tau),$$

τ étant défini par l'égalité

$$\tau = \frac{x^2+y^2}{\omega}\,\frac{p+p'}{2pp'}.$$

La vitesse v décomposée d'après la méthode du lemme précédent peut être remplacée par les deux vitesses équiva-
lentes

$$v' = \frac{dx\,dy}{pp'}\,\frac{\cos\frac{2\pi}{T}\,\tau + \sin\frac{2\pi}{T}\,\tau}{\sqrt{2}}\,\sin\frac{2\pi}{T}\left(t-\frac{T}{8}\right)$$

et

$$v'' = \frac{dx\,dy}{pp'}\,\frac{\cos\frac{2\pi}{T}\,\tau - \sin\frac{2\pi}{T}\,\tau}{\sqrt{2}}\,\sin\frac{2\pi}{T}\left(t+\frac{T}{8}\right);$$

et comme la même décomposition peut être faite sur les
vitesses vibratoires communiquées au point A par chacun
des éléments $dx\,dy$ de la partie agissante de l'onde, il s'ensuit qu'en posant

$$\mathrm{A}' = \int\!\!\int dx\,dy\left(\cos\frac{2\pi}{T}\,\tau + \sin\frac{2\pi}{T}\,\tau\right)$$

et

$$\mathrm{A}'' = \int\!\!\int dx\,dy\left(\cos\frac{2\pi}{T}\,\tau - \sin\frac{2\pi}{T}\,\tau\right),$$

l'éclairement du point A est dû finalement aux deux rayons résultants partiels

$$(v') = \frac{A'}{pp' \sqrt{2}} \sin \frac{2\pi}{T} \left(t - \frac{T}{8} \right)$$

et

$$(v'') = -\frac{A''}{pp' \sqrt{2}} \sin \frac{2\pi}{T} \left(t + \frac{T}{8} \right),$$

ou encore, au rayon résultant total

$$(v) = \frac{\sqrt{A'^2 + A''^2}}{pp' \sqrt{2}} \sin \frac{2\pi}{T} \left\{ t - (\tau) \right\},$$

(τ) étant déterminé par l'équation

$$\tan \frac{2\pi}{T} (\tau) = \frac{A' - A''}{A' + A''}.$$

L'éclairement I du point A est donc donné par l'égalité

$$I = \frac{A'^2 + A''^2}{4p^2 p'^2}$$

ou

$$I = \frac{1}{2p^2 p'^2} \left\{ \left(\iint dx\,dy \, \cos \frac{2\pi}{T} \tau \right)^2 + \left(\iint dx\,dy \, \sin \frac{2\pi}{T} \tau \right)^2 \right\}.$$

En remplaçant τ par sa valeur, et en posant

$$L = \int dx \, \cos \pi \frac{p + p'}{pp'\lambda} x^2$$

$$M = \int dy \, \cos \pi \frac{p + p'}{pp'\lambda} y^2$$

$$P = \int dx \, \sin \pi \frac{p + p'}{pp'\lambda} x^2$$

$$Q = \int dy \, \sin \pi \frac{p + p'}{pp'\lambda} y^2$$

la valeur de I devient

$$I = \frac{(LM - PQ)^2 + (PM + LQ)^2}{2p^2 p'^2}$$

ou

$$I = \frac{L^2 M^2 + P^2 Q^2 + P^2 M^2 + L^2 Q^2}{2p^2 p'^2} ; \tag{19}$$

et celle de (τ),

$$\tan g \frac{2\pi}{T} (\tau_I = \frac{PM + LQ}{LM - PQ} . \tag{20}$$

AUTRE DÉTERMINATION DE L'INTENSITÉ ET DE LA PHASE DU RAYON RÉSULTANT. Quand la partie agissante de l'onde est une surface de révolution autour de l'axe OA, on peut conduire le calcul de la détermination du rayon résultant d'une manière plus simple et plus expéditive. Au lieu de diviser la zône vibrante en éléments rectangulaires $dxdy$, il suffit de la partager en éléments annulaires

$$2\pi s\, ds,$$

s représentant la distance $\sqrt{x^2 + y^2}$.

Dans ce cas, la vitesse vibratoire envoyée au point A par l'élément $2\pi s\, ds$, est proportionnelle à

$$\frac{2\pi s\, ds}{pp'} ,$$

et le retard commun à tous les rayons de cet élément, sur le rayon central PA, a pour expression

$$s^2 \left(\frac{1}{2p} + \frac{1}{2p'} \right).$$

Par suite, l'équation du rayon résultant partiel correspondant est

$$v = \frac{2\pi s \, ds}{pp'} \sin \frac{2\pi}{T}(t - \tau),$$

τ étant défini par l'égalité

$$\tau = \frac{s^2}{2} \frac{p + p'}{\omega pp'} .$$

Ce rayon est décomposable dans les deux rayons équivalents

$$v' = \frac{2\pi s \, ds}{pp'} \frac{\cos \frac{2\pi}{T} \tau + \sin \frac{2\pi}{T} \tau}{\sqrt{2}} \sin \frac{2\pi}{T} \left(t - \frac{T}{8} \right)$$

et

$$v'' = \frac{2\pi s \, ds}{pp'} \frac{\cos \frac{2\pi}{T} \tau - \sin \frac{2\pi}{T} \tau}{\sqrt{2}} \sin \frac{2\pi}{T} \left(t + \frac{T}{8} \right),$$

ce qui réduit l'action de la partie vibrante de l'onde considérée dans sa totalité, à celle des deux rayons résultants

$$(v', = \frac{B'}{pp' \sqrt{2}} \sin \frac{2\pi}{T} \left(t - \frac{T}{8} \right)$$

et

$$(v'') = \frac{B''}{pp' \sqrt{2}} \sin \frac{2\pi}{T} \left(t + \frac{T}{8} \right),$$

B', B'' ayant pour valeurs

$$B' = \int 2\pi s \, ds \left(\cos \frac{2\pi}{T} \tau + \sin \frac{2\pi}{T} \tau \right)$$

$$B'' = \int 2\pi s \, ds \left(\cos \frac{2\pi}{T} \tau - \sin \frac{2\pi}{T} \tau \right).$$

Le rayon résultant final a donc pour équation

$$(v) = \frac{\sqrt{B'^2 + B''^2}}{pp' \, V_2} \sin \frac{2\pi}{T} \left\{ t - (\tau) \right\},$$

(τ) étant défini par l'égalité

$$\tan g \frac{2\pi}{T} (\tau) = \frac{B' - B''}{B' + B''}.$$

De là, l'intensité d'éclairement du point A est donnée par la formule

$$I = \frac{B'^2 + B''^2}{4p^2 p'^2}$$

ou

$$I = \frac{\left(\int 2\pi s \, ds \, \cos \frac{2\pi}{T} \tau \right)^2 + \left(\int 2\pi s \, ds \, \sin \frac{2\pi}{T} \tau \right)^2}{2p^2 p'^2}, \quad (21)$$

et la phase correspondante, par

$$\tan g \frac{2\pi}{T} (\tau) = \frac{\int 2\pi s \, ds \, \sin \frac{2\pi}{T} \tau}{\int 2\pi s \, ds \, \cos \frac{2\pi}{T} \tau}. \quad (22)$$

Or, en remplaçant τ par sa valeur dans ces intégrales, on a

$$\int 2\pi s \, ds \, \cos \pi \frac{p + p'}{pp'\lambda} s^2 = \frac{pp'\lambda}{p + p'} \sin \pi \frac{p + p'}{pp'\lambda} s^2 + C \quad (23)$$

et

$$\int 2\pi s \, ds \, \sin \pi \frac{p + p'}{pp'\lambda} s^2 = C - \frac{pp'\lambda}{p + p'} \cos \pi \frac{p + p'}{pp'\lambda} s^2. \quad (24)$$

Ces équations montrent qu'il est toujours possible de déterminer exactement l'intensité et la phase du rayon résultant, lorsque la partie agissante de l'onde est une surface de révolution autour de l axe OA.

III.

TRANSFORMATION DES INTÉGRALES DE FRESNEL (*).

Dans les équations (19) et (20), on a

$$L = \int_0^X dx \cos \pi \frac{p + p'}{pp'\lambda} x^2$$

et

$$P = \int_0^X dx \sin \pi \frac{p + p'}{pp'\lambda} x^2 .$$

Or, en posant

$$4m^2 = \frac{pp'\lambda}{\pi (p + p')} ,$$

$$\frac{x^2}{4m^2} = u , \qquad \frac{X^2}{4m^2} = \bar{c} ,$$

et, par suite,

$$dx = m \, u^{-\frac{1}{2}} \, du ,$$

on obtient

$$L + P \sqrt{-1} = m \int_0^U u^{-\frac{1}{2}} e^{u \sqrt{-1}} du .$$

En faisant

$$y = u_2$$

_____

(*) Gilbert, _Recherches analytiques sur la diffraction_, pp. 7 et suiv. — _Mémoires des Savants étrangers de l'Académie royale de Belgique_, t. XXXI.

dans la formule connue

$$\Gamma\left(\tfrac{1}{2}\right) = \int_0^\infty y^{-\frac{1}{2}} e^{-y}\, dy = \sqrt{\pi},$$

on a

$$u^{-\frac{1}{2}} = \frac{1}{\sqrt{\pi}} \int_0^\infty z^{-\frac{1}{2}} e^{-uz}\, dz .$$

De là,

$$\mathrm{L} + \mathrm{P}\sqrt{-1}$$

$$= \frac{m}{\sqrt{\pi}} \int_0^\infty z^{-\frac{1}{2}}\, dz \int_0^v e^{-u\left(z - \sqrt{-1}\right)}\, du$$

$$= \frac{m}{\sqrt{\pi}} \int_0^\infty z^{-\frac{1}{2}} \frac{\left(1 - e^{-v\left(z - \sqrt{-1}\right)}\right)\left(z + \sqrt{-1}\right)}{1 + z^2}\, dz$$

$$= \frac{m}{\sqrt{\pi}} \left\{ \int_0^\infty \frac{z^{\frac{1}{2}}\, dz}{1 + z^2} + \sqrt{-1} \int_0^\infty \frac{z^{-\frac{1}{2}}\, dz}{1 + z^2} \right\}$$

$$- \frac{m}{\sqrt{\pi}} e^{v\sqrt{-1}} \left\{ \int_0^\infty \frac{z^{\frac{1}{2}} e^{-vz}}{1 + z^2}\, dz + \sqrt{-1} \int_0^\infty \frac{z^{-\frac{1}{2}} e^{-vz}}{1 + z^2}\, dz \right\}$$

En adoptant les deux notations

$$\mathrm{R} = \frac{1}{\sqrt{\pi}} \int_0^\infty \frac{z^{-\frac{1}{2}} e^{-vz}}{1 + z^2}\, dz$$

et

$$\mathrm{S} = \frac{1}{\sqrt{\pi}} \int_0^\infty \frac{z^{\frac{1}{2}} e^{-vz}}{1 + z^2}\, dz,$$

et en remarquant que

$$\int_0^\infty \frac{z^{-\frac{1}{2}}\, dz}{1+z^2} = \int_0^\infty \frac{z^{\frac{1}{2}}\, dz}{1+z^2} = \frac{\pi}{\sqrt{2}},$$

on a

$$L + P\sqrt{-1} = m\sqrt{\frac{\pi}{2}}\,(1+\sqrt{-1}) - me^{v\sqrt{-1}}(S + R\sqrt{-1}),$$

ou

$$L + P\sqrt{-1}$$

$$= m\left(\sqrt{\frac{\pi}{2}} - S\cos v + R\sin v\right)$$

$$+ m\left(\sqrt{\frac{\pi}{2}} - S\sin v - R\cos v\right)\sqrt{-1}.$$

Cette formule se dédouble et donne

$$L = m\left(\sqrt{\frac{\pi}{2}} - S\cos v + R\sin v\right), \qquad (25)$$

et

$$P = m\left(\sqrt{\frac{\pi}{2}} - S\sin v - R\cos v\right) \qquad (26)$$

équations importantes, où les éléments *continûment variables* des intégrales de Fresnel sont séparés des éléments *oscillants* ou *périodiques*.

Cette heureuse transformation est due à M. Gilbert.

IV.

THÉORÈMES DE FRESNEL ET DE POISSON.

1er THÉORÈME. *Quand un point de l'espace est éclairé par la totalité d'une onde lumineuse, et que le diamètre de cette dernière est assez grand pour qu'on puisse la regarder comme plane, l'intensité du rayon résultant correspondant est donnée par la formule*

$$I = \frac{1}{4} \frac{\lambda^2}{(p + p')^2}.$$

Dans ce cas, en effet, on a

$$L = M = 2 \int_0^\infty dx \cos \pi \, \frac{p + p'}{pp'\lambda} \, x^2$$

$$P = Q = 2 \int_0^\infty dx \sin \pi \, \frac{p + p'}{pp'\lambda} \, x^2$$

$$U = \infty$$

$$R = S = 0$$

et, par suite, vu les équations (25) et (26),

$$L = M = P = Q = 2m \sqrt{\frac{\pi}{2}}.$$

De là, à cause des formules (19) et (20),

$$I = \frac{1}{2} \frac{\lambda^2}{(p + p')^2}$$

et

$$\text{tang} \frac{2\pi}{\text{T}} (\tau) = \infty$$

ou

$$(\tau) = \frac{\text{T}}{4}.$$

SCHOLIE. L'intensité du rayon résultant est donc directement proportionnelle au carré de la longueur d'onde, et inversément proportionnelle au carré de la distance du point éclairé au point lumineux ; de plus, elle est indépendante du diamètre de l'onde, ce que l'on pouvait prévoir *à priori*.

Ce rayon est en retard d'un quart d'onde sur le rayon partiel qui va directement du point lumineux au point éclairé ; il est donc censé partir des éléments situés dans le voisinage du périmètre de la première onde élémentaire. On n'a pas encore essayé de vérifier ce dernier résultat par l'expérience.

2ᵉ THÉORÈME. *Lorsqu'un point exposé au rayonnement vibratoire d'une onde sphérique de grand diamètre est éclairé par un nombre pair de zônes élémentaires, l'intensité du rayon résultant est nulle ; mais lorsqu'il est éclairé par un nombre impair de zônes élémentaires, l'intensité du rayon résultant est quadruple de celle qui correspond au rayonnement de l'onde totale* (*).

En effet, si on fait dans les formules (23) et (24)

$$s^2 \left(\frac{1}{2p} + \frac{1}{2p'} \right) = 2k \frac{\lambda}{2}$$

(*) En conduisant les calculs plus rigoureusement que Fresnel ne l'a fait, on trouve que le théorème existe également pour les ondes de petit diamètre. *Comptes rendus des séances de l'Académie des Sciences*, t. LXIV, p. 162.

ou

$$s^2 = 4k \; \frac{pp'}{p + p'} \; \frac{\lambda}{2},$$

on obtient

$$\int_0^{.s} 2\pi s.ds \cos \pi \; \frac{p + p'}{pp'\lambda} \; s^2 = o$$

et

$$\int_0^{.s} 2\pi s.ds \, \sin \pi \frac{p + p'}{pp'\lambda} s^2 = o,$$

et, par suite, vu l'équation (21),

$$1 = o.$$

Mais si l'on fait dans les mêmes formules

$$s^2 \left(\frac{1}{2p} + \frac{1}{2p'} \right) = (2k + 1) \frac{\lambda}{2}$$

ou

$$s^2 = 2 \, (2k + 1) \; \frac{pp'}{p + p'} \; \frac{\lambda}{2},$$

on a

$$\int_0^{s} 2\pi s.ds \cos \pi \frac{p + \nu'}{pp'\lambda} s^2 = o$$

et

$$\int_0^{.s} 2\pi s.ds \, \sin \pi \frac{p + p'}{pp'\lambda} s^2 = 2 \; \frac{pp'\lambda}{p + p'},$$

et, par suite,

$$I = 2 \frac{\lambda^2}{(p + p')^2}$$

et

$$(\tau) = \frac{T}{4},$$

ce qu'il fallait démontrer.

Scholie. D'après ce théorème, il semble nécessaire d'admettre pour les ondes de grand diamètre, que les rayons résultants partiels correspondant aux demi-zônes élémentaires successives se détruisent deux à deux : celui de la seconde moitié de la première zône avec celui de la seconde moitié de la deuxième ; celui de la première moitié de la deuxième zône avec celui de la première moitié de la troisième, et ainsi de suite. De la sorte, on peut toujours réduire l'action d'une portion circulaire finie d'une onde lumineuse de grand rayon, à celles de deux moitiés des zônes élémentaires extrêmes. Les rayons résultants correspondants ont une différence de marche égale à un nombre impair de $\frac{\lambda}{2}$ et leurs intensités s'annulent, lorsque la zône finie renferme un nombre pair de zônes élémentaires ; les rayons résultants ont une différence de marche égale à un nombre impair de $\frac{\lambda}{4}$ et les intensités s'ajoutent, lorsque la zône équivaut à un nombre impair de zônes élémentaires.

L'intensité de la première demi-zône élémentaire est égale à celle de la dernière, et chacune d'elles a pour valeur

$$\frac{\lambda^2}{(p + p')^2} ;$$

lorsque les actions composantes s'ajoutent, l'intensité du rayon résultant est donc égale à

$$2 \frac{\lambda^2}{(p + p')^2} \cdot$$

Ces remarques confirment jusqu'à un certain point les principes synthétiques établis au commencement de ce chapitre.

3e THÉORÈME. *Au centre de l'ombre géométrique d'un petit disque circulaire exposé normalement au rayonnement d'un point lumineux très-éloigné, il y a de la lumière portée dont l'intensité d'éclairement est égale à celle qui aurait lieu, si le point central était illuminé directement.*

En effet, en représentant par r le rayon du disque, la formule (21) donne dans ce cas,

$$I = \frac{\left(\int_r^\infty 2\pi s \, ds \, \cos \frac{2\pi}{T} \tau \right)^2 + \left(\int_r^\infty 2\pi s \, ds \, \sin \frac{2\pi}{T} \tau \right)^2}{2p^2 p'^2} \cdot$$

Or, on a

$$\int_r^\infty 2\pi s . ds \, \cos \frac{2\pi}{T} \tau = \int_0^\infty 2\pi s . ds \, \cos \frac{2\pi}{T} \tau - \int_0^r 2\pi s . ds \, \cos \frac{2\pi}{T}$$

$$\int_r^\infty 2\pi s . ds \, \sin \frac{2\pi}{T} \tau = \int_0^\infty 2\pi s . ds \, \sin \frac{2\pi}{T} \tau - \int_0^r 2\pi s . ds \, \sin \frac{2\pi}{T},$$

et, en tenant compte des équations (25) et (26),

$$\int_0^\infty 2\pi s . ds \cos \frac{2\pi}{T} \tau$$

$$= \int_{-\infty}^{+\infty} dx \int_{-\infty}^{+\infty} dy \cos \pi \frac{p + p'}{pp'\lambda} (x^2 + y^2)$$

$$= \left\{ LM - PQ \right\}_{-\infty}^{+\infty} = o ;$$

$$\int_0^\infty 2\pi s . ds \sin \frac{2\pi}{T} \tau$$

$$= \int_{-\infty}^{+\infty} dx \int_{-\infty}^{+\infty} dy \sin \pi \frac{p + p'}{pp'\lambda} (x^2 + y^2)$$

$$= \left\{ PM + LQ \right\}_{-\infty}^{+\infty}$$

$$= \left(2L^2 \right)_{-\infty}^{+\infty} = 4\pi m^2 = \frac{pp'\lambda}{p + p'}.$$

De plus, par les formules (23) et (24),

$$\int_0^r 2\pi s . ds \cos \frac{2\pi}{T} \tau = \frac{pp'\lambda}{p + p'} \sin \pi \frac{p + p'}{pp'\lambda} r^2$$

et

$$\int_0^r 2\pi s . ds \sin \frac{2\pi}{T} \tau = \frac{pp'\lambda}{p + p'} \left(1 - \cos \pi \frac{p + p'}{pp'\lambda} r^2 \right).$$

5

De là,

$$I = \frac{\lambda^2}{(p+p')^2} \frac{\left(\sin \pi \frac{p+p'}{pp'\lambda} r^2\right)^2 + \left(\cos \pi \frac{p+p'}{pp'\lambda} r^2\right)^2}{2}$$

ou

$$I = \frac{1}{2} \frac{\lambda^2}{(p+p')^2},$$

ce qu'il fallait démontrer.

Quant à la formule (22), elle devient

$$\tan \frac{2\pi}{T} (\tau) = -\cot \pi \frac{p+p'}{pp'\lambda} r^2,$$

ou

$$\frac{2\pi}{T} (\tau) = \frac{\pi}{2} + \frac{\pi (p+p')}{pp'\lambda} r^2,$$

ou encore

$$(\tau) = \frac{T}{4} + \frac{T}{2} \frac{p+p'}{pp'\lambda} r^2,$$

et, par suite, le retard du rayon résultant sur le rayon central a pour valeur

$$\frac{\lambda}{4} + r^2 \left(\frac{1}{2p} + \frac{1}{2p'}\right).$$

On voit par cette expression, que le rayon résultant est en retard d'un quart d'onde sur les rayons qui partent du périmètre du disque; il est donc censé émaner du milieu de la zône élémentaire adjacente à ce périmètre.

Ce beau théorème est dû à Poisson; les deux premiers sont de Fresnel.

SCHOLIE. Il semblerait par ce qui précède, que l'intensité de l'illumination centrale de l'ombre du disque doit être indépendante du rayon r. Il n'en est rien. Le phénomène n'est vérifié **par** l'expérience que lorsque *r* est très-petit, et cette condition est **renfermée** implicitement dans les suppositions de la démonstration.

———

V.

ÉCRAN INDÉFINI A BORD RECTILIGNE.

Dans notre analyse des phénomènes de diffraction nous expliquerons d'abord les variations d'intensité lumineuse produites par l'interposition d'un écran indéfini à bord rectiligne sur le trajet d'une onde cylindrique (*).

La source lumineuse est, par supposition, le foyer linéaire vertical d'une lentille cylindri-

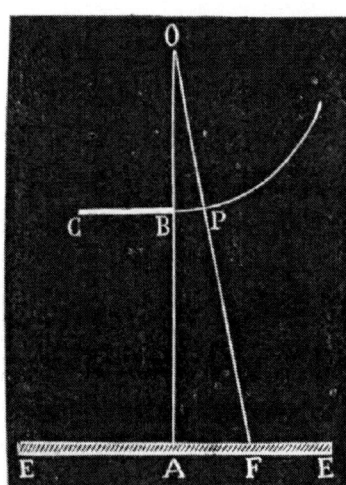

que. Ce foyer, projeté en O sur le plan horizontal de la figure, donne naissance à une onde dont la surface est celle d'un cylindre à base de cercle. Un écran opaque BC, indéfini, à bord rectiligne et vertical, cache la moitié de la surface vibrante. EE est le plan d'observation, et F, un des éléments de la partie éclairée compris entre des parallèles verticales infiniment voisines. L'intensité I de la lumière reçue par l'élément F passe par des *maxima* et des

———

(*) Dans cette analyse, nous exposerons à notre point de vue les belles recherches de M. Gilbert : ouvrage déjà cité, pp. 10 et suiv.

minima successifs, lorsqu'on fait parcourir à cet élément toute la série des positions qu'il peut occuper sur le plan d'observation. Ce sont ces *maxima* et ces *minima* que nous nous proposons de déterminer.

En posant BP = S, les formules (25) et (26) donnent dans les conditions actuelles,

$$L = \int_{-s}^{\infty} dx \cos \pi \frac{p + p'}{pp'\lambda} x^2$$

$$= \int_0^{\infty} dx \cos \pi \frac{p + p'}{pp'\lambda} x^2 + \int_0^{s} dx \cos \pi \frac{p + p'}{pp'\lambda} x^2$$

$$= m \left(\sqrt{2\pi} + R \sin \upsilon - S \cos \upsilon \right) \qquad (27)$$

$$M = \int_{-\infty}^{+\infty} dy \cos \pi \frac{p + p'}{pp'\lambda} y^2 = m \sqrt{2\pi}$$

$$P = \int_{-s}^{\infty} dx \sin \pi \frac{p + p'}{pp'\lambda} x^2$$

$$= \int_0^{\infty} dx \sin \pi \frac{p + p'}{pp'\lambda} x^2 + \int_0^{s} dx \sin \pi \frac{p + p'}{pp'\lambda} x^2$$

$$= m \left(\sqrt{2\pi} - R \cos \upsilon - S \sin \upsilon \right) \qquad (28)$$

$$Q = \int_{-\infty}^{+\infty} dy \sin \pi \frac{p + p'}{pp'\lambda} y^2 = m \sqrt{2\pi} \,,$$

la variable U étant déterminée par l'égalité

$$\upsilon = \frac{s^2}{4m^2} = \pi \frac{p + p'}{pp'\lambda} s^2 \,.$$

De la sorte, la formule (19) devient

$$I = \frac{M^2 (L^2 + P^2)}{p^2 \, p'^2},$$

ou, en remplaçant I et P par leurs valeurs (27) et (28),

$$I = \frac{\lambda^2}{8\pi(p+p')^2}\left\{\left(\sqrt{2\pi}+R\sin\upsilon-S\cos\upsilon\right)^2+\left(\sqrt{2\pi}-R\cos\upsilon-S\sin\upsilon\right)^2\right\}$$

Pour que l'élément linéaire F corresponde à un *maximum* ou à un *minimum* de lumière, il faut que l'on ait

$$\frac{dI}{ds} = o$$

c'est-à-dire,

$$L\frac{dL}{ds} + P\frac{dP}{ds} = o\,.$$

Or, les équations (27) et (28) donnent

$$\frac{dL}{ds} = \cos\pi\,\frac{p+p'}{pp'\lambda}\,s^2 = \cos\upsilon$$

et

$$\frac{dP}{ds} = \sin\pi\,\frac{p+p'}{pp'\lambda}\,s^2 = \sin\upsilon\,;$$

l'équation de condition du *maximum* et du *minimum* devient donc

$$L\cos\upsilon + P\sin\upsilon = o$$

ou, en remplaçant L et P par leurs valeurs,

$$\sqrt{2\pi}\left(\cos\upsilon + \sin\upsilon\right) = S,$$

ou enfin

$$2\sqrt{\pi}\,\sin\left(\upsilon + \frac{\pi}{4}\right) = S, \qquad (29)$$

puisque l'on a

$$\sin \upsilon + \cos \upsilon = \sqrt{2} \, \sin \left(\upsilon + \frac{\pi}{4} \right).$$

On peut résoudre approximativement l'équation (29). Car la fonction S tendant rapidement vers o lorsque U va de o à ∞, cette équation devient sensiblement

$$\sin \left(\upsilon + \frac{\pi}{4} \right) = o,$$

dont les racines sont

$$\upsilon = \frac{3\pi}{4} \, , \, \frac{7\pi}{4} \, , \, \frac{11\pi}{4} \, , \, \frac{15\pi}{4} \, , \, \ldots ;$$

de sorte que les valeurs de s^2 qui correspondent aux *maxima* et aux *minima* d'éclairement sont, à très-peu près,

$$s^2 = \frac{pp'\lambda}{p + p'} \left\{ \frac{3}{4} \, , \, \frac{7}{4} \, , \, \frac{11}{4} \, , \, \frac{15}{4} \, , \, \ldots \right\}.$$

Cette loi a été trouvée par M. Knochenhauer.

Il est facile de voir que dans la série précédente les valeurs de s^2 de rang *impair* correspondent aux *maxima* de l'intensité, et que les valeurs de rang *pair* répondent aux *minima*; il suffit de remarquer que la dérivée $\frac{dI}{ds}$ passe du positif au négatif pour les premières, et du négatif au positif pour les secondes. Au reste, l'équation (29) peut être résolue avec toute l'exactitude désirable à l'aide d'une table construite par M. Gilbert.

Comme on a

$$\cos \upsilon - \sin \upsilon = \sqrt{2} \, \cos \left(\upsilon + \frac{\pi}{4} \right),$$

la valeur générale de I peut se mettre sous la forme

$$I = \frac{\lambda^2}{8\pi(p+p')^2}\left[\left\{R - 2\sqrt{\pi}\cos\left(v + \frac{\pi}{4}\right)\right\}^2 + \left\{S - 2\sqrt{\pi}\sin\left(v + \frac{\pi}{4}\right)\right\}^2\right].$$

Par suite, les intensités *maxima* et *minima* satisfont à l'équation

$$(I) = \frac{\lambda^2}{8\pi(p+p')^2}\left\{R - 2\sqrt{\pi}\cos\left(v + \frac{\pi}{4}\right)\right\}^2,$$

et on a très-sensiblement

$$(I) = \frac{\lambda^2}{8\pi(p+p')^2}\left\{R \pm 2\sqrt{\pi}\right\}^2.$$

De la sorte, le *maximum* de l'éclairement est donné par la formule

$$(I)_M = \frac{\lambda^2}{8\pi(p+p')^2}\left(R + 2\sqrt{\pi}\right)^2,$$

et le *minimum*, par

$$(I)_m = \frac{\lambda^2}{8\pi(p+p')^2}\left(R - 2\sqrt{\pi}\right)^2.$$

Pour un élément F pris à l'intérieur de l'ombre géométrique du plan d'observation, on a

$$L = \int_s^\infty dx \cos\pi\,\frac{p+p'}{pp'\lambda}\,x^2$$

$$= \int_0^\infty dx \cos\pi\,\frac{p+p'}{pp'\lambda}\,x^2 - \int_0^s dx \cos\pi\,\frac{p+p'}{pp'\lambda}\,x^2$$

$$= m \, (\text{S} \cos \upsilon - \text{R} \sin \upsilon)$$

$$\text{P} = \int_{s}^{\infty} dx \, \sin \pi \, \frac{p + p'}{pp'\lambda} \, x^{2}$$

$$= \int_{0}^{\infty} dx \, \sin \pi \, \frac{p + p'}{pp'\lambda} \, x^{2} - \int_{0}^{s} dx \, \sin \pi \, \frac{p + p'}{pp'\lambda} \, x^{2}$$

$$= m \, (\text{R} \cos \upsilon + \text{S} \sin \upsilon),$$

et

$$\text{M} = \text{Q} = m \sqrt{2\pi}$$

et, par suite,

$$\text{I} = \frac{\lambda^{2}}{8\pi \, (p + p')^{2} \, m^{2}} (\text{L}^{2} + \text{P}^{2})$$

ou

$$\text{I} = \frac{\lambda^{2}}{8\pi \, (p + p')^{2}} \, (\text{R}^{2} + \text{S}^{2}) ; \qquad (30)$$

et la condition du *maximum* et du *minimum* devient

$$\text{L} \, \frac{d\text{L}}{ds} + \text{P} \, \frac{d\text{P}}{ds} = o,$$

c'est-à-dire,

$$\cos \upsilon \, (\text{S} \cos \upsilon - \text{R} \sin \upsilon) + \sin \upsilon \, (\text{R} \cos \upsilon + \text{S} \sin \upsilon) = o$$

ou

$$\text{S} = o \,,$$

équation qui ne peut être vérifiée que par $s = \infty$.

L'ombre géométrique du plan d'observation ne renferme donc pas, comme la partie éclairée, des franges alternativement brillantes et obscures : l'éclairement par diffraction y est continu et rapidement décroissant à partir du bord de l'ombre, comme le montre l'équation (30).

VI.

ÉCRAN RECTANGULAIRE TRÈS-ÉTROIT.

FRANGES DE L'OMBRE GÉOMÉTRIQUE. En représentant par 2σ la largeur d'un écran rectangulaire étroit placé sur le trajet de l'onde cylindrique, par s la distance du pôle P au milieu de l'écran, et en posant

$$\sigma - s = \alpha \qquad \sigma + s = \beta,$$

on a, pour un élément linéaire F situé dans l'ombre géométrique du plan d'observation,

$$M = Q = m \sqrt{2\pi}$$

$$L = \int_{\alpha}^{\infty} dx \cos \pi \frac{p+p'}{pp'\lambda} x^2 + \int_{\beta}^{\infty} dx \cos \pi \frac{p+p'}{pp'\lambda} x^2$$

$$= 2 \int_{0}^{\infty} dx \cos \pi \frac{p+p'}{pp'\lambda} x^2$$

$$- \int_{0}^{\alpha} dx \cos \pi \frac{p+p'}{pp'\lambda} x^2 - \int_{0}^{\beta} dx \cos \pi \frac{p+p'}{pp'\lambda} x^2$$

$$= m \left(S_{\alpha} \cos \upsilon_{\alpha} - R_{\alpha} \sin \upsilon_{\alpha} + S_{\beta} \cos \upsilon_{\beta} - R_{\beta} \sin \upsilon_{\beta} \right)$$

$$P = \int_{\alpha}^{\infty} dx \sin \pi \frac{p+p'}{pp'\lambda} x^2 + \int_{\beta}^{\infty} dx \sin \pi \frac{p+p'}{pp'\lambda} x^2$$

$$= 2 \int_{0}^{\infty} dx \sin \pi \frac{p+p'}{pp'\lambda} x^2$$

$$- \int_{0}^{\alpha} dx \sin \pi \frac{p+p'}{pp'\lambda} x^2 - \int_{0}^{\beta} dx \sin \pi \frac{p+p'}{pp'\lambda} x^2$$

$$= m \left(S_\alpha \sin v_\alpha + R_\alpha \cos v_\alpha + S_\beta \sin v_\beta + R_\beta \cos v_\beta \right)$$

et

$$I = \frac{\lambda^2}{8\pi m^2 (p + p')^2} \left(L^2 + P^2 \right).$$

En introduisant pour la facilité des calculs subséquents les angles auxiliaires Φ_α et Φ_β déterminés par les équations

$$\frac{R_\alpha}{\sin \Phi_\alpha} = \frac{S_\alpha}{\cos \Phi_\alpha} = \sqrt{R_\alpha^2 + S_\alpha^2}$$

et

$$\frac{R_\beta}{\sin \Phi_\beta} = \frac{S_\beta}{\cos \Phi_\beta} = \sqrt{R_\beta^2 + S_\beta^2}$$

les valeurs de L, P, I deviennent

$$L = m \left\{ \sqrt{R_\alpha^2 + S_\alpha^2} \cos \left(v_\alpha + \Phi_\alpha \right) + \sqrt{R_\beta^2 + S_\beta^2} \cos \left(v_\beta + \Phi_\beta \right) \right\}$$

$$P = m \left\{ \sqrt{R_\alpha^2 + S_\alpha^2} \sin \left(v_\alpha + \Phi_\alpha \right) + \sqrt{R_\beta^2 + S_\beta^2} \sin \left(v_\beta + \Phi_\beta \right) \right\}$$

$$I = \frac{\lambda^2}{8\pi (p + p')^2} \left[\begin{array}{c} R_\alpha^2 + S_\alpha^2 + R_\beta^2 + S_\beta^2 \\ + 2\sqrt{\left(R_\alpha^2 + S_\alpha^2 \right)\left(R_\beta^2 + S_\beta^2 \right)} \cos \left(v_\beta - v_\alpha + \Phi_\beta - \Phi_\alpha \right) \end{array} \right].$$

Pour que l'éclairement I soit *maximum* ou *minimum*, il faut que l'on ait comme précédemment,

$$L \frac{dL}{ds} + P \frac{dP}{ds} = 0 .$$

Dans le cas actuel,

$$\frac{dL}{ds} = \frac{dL}{d\beta} - \frac{dL}{d\alpha} = \cos v_\alpha - \cos v_\beta = 2 \sin \frac{v_\beta - v_\alpha}{2} \sin \frac{v_\beta + v_\alpha}{2}$$

et

$$\frac{dP}{ds} = \frac{dP}{d\beta} - \frac{dP}{d\alpha} = \sin v_\alpha - \sin v_\beta = -2 \sin \frac{v_\beta - v_\alpha}{2} \cos \frac{v_\beta + v_\alpha}{2};$$

de sorte que l'équation de condition devient

$$\frac{-v_\alpha}{2} \left\{ \sqrt{R_\alpha^2 + S_\alpha^2} \sin\left(\frac{v_\beta - v_\alpha}{2} - \Phi_\alpha\right) - \sqrt{R_\beta^2 + S_\beta^2} \sin\left(\frac{v_\beta - v_\alpha}{2} + \Phi_\beta\right) \right\} = 0.$$

Cette équation donne naissance en se dédoublant aux deux suivantes :

$$\sin \frac{v_\beta - v_\alpha}{2} = 0 \qquad , \qquad (32)$$

et

$$\sqrt{R_\alpha^2 + S_\alpha^2} \sin\left(\frac{v_\beta - v_\alpha}{2} - \Phi_\alpha\right) = \sqrt{R_\beta^2 + S_\beta^2} \sin\left(\frac{v_\beta - v_\alpha}{2} + \Phi_\beta\right),$$

dont la dernière peut s'écrire

$$(S_\alpha - S_\beta) \sin \frac{v_\beta - v_\alpha}{2} = (R_\alpha + R_\beta) \cos \frac{v_\beta - v_\alpha}{2} \qquad (33)$$

ou

$$\tan \frac{v_\beta - v_\alpha}{2} = \frac{R_\alpha + R_\beta}{S_\alpha - S_\beta}. \qquad (34)$$

Les racines de l'équation (32) sont :

$$v_\beta - v_\alpha = o, \quad 2\pi, \quad 4\pi, \quad 6\pi, \ldots \ldots :$$

et puisque

$$v_\beta - v_\alpha = 4\pi\sigma \frac{p + p'}{pp'\lambda} s,$$

on a, pour les valeurs correspondantes de s,

$$s = \frac{pp'\lambda}{\sigma(p + p')} \left\{ o, \quad \frac{1}{2}, \quad \frac{2}{2}, \quad \frac{3}{2}, \ldots \ldots \right\}.$$

Il est facile de voir qu'à ces valeurs de s répondent pour l'élément F des *maxima* d'éclairement, et seulement des *maxima*.

En effet, la forme donnée aux équations (31) et (33) montre que la dérivée $\frac{dI}{ds}$ se compose de deux facteurs variables : l'un, $\sin \frac{v_\beta - v_\alpha}{2}$, qui s'annulle pour toutes les valeurs de s de la série précédente, en passant alternativement du négatif au positif, puis du positif au négatif; l'autre, qui est égal à $(R_\alpha + R_\beta)$ pour les valeurs de s de rang pair, et dont l'expression est $-(R_\alpha + R_\beta)$ pour les valeurs de rang impair. Il s'ensuit que la dérivée $\frac{dI}{ds}$ passe constamment du positif au négatif pour les valeurs de s dont il s'agit, ce qui est le caractère distinctif des *maxima* de la fonction I.

Quant à l'intensité de ces *maxima*, elle est donnée par la valeur générale de I trouvée plus haut, et a pour expression

$$(I)_M = \frac{\lambda^2}{8\pi (p + p')^2} \left\{ (R_\alpha + R_\beta)^2 + (S_\alpha + S_\beta)^2 \right\}, \quad (35)$$

comme on peut le voir aisément.

Les *franges brillantes* de l'ombre géométrique sont symétriquement placées sur le plan d'observation de part et d'autre de la ligne centrale; leur *largeur l* satisfait à la relation

$$l = s \frac{p + p'}{p},$$

et est donnée par l'équation

$$l = \frac{p'\lambda}{\sigma} \left\{ o, \quad \frac{1}{2}, \quad \frac{2}{2}, \quad \frac{3}{2}, \ldots \ldots \right\}.$$

Ainsi, la *largeur des franges brillantes* varie en progression arithmétique et, pour un ordre déterminé, elle est directement proportionnelle à la longueur d'onde et à la distance du plan d'observation à l'écran opaque; mais, par contre, elle est inversément proportionnelle à la largeur de l'écran, et est de plus indépendante de la distance de l'écran au foyer lumineux.

La croissance rapide des fonctions R_α et S_α de la formule (35) lorsque α diminue, fait voir en outre, que l'intensité des franges brillantes augmente dans le voisinage des limites de l'ombre, tandis qu'au centre elle est égale à

$$\frac{\lambda^2}{2\pi (p + p')^2} \left(R_\sigma^2 + S_\sigma^2 \right).$$

Les valeurs de *s* qui correspondent aux *minima* de l'intensité **I**, sont évidemment données par l'équation (34).

Or on a

$$R_\alpha > S_\alpha, \quad R_\beta > S_\beta, \quad S_\alpha > S_\beta .$$

et, par suite,

$$\frac{R_\alpha + R_\beta}{S_\alpha - S_\beta} > 1.$$

Cette inégalité, combinée avec l'équation (34), entrainant les relations

$$i\pi + \frac{\pi}{2} > \frac{v_\beta - v_\alpha}{2} > i\pi + \frac{\pi}{4}$$

où i représente les nombres entiers successifs 0, 1, 2, 3,...., on a

$$\frac{pp'\lambda}{2(p+p')\sigma}\left(i + \frac{1}{2}\right) > s > \frac{pp'\lambda}{2(p+p')\sigma}\left(i + \frac{1}{4}\right)$$

et

$$\frac{p'\lambda}{2\sigma}\left(i + \frac{1}{2}\right) > l > \frac{p'\lambda}{2\sigma}\left(i + \frac{1}{4}\right).$$

Les valeurs successives de l sont donc comprises entre

$$\frac{p'\lambda}{\sigma}\left(o + \frac{1}{8}\right) \qquad \text{et} \qquad \frac{p'\lambda}{\sigma}\left(o + \frac{1}{4}\right),$$

$$\frac{p'\lambda}{\sigma}\left(\frac{1}{2} + \frac{1}{8}\right) \qquad \text{et} \qquad \frac{p'\lambda}{\sigma}\left(\frac{1}{2} + \frac{1}{4}\right),$$

$$\frac{p'\lambda}{\sigma}\left(\frac{2}{2} + \frac{1}{8}\right) \qquad \text{et} \qquad \frac{p'\lambda}{\sigma}\left(\frac{2}{2} + \frac{1}{4}\right),$$

. . . .

Il en résulte que les *franges obscures* de l'ombre géométrique sont situées sur l'écran entre les franges brillantes, dans le *deuxième quadrant* de l'intervalle constant $\frac{p'\lambda}{2\sigma}$ qui sépare une frange brillante de la suivante.

Dans le voisinage du centre de l'ombre géométrique où

$$\alpha = \beta$$

et, par suite,

$$\tan\frac{v_\beta - v_\alpha}{2} = \frac{R_\alpha + R_\beta}{S_\alpha - S_\beta} = \infty,$$

les franges obscures sont plus rapprochées de l'extrémité du quadrant que de l'origine; dans le voisinage de la limite de l'ombre au contraire, où R_β et S_β sont à peu près négligeables et où on a sensiblement

$$R_\alpha = S_\alpha = \sqrt{\frac{\pi}{2}}$$

et, par suite,

$$\tan\frac{v_\beta - v_\alpha}{2} = \frac{R_\alpha + R_\beta}{S_\alpha - S_\beta} = 1,$$

elles sont plus près de l'origine.

Les valeurs *minima* de l'intensité peuvent être déterminées à l'aide de la valeur générale de I; il suffit de mettre cette dernière successivement sous les formes suivantes :

$$\frac{8\pi\,(p + p')^2}{\lambda^2}\,I$$

$$= R_\alpha^2 + S_\alpha^2 + R_\beta^2 + S_\beta^2$$

$$+ 2\left(R_\alpha R_\beta + S_\alpha S_\beta\right)\cos\left(v_\beta - v_\alpha\right) - 2\left(R_\beta S_\alpha - R_\alpha S_\beta\right)\sin\left(v_\beta - v_\alpha\right)$$

ou

$$R_\alpha^2 + R_\beta^2 + 2R_\alpha R_\beta \left(\cos^2 \frac{U_\beta - U_\alpha}{2} - \sin^2 \frac{U_\beta - U_\alpha}{2} \right)$$

$$+ S_\alpha^2 + S_\beta^2 + 2 S_\alpha S_\beta \left(\cos^2 \frac{U_\beta - U_\alpha}{2} - \sin^2 \frac{U_\beta - U_\alpha}{2} \right)$$

$$- 2 \left(2R_\beta S_\alpha - 2R_\alpha S_\beta \right) \sin \frac{U_\beta - U_\alpha}{2} \cos \frac{U_\beta - U_\alpha}{2}$$

ou

$$\left(R_\alpha + R_\beta \right)^2 \cos^2 \frac{U_\beta - U_\alpha}{2} + \left(R_\alpha - R_\beta \right)^2 \sin^2 \frac{U_\beta - U_\alpha}{2}$$

$$+ \left(S_\alpha - S_\beta \right)^2 \sin^2 \frac{U_\beta - U_\alpha}{2} + \left(S_\alpha + S_\beta \right)^2 \cos^2 \frac{U_\beta - U_\alpha}{2}$$

$$- 2 \left(R_\alpha + R_\beta \right)\left(S_\alpha - S_\beta \right) \sin \frac{U_\beta - U_\alpha}{2} \cos \frac{U_\beta - U_\alpha}{2}$$

$$+ 2 \left(R_\alpha - R_\beta \right)\left(S_\alpha + S_\beta \right) \sin \frac{U_\beta - U_\alpha}{2} \cos \frac{U_\beta - U_\alpha}{2}$$

ou enfin

$$\left\{ \left(R_\alpha + R_\beta \right) \cos \frac{U_\beta - U_\alpha}{2} - \left(S_\alpha - S_\beta \right) \sin \frac{U_\beta - U_\alpha}{2} \right\}^2$$

$$+ \left\{ \left(R_\alpha - R_\beta \right) \sin \frac{U_\beta - U_\alpha}{2} + \left(S_\alpha + S_\beta \right) \cos \frac{U_\beta - U_\alpha}{2} \right\}^2.$$

Cette dernière expression montre que les valeurs *minima* sont données par la formule

$$(I)_m = \frac{\lambda^2}{8\pi (p + p')^2} \left\{ (R_\alpha - R_\beta) \sin \frac{U_\beta - U_\alpha}{2} + (S_\alpha + S_\beta) \cos \frac{U_\beta - U_\alpha}{2} \right\}^2 ;$$

ou, à cause de la condition du *minimum*,

$$\frac{\sin \frac{\mathrm{U}_\beta - \mathrm{U}_\alpha}{2}}{\mathrm{R}_\alpha + \mathrm{R}_\beta} = \frac{\cos \frac{\mathrm{U}_\beta - \mathrm{U}_\alpha}{2}}{\mathrm{S}_\alpha - \mathrm{S}_\beta} = \frac{1}{\sqrt{(\mathrm{R}_\alpha + \mathrm{R}_\beta)^2 + (\mathrm{S}_\alpha - \mathrm{S}_\beta)^2}},$$

par l'égalité

$$(\mathrm{I})_m = \frac{\lambda^2}{8\pi\,(p+p')^2} \cdot \frac{\left\{\mathrm{R}_\alpha^2 - \mathrm{R}_\beta^2 + \mathrm{S}_\alpha^2 - \mathrm{S}_\beta^2\right\}^2}{(\mathrm{R}_\alpha + \mathrm{R}_\beta)^2 + (\mathrm{S}_\alpha - \mathrm{S}_\beta)^2}.$$

On voit par cette valeur que $(\mathrm{I})_m$ devient presque nulle dans le voisinage du centre de l'ombre géométrique.

Quant au nombre de *franges brillantes*, il est évidemment égal à $(2n + 1)$, n étant le plus grand nombre entier contenu dans

$$\frac{2\sigma^2\,(p+p')}{pp'}$$

ou

$$\frac{2\sigma^2}{\lambda}\left(\frac{1}{p} + \frac{1}{p'}\right).$$

FRANGES EXTÉRIEURES A L'OMBRE GÉOMÉTRIQUE. Lorsque l'élément F dont on détermine l'éclairement, est situé à l'extérieur de l'ombre géométrique, on a

$$\mathrm{M} = \mathrm{Q} = m\,\sqrt{2\pi}$$

$$\mathrm{L} = 2\int_0^\infty dx \cos \pi \frac{p+p'}{pp'\lambda} \cdot x^2$$

$$+ \int_0^{s-\sigma} dx \cos \pi \frac{p+p'}{pp'} x^2 - \int_0^{s+\sigma} dx \cos \pi \frac{p+p'}{pp'} x^2$$

6

$$P = 2 \int_0^\infty dx \, \sin \pi \frac{p + p'}{pp'\lambda} x^2$$

$$+ \int_0^{s - \sigma} dx \, \sin \pi \frac{p + p'}{pp'\lambda} x^2 - \int_0^{s + \sigma} dx \, \sin \pi \frac{p + p'}{pp'\lambda} x$$

et

$$I = \frac{M^2 (L^2 + P^2)}{p^2 p'^2}.$$

En posant

$$s - \sigma = \alpha \quad \text{et} \quad s + \sigma = \beta,$$

et en faisant usage des équations (25) et (26), ces valeurs de L et de P deviennent :

$$L = m \left(\sqrt{2\pi} + R_\alpha \sin \upsilon_\alpha - S_\alpha \cos \upsilon_\alpha - R_\beta \sin \upsilon_\beta + S_\beta \cos \upsilon_\beta \right)$$

et

$$P = m \left(\sqrt{2\pi} - R_\alpha \cos \upsilon_\alpha - S_\alpha \sin \upsilon_\alpha + R_\beta \cos \upsilon_\beta + S_\beta \sin \upsilon_\beta \right),$$

ou, par l'introduction des angles auxiliaires Φ_α, Φ_β,

$$L = m \left\{ \sqrt{2\pi} - \sqrt{R_\alpha^2 + S_\alpha^2} \cos \left(\upsilon_\alpha + \Phi_\alpha \right) + \sqrt{R_\beta^2 + S_\beta^2} \cos \left(\upsilon_\beta + \Phi_\beta \right) \right\}$$

et

$$P = m \left\{ \sqrt{2\pi} - \sqrt{R_\alpha^2 + S_\alpha^2} \sin \left(\upsilon_\alpha + \Phi_\alpha \right) + \sqrt{R_\beta^2 + S_\beta^2} \sin \left(\upsilon_\beta + \Phi_\beta \right) \right\}.$$

L'équation de condition du *maximum* et du *minimum* de l'intensité étant ici, comme précédemment,

$$L \frac{dL}{ds} + P \frac{dP}{ds} = 0,$$

on a

$$\frac{dL}{ds} = \cos v_\alpha - \cos v_\beta = 2 \sin \frac{v_\beta - v_\alpha}{2} \sin \frac{v_\beta + v_\alpha}{2}$$

et

$$\frac{dP}{ds} = \sin v_\alpha - \sin v_\beta = -2 \sin \frac{v_\beta - v_\alpha}{2} \cos \frac{v_\beta + v_\alpha}{2}.$$

Le premier membre de l'équation de condition renferme donc le facteur $\sin \frac{v_\beta - v_\alpha}{2}$, et l'on a pour première condition partielle

$$\sin \frac{v_\beta - v_\alpha}{2} = 0. \tag{36}$$

Le second facteur égalé à zéro donne

$$\sqrt{2\tau} \left(\sin \frac{v_\beta + v_\beta}{2} - \cos \frac{v_\alpha + v_\alpha}{2} \right)$$

$$= \sqrt{R_\alpha^2 + S_\alpha^2} \sin \left(\frac{v_\beta - v_\alpha}{2} - \Phi_\alpha \right) + \sqrt{R_\beta^2 + S_\beta^2} \sin \left(\frac{v_\beta - v_\alpha}{2} + \Phi_\beta \right)$$

ou

$$\sqrt{2\pi} \left(\sin \frac{v_\beta + v_\alpha}{2} - \cos \frac{v_\beta + v_\alpha}{2} \right)$$

$$= \sin \frac{v_\beta - v_\alpha}{2} (S_\alpha + S_\beta) - \cos \frac{v_\beta - v_\alpha}{2} (R_\alpha - R_\beta).$$

Comme les fonctions R_α, R_β, S_α, S_β tendent rapidement vers zéro, quand l'élément F s'éloigne de la limite de l'ombre géométrique, on peut remplacer l'équation précédente par

$$\sin \frac{v_\beta + v_\alpha}{2} - \cos \frac{v_\beta + v_\alpha}{2} = 0$$

ou

$$\tang \frac{v_\beta + v_\alpha}{2} = 1. \qquad (37)$$

Les racines de l'équation (36) sont

$$v_\beta - v_\alpha = 0, \qquad 2\pi, \qquad 4\pi, \qquad 6\pi, \ldots$$

et les valeurs correspondantes de s sont données par l'égalité

$$s = \frac{pp'\lambda}{(p + p')\sigma} \left\{ 0, \quad \frac{1}{2}, \quad \frac{2}{2}, \quad \frac{3}{2}, \ldots \right\} \qquad (38)$$

Dans cette suite, s est supposé plus grand que σ; ce qui permet de déterminer le terme avec lequel commencent les franges extérieures de l'équation (36); ces franges ne sont d'ailleurs, quant à leur position, que la continuation de la série des franges brillantes intérieures à l'ombre géométrique.

L'équation (37) a pour racines

$$v_\beta + v_\alpha = \frac{\pi}{2}, \qquad 5\frac{\pi}{2}, \qquad 9\frac{\pi}{2}, \qquad 13\frac{\pi}{2}, \ldots;$$

par suite, les valeurs correspondantes de s sont données par

$$s^2 + \sigma^2 = \frac{pp'\lambda}{p + p'} \left\{ \frac{1}{4}, \quad \frac{5}{4}, \quad \frac{9}{4}, \quad \frac{13}{4}, \ldots \right\}$$

Quand on peut négliger ϖ devant s, ce qui arrive à quelque distance de l'ombre géométrique, on a

$$s = \sqrt{\frac{pp'\lambda}{p + p'}} \left\{ \frac{1}{2}, \quad \frac{1}{2}\sqrt{5}, \quad \frac{3}{2}, \quad \frac{1}{2}\sqrt{13}, \quad \ldots \right\}, \text{ (39)}$$

suite où la différence de deux termes consécutifs va en diminuant indéfiniment, à mesure qu'on s'éloigne du premier.

Il s'ensuit que les franges deviennent de plus en plus serrées, à mesure que l'on s'éloigne de l'ombre géométrique; il en résulte également que le nombre des termes de la série (39), compris entre deux termes consécutifs de la suite (38), croît rapidement avec l'ordre des termes.

Les termes des deux séries (38) et (39), rangés par ordre de grandeur en une seule suite, déterminent la position des *maxima* et des *minima* d'intensité à l'extérieur de l'ombre.

VII.

OUVERTURE RECTANGULAIRE ÉTROITE.

Ce cas a beaucoup d'analogie avec le précédent.

FRANGES INTÉRIEURES. En représentant la largeur de l'ouverture rectangulaire placée sur le trajet de l'onde cylindrique par 2σ, et en continuant à compter l'arc s à partir du milieu de l'ouverture, on a, pour un élément F situé dans la projection conique de la fente rectangulaire sur le plan d'observation,

$$M = Q = m \sqrt{2\pi}$$

$$L = \int_0^{\sigma - s} dx \, \cos \, \pi \, \frac{p + p'}{pp'\lambda} \, x^2 + \int_0^{\sigma + s} dx \, \cos \, \pi \, \frac{p + p'}{pp'\lambda} \, x^2$$

$$P = \int_0^{\sigma - s} dx \, \sin \, \pi \, \frac{p + p'}{pp'\lambda} \, x^2 + \int_0^{\sigma + s} dx \, \sin \, \pi \, \frac{p + p'}{pp'\lambda} \, x^2,$$

et

$$I = \frac{M^2 (L^2 + P^2)}{p^2 p'^2}.$$

Si l'on pose, pour abréger,

$$\sigma - s = \alpha \qquad \text{et} \qquad \sigma + s = \beta,$$

ces expressions se simplifient et deviennent

$$L = m \left(\sqrt{2\pi} + R_\alpha \sin \upsilon_\alpha - S_\alpha \cos \upsilon_\alpha + R_\beta \sin \upsilon_\beta - S_\beta \cos \upsilon_\beta \right)$$

et

$$P = m \left(\sqrt{2\pi} - R_\alpha \cos \upsilon_\alpha - S_\alpha \sin \upsilon_\alpha - R_\beta \cos \upsilon_\beta - S_\beta \sin \upsilon_\beta \right),$$

ou, à l'aide des angles auxiliaires Φ_α, Φ_β,

$$L = m \left\{ \sqrt{2\pi} - \sqrt{R_\alpha^2 + S_\alpha^2} \, \cos \, (\upsilon_\alpha + \Phi_\alpha) - \sqrt{R_\beta^2 + S_\beta^2} \, \cos \, (\upsilon_\beta + \Phi_\beta) \right.$$

$$P = m \left\{ \sqrt{2\pi} - \sqrt{R_\alpha^2 + S_\alpha^2} \, \sin \, (\upsilon_\alpha + \Phi_\alpha) - \sqrt{R_\beta^2 + S_\beta^2} \, \sin \, (\upsilon_\beta + \Phi_\beta) \right\}$$

L'équation de condition relative au *maximum* et au *minimum* de la fonction I, est encore

$$L\frac{dL}{ds} + P\frac{dP}{ds} = o;$$

et, comme on a

$$\frac{dL}{ds} = \frac{dL}{d\beta} - \frac{dL}{d\alpha} = \cos v_\beta - \cos v_\alpha = -2\sin\frac{v_\beta - v_\alpha}{2}\sin\frac{v_\beta + v_\alpha}{2}$$

et

$$\frac{dP}{ds} = \frac{dP}{d\beta} - \frac{dP}{d\alpha} = \sin v_\beta - \sin v_\alpha = 2\sin\frac{v_\beta - v_\alpha}{2}\cos\frac{v_\beta + v_\alpha}{2},$$

il s'ensuit que cette équation de condition se dédouble dans les deux équations suivantes

$$\sin\frac{v_\beta - v_\alpha}{2} = o, \tag{40}$$

et

$$\sqrt{2\pi}\left(\cos\frac{v_\beta + v_\alpha}{2} - \sin\frac{v_\beta + v_\alpha}{2}\right)$$

$$= \sqrt{R_\beta^2 + S_\beta^2}\sin\left(\frac{v_\beta - v_\alpha}{2} + \Phi_\beta\right) - \sqrt{R_\alpha^2 + S_\alpha^2}\sin\left(\frac{v_\beta - v_\alpha}{2} - \Phi_\alpha\right)$$

ou

$$\sqrt{2\pi}\left(\cos\frac{v_\beta + v_\alpha}{2} - \sin\frac{v_\beta + v_\alpha}{2}\right)$$

$$= \left(S_\beta - S_\alpha\right)\sin\frac{v_\beta - v_\alpha}{2} + \left(R_\beta + R_\alpha\right)\cos\frac{v_\beta - v_\alpha}{2}. \tag{41}$$

Lorsque σ n'est pas trop petit, on peut remplacer cette dernière équation par

$$\cos \frac{v_\beta + v_\alpha}{2} - \sin \frac{v_\beta + v_\alpha}{2} = 0 ; \qquad (42)$$

mais l'approximation est de beaucoup inférieure à celle que nous avons obtenue plus haut.

Les équations (40) et (42) fournissent les solutions déjà indiquées à l'article précédent. Quant à l'équation (41), elle peut être résolue par approximations successives à l'aide de la table de M. Gilbert.

Parmi les valeurs de s, données par l'équation (40), il convient de distinguer celle qui correspond au milieu de l'ouverture rectangulaire, savoir :

$$s = 0.$$

Pour cette valeur de s on a

$$\alpha = \beta = \sigma;$$

et, en même temps que le premier facteur variable de la dérivée $\frac{dl}{ds}$ passe du négatif au positif, le second devient

$$\sqrt{2\pi} \left(\cos v_\sigma - \sin v_\sigma \right) - 2 R_\sigma.$$

ou

$$2\sqrt{\pi} \cos \left(\frac{\pi}{4} + v_\sigma \right) - 2 R_\sigma.$$

La partie du plan d'observation, qui coïncide avec le milieu de l'ouverture, possède donc un éclairement *minimum*, toutes les fois que l'on a

$$\sqrt{\pi} \cos \left(\frac{\pi}{4} + v_\sigma \right) > R_\sigma.$$

et un éclairement *maximum*, quand

$$\sqrt{\pi} \cos\left(\frac{\pi}{4} + v_\sigma\right) < R_\sigma.$$

Comme on a, de plus,

$$R_\sigma < \sqrt{\frac{\pi}{2}};$$

il s'ensuit que la première inégalité est satisfaite lorsque

$$\cos\left(\frac{\pi}{4} + v_\sigma\right) = 1,$$

et la seconde, quand

$$\cos\left(\frac{\pi}{4} + v_\sigma\right) = -1.$$

Entre autres cas, le centre de l'ouverture est donc éclairé au *minimum*, toutes les fois que la distance du plan d'observation à l'ouverture satisfait à la relation

$$\pi \frac{p + p'}{pp'\lambda} \sigma^2 + \frac{\pi}{4} = 2k\pi$$

ou

$$\left(\frac{1}{p} + \frac{1}{p'}\right) \sigma^2 = 4k\frac{\lambda}{2} - \frac{\lambda}{4} = (8k - 1)\frac{\lambda}{4},$$

k étant un nombre entier quelconque; il est, au contraire, éclairé au *maximum*, quand on a

$$\pi \frac{p + p'}{pp'\lambda} \sigma^2 + \frac{\pi}{4} = (2k + 1)\pi$$

ou

$$\left(\frac{1}{p} + \frac{1}{p'}\right) \sigma^2 = (4k + 1)\frac{\lambda}{2} + \frac{\lambda}{4} = (8k + 3)\frac{\lambda}{4}.$$

Franges extérieures. Lorsque l'élément F dont on veut trouver l'intensité lumineuse, est situé dans la partie du plan d'observation extérieure à la projection conique de l'ouverture, on a

$$M = Q = m \sqrt{2\pi}$$

$$L = \int_{s-\sigma}^{s+\sigma} dx \cos \pi \frac{p+p'}{pp'\lambda} x^2$$

$$= \int_{0}^{s+\sigma} dx \cos \pi \frac{p+p'}{pp'\lambda} x^2 - \int_{0}^{s-\sigma} dx \cos \pi \frac{p+p'}{pp'\lambda} x^2,$$

$$P = \int_{s-\sigma}^{s+\sigma} dx \sin \pi \frac{p+p'}{pp'\lambda} x^2$$

$$= \int_{0}^{s+\sigma} dx \sin \pi \frac{p+p'}{pp'\lambda} x^2 - \int_{0}^{s-\sigma} dx \sin \pi \frac{p+p'}{pp'\lambda} x^2$$

$$I = \frac{M^2 (L^2 + P^2)}{p^2 p'^2},$$

ou, en posant

$$s - \sigma = \alpha, \qquad\qquad s + \sigma = \beta,$$

$$L = m \left(R_\beta \sin v_\beta - S_\beta \cos v_\beta - R_\alpha \sin v_\alpha + S_\alpha \cos v_\alpha \right)$$

$$P = m \left(R_\alpha \cos v_\alpha + S_\alpha \sin v_\alpha - R_\beta \cos v_\beta - S_\beta \sin v_\beta \right),$$

quantités que l'introduction des angles auxiliaires Φ_α, Φ_β, permet d'écrire sous la forme

$$L = m\left\{ \sqrt{R_\alpha^2 + S_\alpha^2}\, \cos\left(v_\alpha + \Phi_\alpha \right) - \sqrt{R_\beta^2 + S_\beta^2}\, \cos\left(v_\beta + \Phi_\beta \right) \right\}$$

$$P = m\left\{ \sqrt{R_\alpha^2 + S_\alpha^2}\, \sin\left(v_\alpha + \Phi_\alpha \right) - \sqrt{R_\beta^2 + S_\beta^2}\, \sin\left(v_\beta + \Phi_\beta \right) \right\}.$$

Vu les égalités

$$\frac{dL}{ds} = \cos v_\beta - \cos v_\alpha = -2 \sin \frac{v_\beta - v_\alpha}{2} \sin \frac{v_\beta + v_\alpha}{2}$$

$$\frac{dP}{ds} = \sin v_\beta - \sin v_\alpha = 2 \sin \frac{v_\beta - v_\alpha}{2} \cos \frac{v_\beta + v_\alpha}{2},$$

l'équation de condition

$$L\, \frac{dL}{ds} + P\, \frac{dP}{ds} = 0$$

devient, en se dédoublant,

$$\sin \frac{v_\beta - v_\alpha}{2} = 0 \qquad\qquad (43)$$

et

$$\sqrt{R_\beta^2 + S_\beta^2}\, \sin\left(\frac{v_\beta - v_\alpha}{2} + \Phi_\beta \right) + \sqrt{R_\alpha^2 + S_\alpha^2}\, \sin\left(\frac{v_\beta - v_\alpha}{2} - \Phi_\alpha \right) = 0,$$

ou

$$\left(R_\alpha - R_\beta \right) \cos \frac{v_\beta - v_\alpha}{2} - \left(S_\alpha + S_\beta \right) \sin \frac{v_\beta - v_\alpha}{2} = 0,$$

c'est-à-dire,

$$\tan \frac{v_\beta - v_\alpha}{2} = \frac{R_\alpha - R_\beta}{S_\alpha + S_\beta}. \qquad\qquad (44)$$

L'équation (43) a pour racines

$$v_\beta - v_\alpha = o, \quad 2\pi, \quad 4\pi, \quad 6\pi, \ldots \ldots;$$

ce qui donne pour les valeurs correspondantes de s

$$s = \frac{pp'\lambda}{(p+p')\sigma} \left\{ o, \quad \frac{1}{2}, \quad \frac{2}{2}, \quad \frac{3}{2}, \ldots \ldots \right\} \cdot$$

A ces valeurs de s répondent des *minima* d'intensité. Car, en même temps que le premier facteur variable de la dérivée $\frac{dl}{ds}$ passe du positif au négatif pour tous les termes de rang pair de la série précédente, et du négatif au positif pour tous les termes de rang impair, le second facteur devient dans le premier cas

$$R_\beta - R_\alpha < o,$$

et dans le second,

$$R_\beta - R_\alpha > o.$$

Il en résulte que la dérivée $\frac{dl}{ds}$ passe constamment du négatif au positif pour les valeurs de s dont il s'agit : ce qui est le caractère distinctif des *minima*.

Quant aux valeurs de s correspondantes aux *maxima* de l'intensité, elles sont données par l'équation (44), où la variable s doit être supposée plus grande que σ,

Les valeurs actuelles de L et de P et les équations de condition correspondantes (40), (42), (13), (44), ne diffèrent de celles que nous avons obtenues dans le cas d'un écran rectangulaire étroit, que par le signe des quantités R_α et S_β ;

il suffit donc de faire le même changement dans les valeurs de $(I)_M$ et de $(I)_m$ pour avoir les intensités *minima* et *maxima* de l'illumination sur le plan d'observation dans le cas présent.

REMARQUE. Ce serait ici le lieu de parler du phénomène intéressant des *réseaux*. Mais ce sujet n'a pas encore, à notre connaissance, été traité par l'analyse avec assez de simplicité, pour trouver place dans ces éléments.

CHAPITRE QUATRIÈME.

DE LA RÉFLEXION ET DE LA RÉFRACTION SIMPLE.

Au point de vue des phénomènes lumineux, deux milieux homogènes peuvent différer, soit par la densité, soit par l'élasticité de l'éther qui les pénètre, soit encore par ces deux propriétés à la fois.

Lorsque deux milieux différents juxtaposés ont une surface commune de séparation, et qu'on excite un ébranlement lumineux dans l'un d'eux, le mouvement se communique immédiatement aux couches adjacentes à la surface commune, et chaque point en contact avec cette surface devient ainsi un centre d'ébranlement qui rayonne en tous sens le mouvement dans le milieu auquel il appartient. Dans la théorie des ondes, ce rayonnement est l'origine des phénomènes de la réflexion et de la réfraction de la lumière.

I.

DIRECTION DU RAYON RÉFLÉCHI ET DU RAYON RÉFRACTÉ (*).

Pour déterminer la direction du rayon réfléchi ainsi que celle du rayon réfracté dans la réfraction simple, supposons

(*) Verdet, ouvrage déjà cité, t. II, pp. 199 et suiv.

d'abord que la surface de séparation soit plane, et divisons-
la en éléments rectilignes, par un système de droites parallèles infiniment voisines et de direction arbitraire; de plus,
appelons O le point lumineux.

Un raisonnement identique à celui que nous avons développé à propos de la diffraction, et fondé uniquement comme
ce dernier sur les propriétés des *maxima* et des *minima*,
conduit facilement aux conclusions suivantes :

1° *L'action lumineuse de chacun de nos éléments rectilignes sur un point O', pris à volonté dans la masse d'un quelconque des deux milieux, se réduit à celle d'une très-petite
portion de l'élément considéré. Le point milieu de cette portion active coïncide avec le point I défini par la condition que
le trajet relatif à ce point*

$$\text{OI} + \text{IO}',$$

*soit un minimum par rapport à ceux des autres points de
l'élément.*

2° *L'action totale de la surface de séparation sur le point
O' se réduit ainsi à celle de l'élément curviligne, lieu géométrique des petites portions actives, où vient se condenser l'action lumineuse des éléments rectilignes dont la surface de
séparation est composée.*

3° *Enfin, l'action de l'élément curviligne se réduit à son
tour à celle de la petite portion de cet élément, dont le point
milieu coïncide avec le point J défini par la condition que le
trajet*

$$\text{OJ} + \text{JO}'$$

*soit un minimum par rapport à ceux des autres points du
même élément.*

Il est bon de remarquer aussi que le point J correspond au trajet *minimum proprement dit,* quand on considère la surface de séparation dans son entier.

Lorsque la surface de séparation n'est pas plane, on raisonne d'une manière analogue, et on aboutit aux mêmes conclusions. Dans ce cas, *le trajet*

$$OJ + JO',$$

qui est un *minimum absolu* par rapport aux points de la surface de séparation, jouit de la même propriété par rapport à ceux du plan tangent au point J.

En effet, en représentant par J' un point de la surface infiniment voisin du point J, et par J" l'intersection du plan tangent en J avec la droite OJ', on voit facilement que les différences

$$(OJ' + J'O') - (OJ + JO')$$

et

$$(OJ'' + J''O') - (OJ' + J'O'),$$

sont des infiniment petits du second ordre, et que, par suite, il en est de même de

$$(OJ'' + J''O') - (OJ' + J'O').$$

On doit en conclure que le trajet OJ + JO' est, par rapport au plan tangent en J, ou un *maximum* ou un *minimum*. Mais il est évident que la question ne comporte pas de *maximum;* il faut donc que ce trajet soit un *minimum*.

Lois générales. La recherche des lois générales de la réfraction est ainsi ramenée à une question de *minimum* que nous allons résoudre.

D'abord, il est évident que le point I doit être situé dans un plan OIO′, normal au plan de séparation.

Pour déterminer la position du point I dans ce plan, représentons la projection de OO′ sur le plan de séparation par a, celle de OI par x, la distance du point O au même plan par h, celle de O′ par h', et les vitesses de propagation de la lumière dans les deux milieux par V et par V′.

Dans le cas de la *réflexion*, on a

$$D_x \left\{ \sqrt{h^2 + x^2} + \sqrt{h'^2 + (a - x)^2} \right\} = 0,$$

et dans le cas de la *réfraction*,

$$D_x \left\{ \frac{\sqrt{h^2 + x^2}}{V} + \frac{\sqrt{h'^2 + (a - x)^2}}{V'} \right\} = 0.$$

La première de ces équations de condition donne par la différentiation

$$\frac{x}{\sqrt{h^2 + x^2}} = \frac{a - x}{\sqrt{h'^2 + (a - x)^2}},$$

et la seconde

$$\frac{x}{V \sqrt{h^2 + x^2}} = \frac{a - x}{V' \sqrt{h'^2 + (a - x)^2}}.$$

Or, en représentant par i l'angle d'incidence, par i' l'angle de réflexion et par r l'angle de réfraction, les équations précédentes deviennent

$$\sin i = \sin i'$$

et, par suite,

$$i = i'$$

7

pour la réflexion ; et

$$\frac{\sin i}{\sin r} = \frac{V}{V'} = n$$

pour la réfraction.

Ces lois sont précisément celles qui ont été déterminées par l'observation.

REMARQUE. Cette explication de la réflexion et de la réfraction simple montre bien le rôle de la *diffraction* dans le phénomène. On y entrevoit les modifications que cet élément doit nécessairement introduire dans le fait régulier, soit aux confins du faisceau réfléchi et du faisceau réfracté, soit dans toute l'étendue de ces faisceaux, quand les surfaces réfléchissantes ou réfringentes n'ont plus de dimensions suffisantes.

C'est ainsi, par exemple, qu'en réduisant ces surfaces à un triangle isocèle très-allongé, on obtient par réflexion et par réfraction, une image triangulaire bordée de franges diffractées. L'importance de ces franges augmente à mesure qu'on s'approche du sommet du triangle. En ce point, toute la lumière incidente est diffusée à peu près également dans tous les sens, et l'image géométrique a l'aspect d'un triangle tronqué. Cette expérience facile à réaliser est due à Fresnel.

THÉORÈME DE MALUS. M. Dupin a généralisé le premier un théorème remarquable de Malus, dont voici l'énoncé : *lorsque les rayons qui composent un faisceau incident sont normaux à une même surface, ils conservent cette propriété après un nombre quelconque de réflexions ou de réfractions, quelles que soient les surfaces réfléchissantes ou les surfaces de séparation des milieux.*

On peut démontrer ce théorème de la manière suivante (*) :

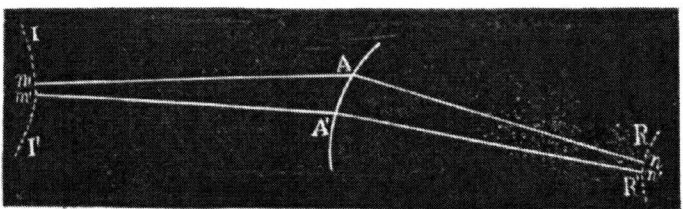

Soient, $mm'AA'$ un faisceau incident, et II' une surface normale à ce faisceau ; soient $nn'AA'$ le faisceau réfracté, et RR', la surface normale correspondante.

Posons

$$mA = l \qquad\qquad m'A' = l + dl$$

$$nA = l' \qquad\qquad n'A' = l' + dl';$$

représentons, de plus, l'angle mAA' par A, l'angle nAA' par A', et par U, l'angle formé par l'élément linéaire AA' de la surface de séparation avec le plan d'incidence.

En faisant

$$AA' = ds,$$

on a

$$dl = -\, ds \cos A \qquad\qquad dl' = -\, ds \cos A'$$

$$\cos A = \sin i \cos U \qquad\qquad \cos A' = -\sin r \cos U.$$

(*) Gilbert, *Comptes rendus des séances de l'Académie des Sciences*, t. LXIII, pp. 800 et suiv.

On voit par ces équations que la condition imposée aux rayons incidents d'être normaux à une même surface, équivaut à la relation

$$dl = - ds \sin i \cos U;$$

et que la même condition, étendue aux rayons réfléchis ou réfractés, exige que l'on ait

$$dl' = ds \sin r \cos U$$

ou

$$\frac{dl}{dl'} = - \frac{\sin i}{\sin r} = - \frac{V}{V'},$$

V' étant pris égal à V dans le cas de la réflexion.

Cette dernière équation, toujours vérifiée, établit la généralité du théorème.

COROLLAIRE. On a en intégrant

$$V \left(\frac{l}{V} + \frac{l'}{V'} \right) = C.$$

Cette égalité montre qu'*entre les deux surfaces* II' *et* RR' *tous les trajets des rayons lumineux sont équivalents.*

On sait que deux trajets effectués dans des milieux différents sont dits *équivalents*, lorsqu'ils sont mesurés par un même nombre de vibrations complètes, ou, ce qui est la même chose, lorsque les rapports de leur longueur à la vitesse de propagation correspondante donnent pour somme des nombres égaux.

Il résulte de la loi précédente que, si les rayons sont en

concordance vibratoire sur la première surface normale, ils le seront encore nécessairement sur la seconde, et cela, quelle que soit la surface de séparation. Dans cette supposition, les surfaces normales aux rayons incidents, réfléchis ou réfractés, deviennent des *surfaces d'ondes*.

SCHOLIE. L'image d'un point lumineux au foyer d'un système quelconque de lentilles ou de miroirs, est formée par la rencontre de rayons concordants.

II.

HYPOTHÈSES DE FRESNEL SUR LA RÉFLEXION ET LA RÉFRACTION.

L'onde plane incidente d'un faisceau de rayons parallèles concordants produit, à la surface de séparation de deux milieux, une onde plane réfléchie et une onde plane réfractée. Nous avons déjà trouvé la direction générale du mouvement de propagation de ces ondes; il nous reste à en déterminer la phase, l'intensité, ainsi que l'orientation des vibrations, dans le cas des rayons polarisés.

Pour effectuer cette détermination d'une manière convenable, nous devrions connaître la loi suivant laquelle la densité et l'élasticité de l'éther varient d'un corps à l'autre, et comment s'établit la continuité dans le voisinage de la surface de séparation entre les trois mouvements dont il est ici question, l'incident, le réfléchi et le réfracté.

Pour suppléer de quelque façon à l'ignorance absolue où nous sommes sur ces points fondamentaux, Fresnel a fait quelques hypothèses que nous allons exposer : nous en ferons ensuite l'application à la recherche qui nous occupe (*).

Le mouvement incident peut être représenté par l'équation

$$v = \alpha \sin \frac{2\pi}{T} (t + \tau) ;$$

le mouvement réfléchi et le mouvement réfracté peuvent être représentés de même par les équations

$$v' = \alpha' \sin \frac{2\pi}{T} (t + \tau')$$

et

$$v'' = \alpha'' \sin \frac{2\pi}{T} (t + \tau'').$$

Pour simplifier ces équations, Fresnel fait une première supposition que l'expérience n'a vérifiée que dans quelques cas particuliers.

PREMIÈRE HYPOTHÈSE. Il admet que, *dans le phénomène de la réflexion et de la réfraction, aucune différence de phase ne s'établit entre le rayon incident, le rayon réfléchi et le rayon réfracté*; ce qui revient à faire dans les équations précédentes.

$$\tau = \tau' = \tau''.$$

Cette supposition réduit le problème que nous nous sommes proposé de résoudre, du moins en ce qui regarde la détermination de l'intensité, à l'évaluation de α' et de α'' en fonction de α.

(*) De Sénarmont, ouvrage déjà cité, pp. 427-437.

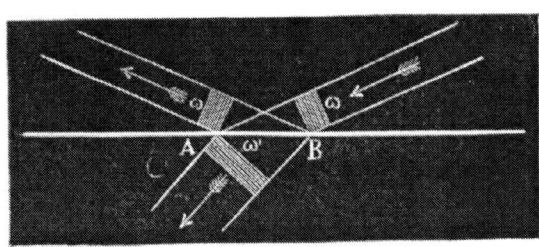

Or, on a, par l'équation de la *conservation des forces vives* étendue à une oscillation entière des mouvements vibratoires,

$$\omega\lambda d\alpha^2 = \omega\lambda d\alpha'^2 + \omega'\lambda' d'\alpha''^2,$$

ω représentant l'aire de l'onde plane incidente et de l'onde plane réfléchie, ω' celle de l'onde réfractée ; d, d' les densités de l'éther dans les milieux juxtaposés, et λ, λ' les longueurs d'onde correspondantes.

Mais puisque

$$\omega = AB \cos i \qquad \text{et} \qquad \omega' = AB \cos r,$$

l'équation devient

$$\lambda d (\alpha^2 - \alpha'^2) \cos i = \lambda' d' \alpha''^2 \cos r$$

ou

$$\frac{\alpha^2 - \alpha'^2}{\alpha''^2} = \frac{\lambda' d'}{\lambda d} \frac{\cos r}{\cos i}.$$

Enfin, vu l'égalité

$$\frac{\lambda}{\lambda'} = \frac{\sqrt{\dfrac{e}{d}}}{\sqrt{\dfrac{e'}{d'}}} = \sqrt{\frac{e}{e'}} \sqrt{\frac{d'}{d}},$$

on a

$$\frac{\alpha^2 - \alpha'^2}{\alpha''^2} = \frac{e'\lambda}{e\lambda'} \frac{\cos r}{\cos i} = \frac{e'}{e} \frac{\sin i \cos r}{\sin r \cos i}.$$

Fresnel introduit ensuite dans cette équation une hypothèse nouvelle, toute gratuite, et plus ou moins en contradiction avec les principes de la théorie de la double réfraction.

DEUXIÈME HYPOTHÈSE. Il regarde *l'élasticité éthérée comme constante dans tous les corps* : d'après lui, *la densité de l'éther varie seule d'un corps à l'autre.*

Par cette hypothèse, l'équation précédente devient

$$\frac{\alpha^2 - \alpha'^2}{\alpha''^2} = \frac{\sin i \cos r}{\sin r \cos i},\qquad(45)$$

ce qui fournit une première relation entre α, α' et α''.

Pour en trouver une seconde, Fresnel a recours à ce que l'on a appelé le *principe des couples inséparables.*

TROISIÈME HYPOTHÈSE. Après avoir admis que *dans le rayon incident les composantes vibratoires normales à l'onde plane n'ont aucune influence sur les mouvements vibratoires parallèles à l'onde du rayon réfléchi et du rayon réfracté;* et

QUATRIÈME HYPOTHÈSE, que *la séparation du rayon incident en deux rayons, le réfléchi et le réfracté, se fait à la surface de séparation, brusquement et tout d'une pièce, et non progressivement et par parties;*

CINQUIÈME HYPOTHÈSE, il pose en principe que *les molécules éthérées des deux milieux juxtaposés, adjacentes à la surface de séparation, ne quittent jamais cette surface, et que chacune d'elles forme avec la molécule symétrique de l'autre milieu un système binaire mobile de forme invariable.* Il en résulte que la somme des vitesses vibratoires du rayon incident et du rayon réfléchi estimées parallèlement à la surface de séparation, est toujours égale à celle du rayon réfracté.

Ce dernier *postulatum* donne la seconde relation cherchée.

Quant à l'orientation de la vibration dans les rayons polarisés, nous verrons dans les articles suivants comment il faut la déterminer.

REMARQUE. Au lieu de supposer que l'élasticité éthérée est la même dans tous les corps et que la densité seule varie d'un milieu à l'autre, Mac Cullagh et M. Neumann admettent, au contraire, que *la densité éthérée est invariable* et que *l'élasticité varie d'un corps à l'autre.*

Dans cette hypothèse, la formule (45) devient

$$\frac{\alpha^2 - \alpha'^2}{\alpha''^2} = \frac{\sin r \cos r}{\sin i \cos i}. \qquad (46)$$

———————

III.

RAYON INCIDENT POLARISÉ DANS LE PLAN D'INCIDENCE.

Le mouvement vibratoire du rayon incident est, dans le cas présent, perpendiculaire au plan d'incidence; vu la symétrie, il en est de même du rayon réfléchi et du rayon réfracté.

Outre l'équation (45), on a, pour déterminer α' et α'' en fonction de α, l'équation de la cinquième hypothèse, qui est ici

$$\alpha + \alpha' = \alpha''. \qquad (47)$$

De là,

$$\alpha - \alpha' = \alpha'' \frac{\sin i \cos r}{\cos i \sin r}.$$

et, par suite,

$$\alpha' = - \alpha \; \frac{\sin (i - r)}{\sin (i + r)}$$

et

$$\alpha'' = \alpha \; \frac{2 \cos i \sin r}{\sin (i + r)}.$$

De sorte qu'en tenant compte des masses respectives dont le rapport est

$$\frac{\omega' \lambda' d'}{\omega \lambda d} = \frac{\cos r \sin i}{\cos i \sin r},$$

les intensités relatives du rayon incident, du rayon réfléchi et du rayon réfracté, sont données par les formules

$$(i) = \omega \lambda d \; \frac{\alpha^2}{2}$$

$$(i') = \omega \lambda d \; \frac{\alpha^2}{2} \frac{\sin^2 (i - r)}{\sin^2 (i + r)}$$

$$(i'') = \omega \lambda d \; \frac{\alpha^2}{2} \frac{\sin 2i \sin 2r}{\sin^2 (i + r)};$$

ou, en choisissant une unité convenable,

$$(i) = 1$$

$$(i') = \frac{\sin^2 (i - r)}{\sin^2 (i + r)}$$

$$(i'') = \frac{\sin 2i \sin 2r}{\sin^2 (i + r)}. \tag{48}$$

Ces valeurs satisfont à la relation

$$(i) = (i') + (i'').$$

On énonce cette relation, en disant que le rayon réfracté est *complémentaire* du rayon réfléchi.

De plus, elles font voir que *de i = o à i = 90°, l'intensité du rayon réfléchi va en croissant de*

$$\left(\frac{n-1}{n+1}\right)^2 \qquad jusqu'à \qquad 1\,;$$

tandis que celle du rayon réfracté va en décroissant, de

$$\frac{4n}{(n+1)^2} \qquad à \qquad o.$$

Dans l'hypothèse de **Mac Cullagh** et de **M. Neumann**, les équations (46) et (47) donnent

$$\alpha' = \alpha\,\frac{\tang\,(i-r)}{\tang\,(i+r)}$$

et

$$\alpha'' = \alpha\,\frac{2\sin i\,\cos i'}{\sin\,(i+r)\,\cos\,(i-r)}\,;$$

de sorte que, le rapport des masses étant cette fois

$$\frac{\omega'\lambda'}{\omega\lambda} = \frac{\cos r\,\sin r}{\cos i\,\sin i},$$

on a pour les intensités relatives du rayon incident, du rayon réfléchi et du rayon réfracté

$$(i) = 1$$

$$(i') = \frac{\tang^2\,(i-r)}{\tang^2\,(i+r)}$$

$$(i'') = \frac{\sin 2i\,\sin 2r}{\sin^2\,(i+r)\,\cos^2\,(i-r)}\,;$$

et la formule

$$(i) = (i') + (i'')$$

est encore vérifiée.

Les expériences photométriques d'Arago et celles de MM. de la Provostaye et Desains sur la réflexion calorifique, s'accordent parfaitement avec les formules de Fresnel. Nous montrerons tout à l'heure qu'elles s'accordent également avec celles de Mac Cullagh et de M. Neumann, et nous donnerons la raison de ce singulier résultat.

— — —

IV.

RAYON INCIDENT POLARISÉ DANS UN PLAN NORMAL AU PLAN D'INCIDENCE.

La vibration du rayon incident se fait cette fois dans le plan d'incidence, et il en est évidemment de même de la vibration du rayon réfléchi et de celle du rayon réfracté.

La cinquième hypothèse conduit à l'équation

$$(\alpha + \alpha') \cos i = \alpha'' \cos r. \qquad (49)$$

En combinant cette équation avec l'équation (45), on a

$$\alpha' = - \alpha \frac{\sin i \cos i - \sin r \cos r}{\sin i \cos i + \sin r \cos r} = - \alpha \frac{\tang (i - r)}{\tang (i + r)}$$

et

$$\alpha'' = \alpha \frac{2 \sin r \cos i}{\sin (i + r) \cos (i - r)};$$

de sorte que les intensités relatives sont données par les formules

$$(i) = 1$$

$$(i') = \frac{\tang^2 (i - r)}{\tang^2 (i + r)}$$

$$(50)$$

$$(i'') = \frac{\sin 2i \; \sin 2r}{\sin^2 (i + r) \cos^2 (i - r)}.$$

Ces valeurs vérifient la formule

$$(i) = (i') + (i'').$$

De plus, elles font voir que *l'intensité du rayon réfléchi va en décroissant depuis l'incidence o, jusqu'à l'incidence appelée incidence brewstérienne, où elle est nulle; à partir de là, elle va en croissant.*

En effet, pour $i = o$, on a

$$(i') = \left(\frac{n - 1}{n + 1}\right)^2;$$

pour $i + r = 90°$,

$$(i') = o\,,$$

et pour $i = 90°$

$$(i') = 1\,.$$

L'incidence brewstérienne est donnée par la formule

$$\sin R = \cos I$$

ou

$$\tang I = n\,.$$

Sous cette incidence il n'y a plus de rayon réfléchi : la lumière incidente passe tout entière dans le rayon réfracté, complémentaire du rayon réfléchi.

L'angle d'incidence I est aussi appelé *angle de la polarisation totale*, pour une raison que nous indiquerons plus tard.

En combinant l'équation (49) avec l'équation (46), on obtiendrait

$$\alpha' = \alpha \frac{\sin (i - r)}{\sin (i + r)}$$

$$\alpha'' = \alpha \frac{2 \sin i \cos i}{(\sin i + r)},$$

et

$$(i) = 1$$

$$(i') = \frac{\sin^2 (i - r)}{\sin^2 (i + r)}$$

$$(i'') = \frac{\sin 2i \cdot \sin 2r}{\sin^2 (i + r)}.$$

Dans le cas de la polarisation normale au plan d'incidence, l'hypothèse de Mac Cullagh et de M. Neumann sur la constitution éthérée des corps, conduit donc aux formules d'intensité trouvées par Fresnel pour le cas de la polarisation parallèle, et réciproquement. Si les expériences de M. Fizeau pouvaient s'accorder avec cette supposition d'une égale densité éthérée dans tous les corps, il serait facile de rendre les conclusions de la théorie nouvelle conformes aux données de l'expérience. Il suffirait, en effet, d'admettre que la vibration des rayons polarisés a lieu dans le plan de polarisation, et non dans un plan perpendiculaire, comme Fresnel l'avait supposé. Cette question de la direction de la vibration, paral-

lèle ou perpendiculaire au plan de polarisation, est actuelle-
ment à l'ordre du jour : elle tend à être résolue définitivement
en faveur de Fresnel. Nous en parlerons de nouveau dans le
chapitre sixième.

———

V.

RAYON INCIDENT POLARISÉ DANS UN PLAN QUELCONQUE.

Représentons par φ, l'angle formé par la trace du mouvement vibratoire sur le plan de l'onde avec celle du plan d'incidence ; et décomposons le mouvement incident

$$v = \alpha \sin \frac{2\pi}{T} (t + \tau),$$

en deux mouvements composants, l'un normal au plan d'incidence

$$v_1 = \alpha \sin \varphi . \sin \frac{2\pi}{T} (t + \tau),$$

l'autre parallèle,

$$v_2 = \alpha \cos \varphi . \sin \frac{2\pi}{T} (t + \tau).$$

Le premier de ces deux mouvements donnera naissance à
un rayon réfléchi et à un rayon réfracté, polarisés l'un et
l'autre dans le plan d'incidence, et ayant pour vitesses maximum

$$\alpha'_1 = - \alpha \sin \varphi \frac{\sin (i - r)}{\sin (i + r)}$$

$$\alpha''_1 = \alpha \sin \varphi . \frac{2 \cos i \sin r}{\sin (i + r)},$$

(51)

et pour intensités

$$(i')_1 = \frac{\alpha^2 \sin^2 \varphi}{2} \frac{\sin^2 (i - r)}{\sin^2 (i + r)}$$

$$(i'')_1 = \frac{\alpha^2 \sin^2 \varphi}{2} \frac{\sin 2i \cdot \sin 2r}{\sin^2 (i + r)}. \tag{32}$$

Le second produira de la même manière un rayon réfléchi et un rayon réfracté polarisés perpendiculairement au plan d'incidence, dont les vitesses maximum et les intensités sont

$$\alpha'_2 = - \alpha \cos \varphi \frac{\tan (i - r)}{\tan (i + r)}$$

$$\alpha''_2 = \cos \varphi \frac{2 \sin r \cos i}{\sin (i + r) \cos (i - r)}, \tag{33}$$

et

$$(i')_2 = \frac{\alpha^2 \cos^2 \varphi}{2} \frac{\tan^2 (i - r)}{\tan^2 (i + r)}$$

$$(i'')_2 = \frac{\alpha^2 \cos^2 \varphi}{2} \frac{\sin 2i \cdot \sin 2r}{\sin^2 (i + r) \cos^2 (i - r)}. \tag{54}$$

Ces rayons réfléchis et ces rayons réfractés partiels se composeront entre eux, comme il a été dit pour les rayons (7) et (8), et donneront naissance à un rayon réfléchi total d'intensité

$$(i') = \frac{\alpha^2}{2} \frac{\sin^2 (i - r)}{\sin^2 (i + r)} \left\{ \sin^2 \varphi + \cos^2 \varphi \frac{\cos^2 (i + r)}{\cos^2 (i - r)} \right\}, \tag{55}$$

et d'azimut de polarisation

$$\tan \varphi' = \tan \varphi \frac{\cos (i - r)}{\cos (i + r)};$$

et à un rayon réfracté d'intensité

$$(i'') = \frac{\alpha^2}{2} \frac{\sin 2i \sin 2r}{\sin^2 (i + r)} \left\{ \sin^2 \varphi + \frac{\cos^2 \varphi}{\cos^2 (i - r)} \right\}, \qquad (56)$$

et d'azimut

$$\tan \varphi'' = \tan \varphi \cos (i - r).$$

Les angles $(\varphi - \varphi')$ et $(\varphi - \varphi'')$ s'appellent les *angles de rotation du plan de polarisation* du rayon réfléchi et du rayon réfracté.

Corollaire 1er. On voit par les équations (51) et (53) que, i *étant plus grand que* r, *ce qui a lieu quand le passage du mouvement lumineux se fait d'un milieu moins réfringent à un milieu plus réfringent, il y a toujours pour le rayon réfléchi renversement de signe et, par suite, perte d'une demi-longueur d'ondulation de marche dans la vitesse vibratoire; et pour le rayon réfracté conservation du signe et, par suite, permanence de marche. Dans le cas où* i *est plus petit que* r, *ce qui arrive quand le passage a lieu d'un milieu plus réfringent à un milieu moins réfringent, il y a conservation du signe et, par suite, permanence de marche dans le rayon réfléchi comme dans le rayon réfracté.*

Corollaire 2me. Lors de l'incidence *brewstérienne*, on a

$$i + r = 90°,$$

et partant,

$$\tan \varphi' = \infty$$

ou

$$\varphi' = \frac{\pi}{2}.$$

Le rayon réfléchi est alors polarisé dans le plan d'incidence. Cette conclusion est indépendante de l'orientation du plan de polarisation du rayon incident.

VI.

RAYON INCIDENT DE LUMIÈRE NATURELLE.

Lorsque le rayon incident est un rayon de lumière naturelle, les formules (52) et (54) deviennent par le déplacement incessant du plan de polarisation

$$(i')_1 = \frac{\alpha^2}{4} \frac{\sin^2 (i - r)}{\sin^2 (i + r)}$$

$$(i'')_1 = \frac{\alpha^2}{4} \frac{\sin 2i \, . \, \sin 2r}{\sin^2 (i + r)},$$

et

$$(i')_2 = \frac{\alpha^2}{4} \frac{\tan^2 (i - r)}{\tan^2 (i + r)}$$

$$(i'')_2 = \frac{\alpha^2}{4} \frac{\sin 2i \, . \, \sin 2r}{\sin^2 (i + r) \cos^2 (i - r)};$$

et les formules (55) et (56) donnent dans ce cas, pour l'intensité du rayon réfléchi et pour celle du rayon réfracté,

$$(i') = \frac{\alpha^2}{4} \frac{\sin^2 (i - r)}{\sin^2 (i + r)} \left\{ 1 + \frac{\cos^2 (i + r)}{\cos^2 (i - r)} \right\}$$

$$(i'') = \frac{\alpha^2}{4} \frac{\sin 2i \sin 2r}{\sin^2 (i + r)} \left\{ 1 + \frac{1}{\cos^2 (i - r)} \right\}.$$

Quant à la direction de la vibration lumineuse dans ces deux rayons, il est évident, par les valeurs de φ' et de φ'' trouvées précédemment, que l'azimut de polarisation y est continûment variable.

De plus, comme on a

$$(i')_1 > (i')_2$$

et

$$(i'')_2 > (i'')_1,$$

il en résulte que *le rayon réfléchi et le rayon réfracté sont partiellement polarisés, le premier dans le plan d'incidence, le second dans un plan perpendiculaire.*

La portion de lumière naturelle du rayon réfléchi a pour intensité

$$2 (i')_2,$$

et la partie polarisée,

$$(i')_1 - (i')_2.$$

Les quantités correspondantes sont pour le rayon réfracté

$$2 (i'')_1$$

et

$$(i'')_2 - (i'')_1.$$

COROLLAIRE 1er. Dans le cas de *l'incidence brewstérienne,* on a

$$i + r = 90°$$

et

$$(i')_2 = o ;$$

le rayon réfléchi est alors polarisé totalement dans le plan d'incidence, après une seule réflexion.

Cette loi s'appelle la *loi de Brewster;* elle fournit la raison de la dénomination *d'angle de polarisation totale* donnée à l'incidence brewstérienne.

COROLLAIRE 2e. On a

$$\frac{\alpha^2}{4} = (i')_1 + (i'')_1 = (i')_2 + (i'')_2$$

et partant,

$$(i')_1 - (i')_2 = (i'')_2 - (i'')_1 ;$$

le rayon réfléchi et le rayon réfracté renferment, par conséquent, *des quantités égales de lumière polarisée.*

Cette seconde loi a été trouvée par Arago.

COROLLAIRE 3e. $(i'')_1$ ne devient nul que pour $i = 90°$, alors que $(i'')_2$ le devient également; il s'ensuit que *le rayon réfracté ne peut jamais être polarisé totalement après une seule réfraction. Il ne peut l'être qu'après un nombre infini de réfractions successives dans une pile de glaces superposées à faces parallèles.* En effet, il est facile de voir que l'on a, après la réfraction opérée à l'*entrée de la première glace,*

$$(i'')_1 = \frac{\alpha^2}{4} \frac{\sin 2i \,.\, \sin 2r}{\sin^2 (i + r)}$$

$$i'')_2 = \frac{\alpha^2}{4} \frac{\sin 2i \,.\, \sin 2r}{\sin^2 (i + r) \cos^2 (i - r)} ;$$

et, après celle opérée à la *sortie de la première glace,*

$$(i'')_1 = \frac{\alpha^2}{4} \left\{ \frac{\sin 2i \,.\, \sin 2r}{\sin^2 (i + r)} \right\}^2$$

$$(i'')_2 = \frac{\alpha^2}{4} \left\{ \frac{\sin 2i \,.\, \sin 2r}{\sin^2 (i + r) \cos^2 (i - r)} \right\}^2.$$

De sorte que les *intensités partielles* sont, à la *sortie de la $n^{ième}$ glace,*

$$\left\{ (i'')_1 \right\}_n = \frac{\alpha^2}{4} \left\{ \frac{\sin 2i \,.\, \sin 2r}{\sin^2 (i + r)} \right\}^{2n}$$

$$\left\{ (i'')_2 \right\}_n = \frac{\alpha^2}{4} \left\{ \frac{\sin 2i \,.\, \sin 2r}{\sin^2 (i + r) \cos^2 (i - r)} \right\}^{2n} ;$$

et l'*intensité totale*,

$$(i'')_n = \left\{(i'')_*\right\}_n + \left\{(i'')_s\right\}_n$$

ou

$$(i'')_n = \left\{(i'')_s\right\}_n \left[1 + \cos^{4n}(i - r)\right].$$

A mesure que n augmente, l'intensité

$$(i'')_n$$

tend indéfiniment vers

$$\left\{(i'')\right\}_n;$$

ce qu'il fallait démontrer.

VII.

THÉORIE DES PILES DE GLACES (*).

Dans l'estimation exacte de la *quantité totale* de lumière réfléchie ou réfractée par une lame transparente à faces parallèles, ou par un système de lames de cette nature superposées, il faut nécessairement tenir compte des réflexions multiples sur les faces parallèles.

LAME UNIQUE. En posant pour simplifier

$$R_\iota = \frac{\sin^2(i - r)}{\sin^2(i + r)}$$

(*) De la Provostaye et P. Desains, *Annales de Chimie et de Physique*, 3e série, t. XXX, pp. 161 et suiv..

et

$$R_2 = \frac{\text{tang}^2 (i - r)}{\text{tang}^2 (i + r)},$$

il est facile de voir, par exemple, que dans le cas d'une lame unique et sous l'action d'un faisceau incident polarisé dans le plan d'incidence ou dans un plan normal, le faisceau réfléchi contient les groupes de rayons suivants :

un *premier groupe* de rayons réfléchis au point d'incidence, et dont l'intensité est

$$R,$$

R représentant R_1 ou R_2 suivant le cas ;

un *deuxième groupe* de rayons une fois réfléchis et deux fois réfractés, ayant pour intensité

$$(1 - R)^2 R ;$$

un *troisième groupe* de rayons trois fois réfléchis et deux fois réfractés,

$$(1 - R)^2 R^3 ;$$

un *quatrième groupe* de rayons cinq fois réfléchis et deux fois réfractés,

$$(1 - R)^2 R^5,$$

et ainsi de suite.

Ainsi, l'*intensité totale* est

$$R + (1 - R)^2 R \left\{ 1 + R^2 + R^4 + \ldots \right\}$$

ou

$$\frac{2R}{1 + R}.$$

On obtiendrait, par un raisonnement semblable, pour l'*intensité totale* du faisceau réfracté

$$\frac{1 - R}{1 + R}.$$

Ces deux faisceaux sont polarisés dans le même plan que le faisceau incident auquel ils correspondent.

Quant à la réflexion et à la réfraction de la lumière naturelle, si on se rappelle qu'un rayon de cette nature équivaut à deux rayons polarisés rectilignement, le premier dans le plan d'incidence, le second dans un plan normal, on verra aisément que l'*intensité totale* du faisceau réfléchi par la lame, a pour expression

$$\tfrac{1}{2}\left\{\frac{2R_1}{1 + R_1} + \frac{2R_2}{1 + R_2}\right\}$$

et celle du faisceau réfracté,

$$\tfrac{1}{2}\left\{\frac{1 - R_1}{1 + R_1} + \frac{1 - R_2}{1 + R_2}\right\},$$

l'intensité du faisceau incident étant prise pour unité.

PILE DE GLACES. Dans un système de m glaces superposées, en supposant connues la quantité U de lumière réfléchie par une pile de $(m - 1)$ glaces, et la quantité correspondante T de lumière réfractée, on a pour l'*intensité totale* du faisceau réfléchi

$$U$$
$$+\, T \cdot \frac{2R}{1 + R} \cdot T$$
$$+\, T \cdot \frac{2R}{1 + R} \cdot U \cdot \frac{2R}{1 + R} \cdot T$$
$$+\, T \cdot \frac{2R}{1 + R} \cdot U \cdot \frac{2R}{1 + R} \cdot U \cdot \frac{2R}{1 + R} \cdot T$$
$$+ \ldots \ldots \ldots \ldots \ldots \ldots \ldots$$

ou

$$U + T' \frac{2R}{1+R} \left\{ 1 + U \frac{2R}{1+R} + \left(U \frac{2R}{1+R} \right)^2 + \ldots \right\}$$

ou enfin,

$$U + \frac{T' \dfrac{2R}{1+R}}{1 - U \dfrac{2R}{1+R}} \cdot$$

On a de même pour l'*intensité totale* du faisceau réfracté

$$T \frac{1-R}{1+R}$$

$$+ T \frac{2R}{1+R} U \frac{1-R}{1+R}$$

$$+ T \frac{2R}{1+R} U \frac{2R}{1+R} U \frac{1-R}{1+R}$$

$$+ \ldots \ldots \ldots \ldots \ldots$$

ou

$$T \frac{1-R}{1+R} \left\{ 1 + U \frac{2R}{1+R} + \left(U \frac{2R}{1+R} \right)^2 + \ldots \right\},$$

ou aussi

$$\frac{T \dfrac{1-R}{1+R}}{1 - U \dfrac{2R}{1+R}}$$

Ces valeurs, appliquées successivement aux cas de 2, 3, 4 . . . . . *m* glaces superposées, donnent pour expression générale de l'intensité du faisceau réfléchi

$$\frac{2m\,R}{1 + (2m - 1)\,R} \cdot$$

et pour celle du faisceau réfracté

$$\frac{1 - R}{1 + (2m - 1)\,R}\,.$$

On voit par ces formules que ces deux faisceaux sont *complémentaires*.

Dans le cas de la lumière naturelle, le faisceau réfléchi a pour intensité

$$\tfrac{1}{2}\left\{\frac{2m\,R_1}{1 + (2m - 1)\,R_1} + \frac{2m\,R_2}{1 + (2m - 1)\,R_2}\right\},$$

et le faisceau réfracté

$$\tfrac{1}{2}\left\{\frac{1 - R_1}{1 + (2m - 1)\,R_1} + \frac{1 - R_2}{1 + (2m - 1)\,R_1}\right\}.$$

Ces deux faisceaux sont polarisés partiellement, le premier dans le plan d'incidence, le second perpendiculairement à ce plan, et les *quantités absolues* de lumière polarisée sont, pour le faisceau réfléchi,

$$\tfrac{1}{2}\left\{\frac{2m\,R_1}{1 + (2m - 1)\,R_1} - \frac{2m\,R_2}{1 + (2m - 1)\,R_2}\right\},$$

et pour le faisceau réfracté,

$$\tfrac{1}{2}\left\{\frac{1 - R_2}{1 + (2m - 1)\,R_2} - \frac{1 - R_1}{1 + (2m - 1)\,R_1}\right\}.$$

Les *quantités relatives* correspondantes sont

$$\frac{\dfrac{m\,R_1}{1 + (2m - 1)\,R_1} - \dfrac{m\,R_2}{1 + (2m - 1)\,R_2}}{\dfrac{m\,R_1}{1 + (2m - 1)\,R_1} + \dfrac{m\,R_2}{1 + (2m - 1)\,R}}$$

et

$$\frac{\dfrac{1 - R_2}{1 + (2m - 1) R_2} - \dfrac{1 - R_1}{1 + (2m - 1) R_1}}{\dfrac{1 - R_1}{1 + (2m - 1) R_1} + \dfrac{1 - R_2}{1 + (2m - 1) R_2}}.$$

COROLLAIRE 1er. L'intensité du faisceau réfléchi peut se mettre sous la forme

$$\tfrac{1}{2}\left\{ \frac{2R_1}{\dfrac{1 - R_1}{m} + 2R_1} + \frac{2R_2}{\dfrac{1 - R_2}{m} + 2R_2} \right\}.$$

Cette intensité croît avec le nombre des lames, et lorsque m *devient infini, elle est égale à l'unité pour toute incidence autre que celle de la polarisation totale. L'intensité du rayon réfracté varie en sens inverse.*

COROLLAIRE 2e. Il est facile de voir que l'on a

$$\tfrac{1}{2}\left\{ \frac{2m\,R_1}{1 + (2m - 1)\,R_1} - \frac{2m\,R_2}{1 + (2m - 1)\,R_2} \right\}$$

$$= \tfrac{1}{2}\,\frac{2m\,(R_1 - R_2)}{\left[1 + (2m - 1)\,R_1\right]\left[1 + (2m - 1)\,R_2\right]}$$

$$= \tfrac{1}{2}\left\{ \frac{1 - R_2}{1 + (2m - 1)\,R_2} - \frac{1 - R_1}{1 + (2m - 1)\,R_1} \right\}.$$

Il en résulte que *dans les piles de glaces, les quantités absolues de lumière polarisée sont égales dans le faisceau réfléchi et dans le faisceau réfracté.*

Cette loi fut découverte par Arago, pour le cas d'une lame unique.

COROLLAIRE 3e. Cette *quantité absolue* de lumière polarisée, commune au faisceau réfléchi et au faisceau réfracté, peut s'écrire

$$\frac{1}{2} \left\{ \frac{2R_1}{\frac{1-R_1}{m}+2R_1} - \frac{2R_2}{\frac{1-R_2}{m}+2R_2} \right\}.$$

Cette expression a pour valeur

$$\frac{R_1}{1+R_1} - \frac{R_2}{1+R_2}$$

quand $m = 1$, et elle tend vers o lorsque m augmente indéfiniment. Le cas de l'*incidence brewstérienne* est seul excepté de cette conclusion. Alors, en effet, $R_2 = o$ et l'expression précédente croît avec m.

COROLLAIRE 4ᵉ. La *quantité relative* de lumière polarisée du faisceau réfracté, est égale à

$$\frac{m\,(R_1 - R_2)}{1 + (m-1)\,(R_1 + R_2) - (2m-1)\,R_1\,R_2}.$$

En posant

$$\sin^2 (i - r) = x^2$$
$$\sin^2 (i + r) = y^2 ,$$

et par suite,

$$R_1 = \frac{x^2}{y^2}$$

$$R_2 = \frac{x^2}{y^2} \frac{1-y^2}{1-x^2} ,$$

et en représentant par P la quantité relative de lumière polarisée dont il s'agit, on a

$$P = \frac{mx^2y^2}{(y^2 - x^2) + mx^2\,(2 - y^2)}.$$

Pour $m = \infty$, cette expression devient

$$P = \frac{y^2}{2 - y^2} = \frac{\sin^2 (i + r)}{2 - \sin^2 (i + r)},$$

quantité qui acquiert la valeur *maximum* 1, quand $1 + r = 90°$.

Pour $i = 90°$, on a

$$y^2 = x^2 = \frac{n^2 - 1}{n^2},$$

et par suite,

$$P = \frac{y^2}{2 - y^2} = \frac{n^2 - 1}{n^2 + 1},$$

et cela, quel que soit m.

VIII.

RÉFLEXION TOTALE (*).

Quand la lumière passe d'un milieu plus réfringent dans un milieu moins réfringent, on a

$$\frac{1}{n'} < 1,$$

$\frac{1}{n'}$ étant l'indice correspondant.

(*) Jamin, ouvrage déjà cité, t. III. pp. 683 et suiv. — Billet, ouvrage déjà cité, t. II, pp. 99 et suiv.

La formule relative à la réflexion de la lumière polarisée dans le plan d'incidence

$$\alpha_{,} = - \alpha \frac{\sin (i - r)}{\sin (i + r)}$$

ou

$$\alpha_{,} = \alpha \frac{n' \cos i - \sqrt{1 - n'^2 \sin^2 i}}{n' \cos i + \sqrt{1 - n'^2 \sin^2 i}},$$

prend alors la *forme imaginaire* pour tous les angles d'incidence qui dépassent l'*angle limite*, et devient

$$\sigma_{,} = \alpha \left\{ \frac{n'^2 + 1 - 2n'^2 \sin^2 i}{n'^2 - 1} - \frac{2n' \cos i \sqrt{n'^2 \sin^2 i - 1}}{n'^2 - 1} \sqrt{-1} \right\}.$$

Pour interpréter ce résultat, Fresnel revient sur la première hypothèse, celle de l'invariabilité de la phase : il suppose qu'*une différence de marche a pu se produire lors du dédoublement du rayon incident en rayon réfléchi et en rayon réfracté.*

Dans cette supposition, l'équation du mouvement vibratoire incident étant

$$v = \alpha \sin \frac{2\pi}{T} t$$

on a pour celle du mouvement réfléchi,

$$v_{,} = \alpha_{,} \sin \frac{2\pi}{T} (t + \tau_{,}),$$

c'est-à-dire,

$$v_{,} = \alpha_{,} \cos \frac{2\pi}{T} \tau_{,} \sin \frac{2\pi}{T} t + \alpha_{,} \sin \frac{2\pi}{T} \tau_{,} \cos \frac{2\pi}{T} t ;$$

et en considérant cette vitesse comme la superposition de

deux vitesses parallèles en différence de marche d'un quart de longueur d'onde, on obtient pour l'intensité correspondante

$$(i_{\iota}) = \tfrac{1}{2} \left\{ \alpha_{\iota}^2 \left(\cos \frac{2\pi}{T} \tau_{\iota} \right)^2 + \alpha_{\iota}^2 \left(\sin \frac{2\pi}{T} \tau_{\iota} \right)^2 \right\} = \tfrac{1}{2} \alpha_{\iota}^2 .$$

Or, Fresnel *admet* que l'expression imaginaire trouvée plus haut doit être interprétée en posant,

$$\alpha_{\iota} \cos \frac{2\pi}{T} \tau_{\iota} = \alpha \, \frac{n'^2 + 1 - 2n'^2 \sin^2 i}{n'^2 - 1}$$

et

$$\alpha_{\iota} \sin \frac{2\pi}{T} \tau_{\iota} = - \alpha \, \frac{2n' \cos i \, \sqrt{n'^2 \sin^2 i - 1}}{n'^2 - 1} .$$

On a alors pour l'intensité du rayon réfléchi

$$(i_{\iota}) = \tfrac{1}{2} \frac{\alpha^2}{(n'^2 - 1)^2} \left\{ \left(n'^2 + 1 - 2n'^2 \sin^2 i \right)^2 + \left(2n' \cos i \, \sqrt{n'^2 \sin^2 i - 1} \right)^2 \right\}$$

ou

$$(i_{\iota}) = \tfrac{1}{2} \alpha^2 \, \frac{(n'^2 + 1)^2 - 4n'^2}{(n'^2 - 1)^2} = \tfrac{1}{2} \alpha^2 ;$$

et pour la phase

$$\tan \frac{2\pi}{T} \tau_{\iota} = - \frac{2n' \cos i \, \sqrt{n'^2 \sin^2 i - 1}}{n'^2 + 1 - 2n'^2 \sin^2 i} .$$

D'après ces formules la *réflexion* est donc *totale* dans les circonstances indiquées ci-dessus, et le changement de phase, variable avec l'angle d'incidence, est nul aux deux limites

$$\sin i = \frac{1}{n'} \qquad \text{et} \qquad i = 90^\circ .$$

La formule relative à la réflexion d'un rayon polarisé perpendiculairement au plan d'incidence

$$a_2 = -\,a\,\frac{\tan g\,(i-r)}{\tan g\,(i+r)}$$

ou

$$a_2 = -\,a\,\frac{\sin i \cos i - \sin r \cos r}{\sin i \cos i + \sin r \cos r}$$

$$= -\,a\,\frac{\cos i - n'\,\sqrt{1-n'^2 \sin^2 i}}{\cos i + n'\,\sqrt{1-n'^2 \sin^2 i}},$$

prend aussi la *forme imaginaire* dans les conditions énoncées plus haut, et devient

$$\alpha^2 = a\left[-\frac{\dfrac{n^2+1-(n'^4+1)\sin^2 i}{n'^2-1-(n'^4-1)\sin^2 i}}{\dfrac{2n'\cos i\,\sqrt{n'^2\sin^2 i - 1}}{n'^2-1-(n'^4-1)\sin^2 i}}\,\sqrt{-1}\right].$$

L'équation du mouvement vibratoire du rayon réfléchi est également

$$v_2 = a_2\,\sin\frac{2\pi}{T}(t+\tau_2),$$

ou

$$v_2 = a_2\cos\frac{2\pi}{T}\tau_2\sin\frac{2\pi}{T}t + a_2\sin\frac{2\pi}{T}\tau_2\cos\frac{2\pi}{T}t,$$

et en regardant ce rayon comme formé par la superposition de deux rayons parallèles en différence de marche d'un quart de longueur d'onde, on a encore dans l'interprétation de Fresnel,

$$(i_2) = \frac{\alpha^2}{2}\left\{\frac{n'^2+1-(n'^4+1)\sin^2 i}{n'^2-1-(n'^4-1)\sin^2 i}\right\}^2$$

$$+\frac{\alpha^2}{2}\left\{\frac{2n'\cos i\,\sqrt{n'^2\sin^2 i - 1}}{n'^2-1-(n'^4-1)\sin^2 i}\right\}^2$$

ou, tout calcul fait,

$$(i_2) = \frac{\alpha^2}{2}.$$

Quant à la phase, son expression est

$$\operatorname{tang} \frac{2\pi}{T} \tau_2 = -\left\{\frac{2n' \cos i \sqrt{n'^2 \sin^2 i - 1}}{n'^2 + 1 - (n'^4 + 1) \sin^2 i}\right\}.$$

D'après ces formules, la réflexion est totale ainsi que cela devait être; et le changement de phase, variable avec l'angle d'incidence, est encore nul aux deux limites de la réflexion.

Il est évident que la réflexion totale continuera d'avoir lieu pour un rayon incident polarisé rectilignement dans un azimut quelconque, ce rayon étant toujours décomposable en deux rayons partiels polarisés rectilignement, l'un dans le plan d'incidence, l'autre dans un plan normal. Toutefois il est bon d'observer que les phases de ces rayons composants seront généralement inégales.

En effet, on a

$$\frac{1}{n'^2 - 1}$$

$$= \frac{\sin \frac{2\pi}{T} \tau_1}{-2n' \cos i \sqrt{n'^2 \sin^2 i - 1}} = \frac{\cos \frac{2\pi}{T} \tau_1}{n'^2 + 1 - 2n'^2 \sin^2 i}$$

et

$$\frac{-1}{(n'^2 - 1)\left\{(n'^2 + 1)\sin^2 i - 1\right\}}$$

$$= \frac{\sin \frac{2\pi}{T} \tau_2}{-2n' \cos i \sqrt{n'^2 \sin^2 i - 1}} = \frac{\cos \frac{2\pi}{T} \tau_2}{n'^2 + 1 - (n'^4 + 1)\sin^2 i},$$

et, par suite,

$$\cos \frac{2\pi}{T} (\tau_1 - \tau_2) = - \frac{1 - (n'^2 + 1) \sin^2 i + 2n'^2 \sin^4 i}{(n'^2 + 1) \sin^2 i - 1}.$$

L'inégalité dans la phase des rayons composants entraine le plus souvent la polarisation elliptique dans le rayon résultant. Cette conséquence est le résultat des principes posés au commencement de ce traité.

IX.

FORMULES DE CAUCHY.

Fresnel, sans s'inquiéter des composantes vibratoires normales à la surface de séparation, avait admis que la somme des composantes parallèles à cette surface, fournies par le rayon incident et par le rayon réfléchi, est seule égale à la composante correspondante du rayon réfracté. Dans leur système, Mac-Cullagh et M. Neumann admettent, en outre, l'égalité des composantes normales.

En effet, en divisant les équations (46) et (49) l'une par l'autre, on obtient la relation

$$(\alpha - \alpha') \sin i = \alpha'' \sin r,$$

qui est l'expression de cette égalité.

En adoptant ce principe avec celui de la variabilité de la phase, on arrive à des résultats dignes d'être mentionnés (*).

(*) Jamin, *Annales de Chimie et de Physique*, 3e série, t. LIX, pp. 421 et suiv.

Les équations de la vibration incidente, de la vibration réfléchie et de la vibration réfractée sont alors,

$$v = \alpha \sin \frac{2\pi}{T} t$$

$$v' = \alpha' \sin \frac{2\pi}{T} (t + \tau')$$

$$v'' = \alpha'' \sin \frac{2\pi}{T} (t + \tau''),$$

et on a, par le principe de la *conservation des forces vives*,

$$\alpha^2 - \alpha'^2 = \alpha''^2 \frac{\sin r \cos r}{\sin i \cos i} \frac{d'}{d} .$$

Lorsque la vibration du rayon incident a lieu dans le plan d'incidence, l'égalité des composantes vibratoires parallèles à la surface de séparation, et celle des composantes normales au-dessus et au-dessous de cette surface, donnent en outre

$$(v + v') \cos i = v'' \cos r$$
$$(v - v') \sin i = v'' \sin r,$$

ou

$$o = \sin \frac{2\pi}{T} t \left\{ \left(\alpha + \alpha' \cos \frac{2\pi}{T} \tau' \right) \cos i - \alpha'' \cos \frac{2\pi}{T} \tau'' . \cos r \right\}$$

$$+ \cos \frac{2\pi}{T} t \left\{ \alpha' \sin \frac{2\pi}{T} \tau' . \cos i - \alpha'' \sin \frac{2\pi}{T} \tau'' . \cos r \right\}$$

$$o = \sin \frac{2\pi}{T} t \left\{ \left(\alpha - \alpha' \cos \frac{2\pi}{T} \tau' \right) \sin i - \alpha'' \cos \frac{2\pi}{T} \tau'' \sin r \right\}$$

$$- \cos \frac{2\pi}{T} t \left\{ \alpha' \sin \frac{2\pi}{T} \tau' . \sin i + \alpha'' \sin \frac{2\pi}{T} \tau'' . \sin r \right\}.$$

Ces deux équations devant être vérifiées quel que soit t, on a nécessairement,

$$\left(\alpha + \alpha' \cos \frac{2\pi}{T} \tau'\right) \cos i = \alpha'' \cos \frac{2\pi}{T} \tau'' . \cos r$$

$$\left(\alpha - \alpha' \cos \frac{2\pi}{T} \tau'\right) \sin i = \alpha'' \cos \frac{2\pi}{T} \tau'' . \sin r$$

et

$$\alpha' \sin \frac{2\pi}{T} \tau' . \cos i = \alpha'' \sin \frac{2\pi}{T} \tau'' . \cos r$$

$$\alpha' \sin \frac{2\pi}{T} \tau' . \sin i = - \alpha'' \sin \frac{2\pi}{T} \tau'' . \sin r .$$

De là

$$\tau' = \tau'' = o$$

et

$$(\alpha + \alpha') \cos i = \alpha'' \cos r$$

$$(\alpha - \alpha') \sin i = \alpha'' \sin r .$$

De là encore

$$(\alpha^2 - \alpha'^2) \sin i \cos i = \alpha''^2 \sin r \cos r ,$$

et, par conséquent,

$$d = d'$$

$$\alpha' = \alpha \frac{\sin (i - r)}{\sin (i + r)}$$

$$\alpha'' = \alpha \frac{2 \sin i \cos i}{\sin (i + r)}$$

$$(i') = \tfrac{1}{2} \alpha'^2 = \tfrac{1}{2} \alpha^2 \frac{\sin^2 (i - r)}{\sin^2 (i + r)}$$

$$(i'') = \tfrac{1}{2} \alpha''^2 \frac{\sin r \cos r}{\sin i \cos i} = \tfrac{1}{2} \alpha^2 \frac{\sin 2i . \sin 2r}{\sin^2 (i + r)} .$$

Ces résultats s'accordent parfaitement avec les mesures d'intensité ; ils montrent de plus, que dans cette nouvelle manière de voir, l'acte de la réflexion ou de la réfraction simple n'introduit aucune différence de phase dans le rayon réfléchi et dans le rayon réfracté, quand le rayon incident vibre dans le plan d'incidence.

Reste à examiner le cas, où cette vibration a lieu normalement au plan d'incidence.

Alors, on a

$$v + v' = v''$$

c'est-à-dire,

$$o = \sin \frac{2\pi}{T} t \left\{ \alpha + \alpha' \cos \frac{2\pi}{T} \tau' - \alpha'' \cos \frac{2\pi}{T} \tau'' \right\}$$

$$+ \cos \frac{2\pi}{T} t \left\{ \alpha' \sin \frac{2\pi}{T} \tau' - \alpha'' \sin \frac{2\pi}{T} \tau'' \right\}.$$

De là,

$$\alpha + \alpha' \cos \frac{2\pi}{T} \tau' = \alpha'' \cos \frac{2\pi}{T} \tau''$$

$$\alpha' \sin \frac{2\pi}{T} \tau' = \alpha'' \sin \frac{2\pi}{T} \tau''.$$

En posant

$$\tau' = \tau'' + \Delta,$$

on tire des deux équations qui précèdent et de celle de *conservation des forces vives*

$$\frac{\alpha + \alpha' \cos \frac{2\pi}{T} \tau'}{\alpha' \sin \frac{2\pi}{T} \tau'} = \frac{\cos \frac{2\pi}{T} \tau''}{\sin \frac{2\pi}{T} \tau''}$$

$$\alpha' = \varkappa \frac{\sin \frac{2\pi}{T} \tau''}{\sin \frac{2\pi}{T} \Delta} \cdot$$

$$\alpha'' = \varkappa \frac{\sin \frac{2\pi}{T} \tau'}{\sin \frac{2\pi}{T} \Delta},$$

et

$$\left\{ 1 - \left(\frac{\sin \frac{2\pi}{T} \tau''}{\sin \frac{2\pi}{T} \Delta} \right)^2 \right\} = \frac{\sin r \cos r}{\sin i \cos i} \left(\frac{\sin \frac{2\pi}{T} \tau'}{\sin \frac{2\pi}{T} \Delta} \right)^2$$

$$\frac{\left(\sin \frac{2\pi}{T} \Delta \right)^2 - \left(\sin \frac{2\pi}{T} \tau'' \right)^2}{\left(\sin \frac{2\pi}{T} \tau' \right)^2} = \frac{\sin r \cos r}{\sin i \cos i}$$

$$\frac{\sin \frac{2\pi}{T} (\Delta - \tau'')}{\sin \frac{2\pi}{T} (\Delta + \tau'')} = \frac{\sin r \cos r}{\sin i \cos i} ;$$

d'où

$$\frac{\sin \frac{2\pi}{T} (\Delta + \tau'') + \sin \frac{2\pi}{T} (\Delta - \tau'')}{\sin \frac{2\pi}{T} (\Delta + \tau'') - \sin \frac{2\pi}{T} (\Delta - \tau'')} = \frac{\sin i \cos i + \sin r \cos r}{\sin i \cos i - \sin r \cos r}$$

et

$$\frac{\tang \frac{2\pi}{T} \Delta}{\tang \frac{2\pi}{T} \tau''} = \frac{\tang (i + r)}{\tang (i - r)}.$$

On peut donc poser

$$\tan \frac{2\pi}{T} \Delta = E \tan (i + r)$$

$$\tan \frac{2\pi}{T} \tau'' = E \tan (i - r),$$

(57)

E étant un coefficient convenable.

L'expérience montre que ce coefficient est très-petit, et tout-à-fait négligeable, pour des incidences autres que l'*incidence brewstérienne*. Les formules (57) donnent, pour l'intensité du rayon réfléchi,

$$(i') = \frac{1}{2} \alpha'^2$$

$$= \frac{1}{2} \alpha^2 \left(\frac{\sin \frac{2\pi}{T} \tau''}{\sin \frac{2\pi}{T} \Delta} \right)^2$$

$$= \frac{1}{2} \alpha^2 \frac{\tan^2 (i - r)}{\tan^2 (i + r)} \frac{1 + E^2 \tan^2 (i + r)}{1 + E^2 \tan^2 (i - r)}$$

$$= \frac{1}{2} \alpha^2 \frac{\sin^2 (i - r)}{\sin^2 (i + r)} \frac{\cos^2 (i + r) + E^2 \sin^2 (i + r)}{\cos^2 (i - r) + E^2 \sin^2 (i - r)}. \quad (58)$$

On a de même pour l'intensité du rayon réfracté,

$$(i'') = \frac{1}{2} \alpha''^2 \frac{\sin r \cos r}{\sin i \cos i}$$

$$= \frac{1}{2} \alpha^2 \left(\frac{\sin \frac{2\pi}{T} \tau'}{\sin \frac{2\pi}{T} \Delta} \right)^2 \frac{\sin r \cos r}{\sin i \cos i}$$

$$= \tfrac{1}{2}\, \alpha^2 \frac{\left(\sin \frac{2\pi}{T}\Delta\right)^2 - \left(\sin \frac{2\pi}{T}\tau''\right)^2}{\left(\sin \frac{2\pi}{T}\Delta\right)^2}$$

$$= \tfrac{1}{2}\, \alpha^2 \frac{\dfrac{\mathrm{tang}^2\,(i+r)}{1 + E^2\,\mathrm{tang}^2\,(i+r)} - \dfrac{\mathrm{tang}^2\,(i-r)}{1 + E^2\,\mathrm{tang}^2\,(i-r)}}{\dfrac{\mathrm{tang}^2\,(i+r)}{1 + E^2\,\mathrm{tang}^2\,(i+r)}}$$

$$= \tfrac{1}{2}\, \alpha^2 \frac{\sin^2\,(i+r)\cos^2\,(i-r) - \sin^2\,(i-r)\cos^2\,(i+r)}{\sin^2\,(i+r)\left\{ \cos^2\,(i-r) + E^2 \sin^2\,(i-r) \right\}}$$

$$= \tfrac{1}{2}\, \alpha^2 \frac{\sin 2i \,.\, \sin 2r}{\sin^2\,(i+r)\left\{ \cos^2\,(i-r) + E^2 \sin^2\,(i-r) \right\}} \qquad (59)$$

Les formules (57), (58) et (59) ont été trouvées par Cauchy. A cause de l'extrême petitesse de la fonction E, elles donnent pour les intensités du rayon réfléchi et du rayon réfracté, des valeurs peu différentes des valeurs trouvées par Fresnel; mais elles font connaître de plus la loi de la variation de la phase dans l'acte de la réflexion et de la réfraction. Ce dernier résultat est très-important.

Un rayon incident, vibrant dans un azimut quelconque, donne naissance à deux rayons réfléchis et à deux rayons réfractés, polarisés à angle droit et de phases différentes. Il en résulte que les rayons réfléchis et les rayons réfractés sont le plus souvent *polarisés elliptiquement*. Les recherches expérimentales de M. Jamin ont mis ce point hors de doute.

REMARQUE. Afin de ne pas sortir des limites que nous nous sommes imposées, nous passons sous silence tout ce qui tient à la réflexion de la lumière sur les métaux et sur les substances cristallines, et nous renvoyons le lecteur aux mémoires de Cauchy, de Mac Cullagh, de M. Neumann et de M. Briot sur ce sujet (*).

———

X.

ANNEAUX COLORÉS.

Les vives couleurs que l'on remarque presque toujours sur les corps transparents réduits en lames minces, sont dues aux interférences.

Newton étudia ce phénomène avec soin. Pour pouvoir expérimenter sur un grand nombre d'épaisseurs différentes à la fois, l'illustre physicien se servit d'une lentille à grand rayon, reposant sur un plan de verre. La lame d'air interposée avait ainsi une épaisseur variable, et on pouvait la considérer comme une série d'anneaux circulaires et concentriques. La hauteur ou l'épaisseur e de chaque anneau est donnée, dans ce cas, par l'équation

$$\frac{d^2}{4} = (2R - e)\, e$$

ou, sensiblement,

$$e = \frac{d^2}{8R},$$

(*) Cauchy, *Comptes rendus des séances de l'Académie des Sciences*, passim, — Mac Cullagh, *Journal de Mathématiques pures et appliquées*, t. VII, pp. 217 et suiv. — Neumann, ibidem, pp. 369 et suiv. — Briot, Même journal, 2ᵉ série, t. XII, pp. 185 et suiv.

d représentant le diamètre de l'anneau, et R, le rayon de la lentille.

Lorsqu'on éclaire cette lame d'air avec de la lumière homogène et qu'on la regarde par réflexion, on observe, au point de contact de la lentille et du plan de base, une tache centrale noire entourée d'une série d'anneaux concentriques, alternativement brillants et obscurs. Le contraire a lieu lorsqu'on regarde la lame par transparence : la plage centrale est brillante, et les anneaux qui l'entourent, alternativement obscurs et brillants.

Au reste, voici les lois précises de ce phénomène important.

Lois expérimentales. 1° *Sur tout le contour des anneaux obscurs vus par réflexion, l'épaisseur de la lame transparente est, pour l'incidence normale,*

$$o \ , \ 2\frac{\lambda}{4} \ , \ 4\frac{\lambda}{4} \ , \ 6\frac{\lambda}{4}, \ \ldots$$

λ *étant la longueur d'onde de la lumière employée; et sur le contour des anneaux brillants, elle est égale à*

$$\frac{\lambda}{4} \ , \ 3\frac{\lambda}{4} \ , \ 5\frac{\lambda}{4} \ , \ 7\frac{\lambda}{4} \ , \ \ldots$$

Ces résultats sont renfermés dans la formule

$$e = 2m\frac{\lambda}{4}$$

pour les anneaux *obscurs*, et dans la formule

$$e = (2m + 1)\frac{\lambda}{4}$$

pour les anneaux *brillants*.

2° *L'épaisseur de la lame correspondante à un anneau d'un ordre déterminé varie, dans le cas de l'incidence oblique, en raison inverse du cosinus de l'angle de réfraction du rayon lumineux à son entrée dans la lame.*

De là, les formules

$$e = \frac{2m}{\cos r} \frac{\lambda}{4}$$

pour les anneaux *obscurs*, et

$$e = \frac{2m+1}{\cos r} \frac{\lambda}{4}$$

pour les anneaux *brillants*.

3° *Les anneaux brillants dans la réflexion sont à la même distance du point central, que les anneaux obscurs de même ordre dans la réfraction, et réciproquement.*

4° *Les lois précédentes ont lieu, toutes les fois que le milieu interposé entre la lentille et le plan de base a un pouvoir réfringent supérieur ou inférieur à celui des deux verres ; il y a échange de lois entre les anneaux brillants et les anneaux obscurs, et réciproquement, lorsque la réfringence du milieu interposé est moyenne entre celles de ces mêmes verres.*

THÉORIE. Toutes ces lois découlent des principes.

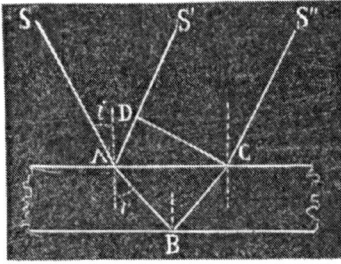

En effet, le rayon incident SA donne naissance au rayon S'A réfléchi en A, et au rayon S"C réfracté en A et en C et réfléchi en B. Il en résulte évidemment que la partie agissante du faisceau réfléchi est formée par la superposition de rayons, tels que S'A et S"C.

Or, l'équation du rayon incident SA étant au point A

$$v = \alpha \sin \frac{2\pi}{T} t,$$

celle du rayon S'A est au point D, sur l'onde plane réfléchie DC,

$$v' = \alpha' \sin \frac{2\pi}{T} (t - \tau'),$$

et celle du rayon S"C est au point C

$$v'' = \alpha'' \sin \frac{2\pi}{T} (t - \tau'')$$

Dans ces équations, on a

$$\alpha' = -\alpha \frac{\sin (i - r)}{\sin (i + r)}$$

$$\alpha'' = \alpha \frac{\sin (i - r) \sin 2i \cdot \sin 2r}{\sin^3 (i + r)},$$

lorsque le rayon incident est polarisé dans le plan d'incidence, et que la lentille et le plan de base ont le même pouvoir réfringent; ce qui sera supposé assez souvent dans la suite.

On a de même

$$\alpha' = -\alpha \frac{\tang (i - r)}{\tang (i + r)}$$

$$\alpha'' = \alpha \frac{\tang (i - r)}{\tang (i + r)} \frac{\sin 2i \cdot \sin 2r}{\sin^2 (i + r) \cos^2 (i - r)},$$

lorsque le rayon incident est polarisé dans un plan normal au plan d'incidence.

Enfin, dans les deux cas, on a

$$\tau' = \frac{AD}{\omega'} = \frac{2e}{\omega'} \, \text{tang} \, r \sin i$$

et

$$\tau'' = \frac{2AB}{\omega} = \frac{2e}{\omega} \, \frac{1}{\cos r},$$

ω représentant la vitesse de propagation de la lumière dans la lame, et ω', la vitesse correspondante dans la lentille.

Lorsque i est plus petit que r, la première valeur de α' est constamment de même signe que α, et la première valeur de α'', constamment de signe contraire. Dans la même supposition, la seconde valeur de α' est de même signe que α, depuis l'incidence o jusqu'à l'*incidence brewstérienne*, et de signe contraire, depuis l'*incidence brewstérienne* jusqu'à l'incidence normale; mais la seconde des valeurs de α'' est de signe contraire à α, depuis l'incidence o jusqu'à l'*incidence brewstérienne*, et de même signe, depuis cette incidence jusqu'à l'incidence de 90°.

Le contraire a lieu, quand i est plus grand que r.

En remarquant qu'un changement de signe dans le coefficient de la vitesse équivaut à une augmentation ou à une diminution de phase égale à $\frac{T}{2}$, on a pour la différence de phase des rayons S'A et S''C, l'expression

$$\tau'' - \tau' + \frac{T}{2}$$

ou

$$\frac{2e}{\omega} \cos r + \frac{\lambda}{2\omega};$$

et pour la différence de marche correspondante

$$2e \cos r + \frac{\lambda}{2}.$$

Par suite, la condition du *minimum* de l'intensité est dans l'interférence des rayons S'A et S"C,

$$2e \cos r + \frac{\lambda}{2} = (2m + 1) \frac{\lambda}{2}$$

ou

$$e = \frac{\cos r}{2m} \frac{\lambda}{4};$$

et la condition du *maximum*,

$$2e \cos r + \frac{\lambda}{2} = 2m \frac{\lambda}{2}$$

ou

$$e = \frac{2m - 1}{\cos r} \frac{\lambda}{4}.$$

Ces formules sont précisément celles que fournit l'expérience.

Le faisceau réfracté est composé de rayons superposés,

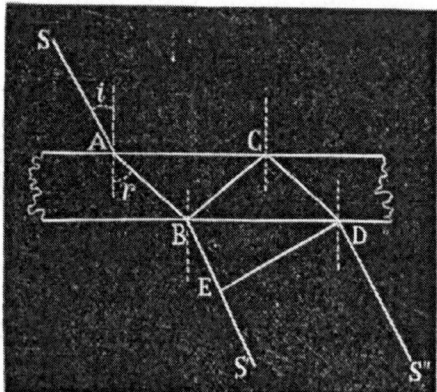

tels que S'B et S"D, et l'équation du rayon incident étant au point A,

$$v = \alpha \sin \frac{2\pi}{T} t,$$

celle du rayon deux fois réfracté S'B est, au point E sur l'onde plane DE,

$$v' = \alpha' \sin \frac{2\pi}{T} (t \cdots \tau'),$$

en même temps que celle du rayon deux fois réfracté et deux fois réfléchi S"D, est au point D,

$$v'' = \alpha'' \sin \frac{2\pi}{T} (t - \tau'').$$

Dans ces équations, α' et α'' sont déterminés par les égalités

$$\alpha' = \alpha \frac{\sin 2i \sin 2r}{\sin^2 (i + r)}$$

$$\alpha'' = \alpha \frac{\sin^2 (i - r) \sin 2i \sin 2r}{\sin^4 (i + r)},$$

lorsque le rayon incident est polarisé dans le plan d'incidence, et par

$$\alpha' = \alpha \frac{\sin 2i \sin 2r}{\sin^2 (i + r) \cos^2 (i - r)}$$

$$\alpha'' = \alpha \frac{\tan^2 (i - r)}{\tan^2 (i + r)} \frac{\sin 2i \sin 2r}{\sin^2 (i + r) \cos^2 (i - r)},$$

quand il est polarisé dans un plan normal; mais, dans les deux cas, les valeurs de τ' et de τ'' sont

$$\tau' = \frac{AB}{\omega} + \frac{BE}{\omega'} = \frac{e}{\omega} \frac{1}{\cos r} + \frac{2e}{\omega'} \tan r \sin i$$

$$\tau'' = \frac{3AB}{\omega} = \frac{3e}{\omega} \frac{1}{\cos r}.$$

Cette fois, α' et α'' ont constamment le même signe que α, dans la supposition, bien entendu, que la lentille et le plan de base ont un même pouvoir réfringent; et par suite, la différence de phase des rayons S'B et S''D est égale à

$$\tau'' - \tau' = \frac{2e}{\cos r} \left(\frac{1}{\omega} - \frac{\sin r \sin i}{\omega'} \right)$$

ou

$$\tau'' - \tau' = \frac{2e}{\omega} \cos r.$$

Cette différence de phase correspond à la différence de marche

$$2e \cos r ;$$

de sorte que, dans l'interférence des rayons superposés S'B et S"D, le *minimum* de l'intensité est donné par la formule

$$2e \cos r = (2m + 1) \frac{\lambda}{2}$$

ou

$$e = \frac{2m + 1}{\cos r} \frac{\lambda}{4},$$

et le *maximum*, par

$$2e \cos r = 2m \frac{\lambda}{2}$$

ou

$$e = \frac{2m}{\cos r} \frac{\lambda}{4}.$$

Ces résultats sont la démonstration théorique de la troisième loi expérimentale.

Quant à la quatrième loi, nous ne nous y arrêterons pas; car, après les développements qui précèdent, il suffira d'un peu d'attention pour en constater la légitimité.

REMARQUE. Quand la lumière incidente est polarisée perpendiculairement au plan d'incidence, et qu'on fait croître d'une manière continue l'angle i, les valeurs de α' et de α'' conduisent facilement aux conséquences suivantes :

1° *Dans le cas où la lentille et le plan de base ont le même pouvoir réfringent, les anneaux réfléchis et les anneaux réfractés disparaissent, pour reparaître aussitôt après dans les mêmes conditions d'éclat ou d'obscurité, quand le rayon SA rencontre la surface de séparation sous l'angle de polarisation.*

2° *Lorsque le plan de base est beaucoup plus réfringent que la lentille, les anneaux disparaissent à deux reprises différentes : ils s'évanouissent une première fois pour reparaître en sens inverse, lorsque l'angle de polarisation est atteint* en A ; *puis on les voit disparaître une seconde fois et reprendre leur état primitif, lorsque l'angle de polarisation a lieu en* B.

Pour constater ce fait intéressant, il suffit d'associer une lentille de verre à un plan de base tiré d'une masse lamellaire de blende ou de réalgar.

Rayons de Poisson (*). La théorie des *anneaux colorés* que nous venons d'exposer présente une difficulté. Il est évident, en effet, que le *minimum* de l'intensité ne peut pas être nul dans l'interférence des deux rayons superposés S'A et S"C ; la différence des amplitudes des rayons composants s'y oppose. Néanmoins, dans l'expérience, les anneaux obscurs vus par réflexion sont toujours parfaitement noirs.

Pour lever cette difficulté, Poisson considère dans le faisceau réfléchi, outre le rayon simplement réfléchi S'A, et le rayon une fois réfléchi et deux fois réfracté S"C, les rayons deux fois réfractés et trois fois réfléchis ; les rayons deux fois réfractés et cinq fois réfléchis...., et ainsi de suite.

Avec la lumière incidente polarisée dans le plan d'incidence, les vitesses superposées ont pour expression

$$v_1 = -\alpha \frac{\sin (i - r)}{\sin (i + r)} \sin \frac{2\pi}{T} t \,,$$

$$v_2 = \alpha \frac{\sin (i - r)}{\sin (i + r)} \frac{\sin 2i \cdot \sin 2r}{\sin^2 (i + r)} \sin \frac{2\pi}{T} \left\{ t - (\tau'' - \tau') \right\},$$

$$v_3 = \alpha \frac{\sin^3 (i - r)}{\sin^3 (i + r)} \frac{\sin 2i \cdot \sin 2r}{\sin^2 (i + r)} \sin \frac{2\pi}{T} \left\{ t - 2 (\tau'' - \tau') \right\},$$

$$v_4 = \alpha \frac{\sin^5 (i - r)}{\sin^5 (i + r)} \frac{\sin 2i \cdot \sin 2r}{\sin^2 (i + r)} \sin \frac{2\pi}{T} \left\{ t - 3 (\tau'' - \tau') \right\},$$

. . . .

(*) Poisson, *Annales de Chimie et de Physique*, 2e série, t. XXII, pp. 341 et suiv. — Jamin, Ouvrage déjà cité, t. III, pp. 706 et suiv.

τ' et τ'' étant déterminés par les égalités,

$$\tau' = \frac{2e}{\omega} \frac{\sin^2 r}{\cos r}$$

et

$$\tau'' = \frac{2e}{\omega} \frac{1}{\cos r} \cdot \cdot$$

En posant

$$p = \frac{\sin (i - r)}{\sin (i + r)},$$

$$\tau = \tau'' - \tau',$$

et en remarquant que l'on a

$$1 - p^2 = \frac{\sin 2i \cdot \sin 2r}{\sin^2 (i + r)},$$

ces valeurs deviennent

$$v_1 = -\alpha p \sin \frac{2\pi}{T} t$$

$$v_2 = \alpha p (1 - p^2) \sin \frac{2\pi}{T} (t - \tau)$$

$$v_3 = \alpha p^3 (1 - p^2) \sin \frac{2\pi}{T} (t - 2\tau)$$

$$v_4 = \alpha p^5 (1 - p^2) \sin \frac{2\pi}{T} (t - 3\tau)$$

$$\cdots \cdots \cdots \cdots \cdots \cdots ,$$

et par suite,

$$V = \sum v_n = -\alpha p \sin \frac{2\pi}{T} t$$

$$+ \alpha p (1 - p^2) \sin \frac{2\pi}{T} t \left\{ \cos \frac{2\pi}{T} \tau + p^2 \cos 2 \frac{2\pi}{T} \tau + p^4 \cos 3 \frac{2\pi}{T} \tau + \ldots \right\}$$

$$- \alpha p (1 - p^2) \sin \frac{2\pi}{T} t \left\{ \sin \frac{2\pi}{T} \tau + p^2 \sin 2 \frac{2\pi}{T} \tau + p^4 \sin 3 \frac{2\pi}{T} \tau + \ldots \right\} \cdot$$

10

Or, en faisant

$$e^{\frac{2\pi}{T}\tau\sqrt{-1}} = H$$

$$e^{-\frac{2\pi}{T}\tau\sqrt{-1}} = \Theta,$$

on a

$$\cos\frac{2\pi}{T}\tau = \frac{H+\Theta}{2}$$

$$\sin\frac{2\pi}{T}\tau = \frac{H-\Theta}{2\sqrt{-1}},$$

et partant,

$$\cos\frac{2\pi}{T}\tau + p^2\cos 2\frac{2\pi}{T}\tau + p^4\cos 3\frac{2\pi}{T}\tau + \ldots$$

$$= \frac{1}{2}\left\{H + \Theta + p^2(H^2+\Theta^2) + p^4(H^3+\Theta^3) + \ldots\right\}$$

$$= \frac{1}{2}\left\{\frac{H}{1-p^2H} + \frac{\Theta}{1-p^2\Theta}\right\}$$

$$= \frac{\cos\frac{2\pi}{T}\tau - p^2}{1+p^4 - 2p^2\cos\frac{2\pi}{T}\tau};$$

$$\sin\frac{2\pi}{T}\tau + p^2\sin 2\frac{2\pi}{T}\tau + p^4\sin 3\frac{2\pi}{T}\tau + \ldots$$

$$= \frac{1}{2\sqrt{-1}}\left\{H - \Theta + p^2(H^2-\Theta^2) + p^4(H^3-\Theta^3) + \ldots\right\}$$

$$= \frac{1}{2\sqrt{-1}}\left\{\frac{H}{1-p^2H} - \frac{\Theta}{1-p^2\Theta}\right\}$$

$$= \frac{\sin\frac{2\pi}{T}\tau}{1+p^4 - 2p^2\cos\frac{2\pi}{T}\tau}.$$

De là,

$$V = - \left\{ 1 - (1 - p^2) \frac{\cos \frac{2\pi}{T} \tau - p^2}{1 + p^4 - 2p^2 \cos \frac{2\pi}{T} \tau} \right\} \sin \frac{2\pi}{T} t$$

$$- \alpha p (1 - p^2) \frac{\sin \frac{2\pi}{T} \tau}{1 + p^4 - 2p^2 \cos \frac{2\pi}{T} \tau} \cos \frac{2\pi}{T} t$$

ou

$$V = - \frac{2 \alpha p \sin \frac{2\pi}{T} \tau}{1 + p^4 - 2p^2 \cos \frac{2\pi}{T} \tau} \left[\begin{array}{l} (1 + p^2) \sin \frac{\pi}{T} \tau \sin \frac{2\pi}{T} t \\ + (1 - p^2) \cos \frac{\pi}{T} \tau \cos \frac{2\pi}{T} t \end{array} \right].$$

Ce rayon résultant peut être considéré comme formé par la superposition de deux rayons à vibrations parallèles, et en différence de marche d'un quart de longueur d'onde; par suite, l'intensité totale est donnée par l'équation

$$(i') = \frac{1}{2} \frac{4 \alpha^2 p^2 \sin^2 \frac{\pi}{T} \tau}{\left(1 + p^4 - 2p^2 \cos \frac{2\pi}{T} \tau \right)^2} \left\{ (1 + p^2)^2 \sin^2 \frac{\pi}{T} \tau + \left(1 - p^2 \right)^2 \cos^2 \frac{\pi}{T} \tau \right\}$$

ou

$$(i') = \frac{1}{2} \frac{4 \alpha^2 p^2 \cos^2 \frac{\pi}{T} \tau}{1 + p^4 - 2p^2 \cos^2 \frac{2\pi}{T} \tau}.$$

Cette intensité est *nulle*, et les anneaux correspondants sont entièrement obscurs, lorsque

$$\frac{\pi}{T} \tau = 0 \ , \ \pi \ , \ 2\pi \ , \ 3\pi \ , \ ..$$

c'est-à-dire, lorsqu'on a

$$\frac{2e}{\lambda} \cos r = 0, 1, 2, 3, \ldots$$

ou

$$e = \frac{2m}{\cos r} \frac{\lambda}{4};$$

elle est *maximum*, et égale à

$$2\alpha^2 \frac{p^2}{(1 + p^2)^2},$$

lorsque

$$\frac{\pi}{T} \tau = \frac{\pi}{2}, \frac{3\pi}{2}, \frac{5\pi}{2}, \ldots$$

et partant,

$$\frac{2e}{\lambda} \cos r = \frac{1}{2}, \frac{3}{2}, \frac{5}{2}, \ldots$$

et

$$e = \frac{2m + 1}{\cos r} \frac{\lambda}{4}.$$

Ces lois sont celles que nous avons déjà obtenues.

On est conduit aux mêmes résultats pour la lumière incidente polarisée perpendiculairement au plan d'incidence. Dans ce cas, p est déterminé per l'égalité

$$p = \frac{\text{tang}\,(i - r)}{\text{tang}\,(i + r)};$$

il devient nul lors de l'*incidence brewstérienne*.

Pour le rayon transmis, en posant

$$\tau = \tau'' - \tau' = \frac{2e}{\omega} \cos r,$$

on a de même

$$v_1 = \alpha (1 - p^2) \sin \frac{2\pi}{T} \tau$$

$$v_2 = \alpha p^2 (1 - p^2) \sin \frac{2\pi}{T} (t - \tau)$$

$$v_3 = \alpha p^4 (1 - p^2) \sin \frac{2\pi}{T} (t - 2\tau)$$

$$v_4 = \alpha p^6 (1 - p^2) \sin \frac{2\pi}{T} (t - 3\tau)$$

$$\cdots \cdots \cdots \cdots$$

et

$$V = \sum v_n$$

$$= \alpha (1 - p^2) \sin \frac{2\pi}{T} t \left\{ 1 + p^2 \cos \frac{2\pi}{T} \tau + p^4 \cos 2 \frac{2\pi}{T} \tau + \ldots \right\}$$

$$- \alpha (1 - p^2) \cos \frac{2\pi}{T} t \left\{ p^2 \sin \frac{2\pi}{T} \tau + p^4 \sin 2 \frac{2\pi}{T} \tau + \ldots \right\}$$

ou

$$V = \alpha (1 - p^2) \sin \frac{2\pi}{T} t \left\{ 1 + p^2 \frac{\cos \frac{2\pi}{T} \tau - p^2}{1 + p^4 - 2p^2 \cos \frac{2\pi}{T} \tau} \right\}$$

$$- \alpha (1 - p^2 \cos \frac{2\pi}{T} t \frac{p^2 \sin \frac{2\pi}{T} \tau}{1 + p^4 - 2p^2 \cos \frac{2\pi}{T} \tau},$$

et par suite,

$$(i'') = \tfrac{1}{2} \alpha^2 (1 - p^2)^2 \frac{\left(1 - p^2 \cos \frac{2\pi}{T} \tau\right)^2 + p^4 \left(\sin \frac{2\pi}{T} \tau\right)^2}{\left(1 + p^4 - 2p^2 \cos \frac{2\pi}{T} \tau\right)^2}$$

ou

$$(i'') = \frac{1}{2}\,\alpha^2\ \frac{(1-p^2)^2}{1+p^4-2p^2\cos\frac{2\pi}{T}\tau}.$$

Cette intensité ne peut pas devenir nulle ; ce qui montre que les anneaux obscurs vus par réfraction ne sont jamais entièrement noirs. Elle est *minimum* et égale à

$$\frac{1}{2}\,\alpha^2\,\frac{(1-p^2)^2}{(1+p^2)^2},$$

lorsque

$$\frac{2\pi}{T}\tau = \pi\,,\,3\,\pi\,,\,5\,\pi\,,\,\ldots$$

ou

$$e = \frac{2m+1}{\cos r}\,\frac{\lambda}{4};$$

elle est au contraire *maximum*, et égale à

$$\frac{1}{2}\,\alpha^2,$$

quand

$$\frac{2\pi}{T}\tau = 0\,,\,2\,\pi\,,\,4\,\pi\,,\,\ldots$$

c'est-à-dire, lorsqu'on a

$$e = \frac{2m}{\cos r}\,\frac{\lambda}{4}.$$

Tous ces résultats concordent parfaitement, comme on sait, avec les résultats de l'expérience.

CHAPITRE CINQUIÈME.

DE LA POLARISATION.

Les détails que nous avons donnés sur la polarisation dans les chapitres précédents, nous permettent ici d'être brefs, du moins en tout ce qui regarde la polarisation rectiligne.

I.

POLARISATION RECTILIGNE (*).

Voici les lois de la polarisation rectiligne trouvées par Malus et Fresnel : elles découlent toutes de la théorie, et résument les principaux résultats auxquels nous sommes parvènus précédemment.

POLARISATION PAR RÉFLEXION. 1° Sous l'*incidence brewstérienne* et après une réflexion, les substances transparentes polarisent *totalement* dans le plan d'incidence la lumière naturelle réfléchie à leur surface.

(*) Verdet, ouvrage déjà cité, t. II, pp. 222 et suiv.

2° Sous toute autre incidence, et après une seule réflexion, la polarisation de la lumière réfléchie n'est que *partielle*.

3° Pour des incidences voisines de 0° et de 90°, la polarisation est à peu près nulle.

REMARQUE. La première de ces lois ne peut être regardée que comme une première approximation, dans l'étude de la réflexion ; car les recherches expérimentales de M. Jamin ont montré que la polarisation de la lumière naturelle, réfléchie sous l'*incidence brewstérienne*, n'est jamais rigoureusement totale ; si ce n'est, peut-être, pour les substances transparentes dont l'indice est égal à 1,40. L'alun est dans ce cas.

On sait depuis longtemps que cette absence de polarisation totale dans la lumière réfléchie est une propriété générale des métaux. La théorie de Fresnel est donc ici en défaut. Celle de Cauchy, dont les formules ont été données dans le chapitre précédent, ne présente pas cet inconvénient.

POLARISATION PAR RÉFRACTION. 1° Hormis le cas de l'incidence normale, un rayon réfracté provenant d'un rayon incident de lumière naturelle, est toujours polarisé partiellement dans un plan perpendiculaire au plan d'incidence.

2° La polarisation est nulle pour l'incidence normale, et elle est *maximum* pour l'*incidence brewstérienne*.

3° Pour que le rayon réfracté soit polarisé totalement, il faut qu'il ait subi un nombre infini de réfractions successives dans une pile de glaces.

POLARISATION PAR RÉFLEXION INTÉRIEURE. 1° Un rayon de lumière naturelle est polarisé dans le plan d'incidence par une seule réflexion intérieure.

2° La polarisation est nulle pour l'incidence normale, pour l'incidence de 90°, et pour celle de la réflexion totale.

3° La polarisation est *totale* pour l'incidence complémentaire de *l'incidence brewstérienne* ; pour toute autre incidence la polarisation est partielle.

RÉFLEXION ET RÉFRACTION DE LA LUMIÈRE POLARISÉE. 1° A de la lumière incidente polarisée correspond toujours de la lumière réfléchie polarisée lorsque la réflexion n'est pas totale ; la lumière réfractée est aussi polarisée.

2° La réflexion et la réfraction ne changent pas le plan de polarisation de la lumière incidente, lorsque celui-ci coïncide avec le plan d'incidence, ou lorsqu'il lui est perpendiculaire.

3° Dans les autres cas, le plan de polarisation du rayon réfléchi se rapproche du plan d'incidence, et celui du rayon réfracté, du plan perpendiculaire.

4° La *réflexion totale* maintient la polarisation et le plan de polarisation de la lumière incidente, lorsque celle-ci est polarisée dans le plan d'incidence ou dans le plan normal ; mais elle change la polarisation rectiligne en polarisation elliptique dans les autres cas.

5° Toutes choses égales d'ailleurs, l'intensité de la lumière réfléchie est *maximum*, lorsque le plan de polarisation de la lumière incidente est parallèle au plan d'incidence ; elle est *minimum*, lorsque ces deux plans sont perpendiculaires l'un à l'autre.

6° Dans le cas de *l'incidence brewstérienne*, l'intensité de la lumière réfléchie est nulle, lorsque le plan de polarisation de la lumière incidente est normal au plan d'incidence. On peut même dire, en général, qu'elle est, sous cette incidence, proportionnelle au carré du cosinus de l'angle formé par le plan d'incidence et le plan de polarisation.

7° L'intensité de la lumière réfractée et l'intensité de la lumière réfléchie sont toujours *complémentaires*.

II.

POLARISATION ELLIPTIQUE (*).

Deux rayons polarisés à angle droit, différents de phase et d'amplitude, donnent naissance par leur superposition à un rayon résultant polarisé elliptiquement, ainsi que nous l'avons vu au commencement de ce traité (1er chap. II).

En effet, les équations de ces rayons étant

$$x = a' \cos \frac{2\pi}{T} (t + \tau)$$

$$y = a'' \cos \frac{2\pi}{T} (t - \tau),$$

l'élimination de t entre ces égalités donne, comme on sait,

$$\frac{x^2}{a'^2} + \frac{y^2}{a''^2} - 2 \frac{\cos \theta}{a'a''} xy = \sin^2 \theta. \qquad (60)$$

Dans cette équation, θ est déterminé par la relation

$$\theta = \frac{4\pi}{T} \tau.$$

Or, l'équation (60) représente évidemment une ellipse.

Le sens du mouvement de la molécule éthérée sur la trajectoire est déterminé par l'angle polaire θ, satisfaisant à la relation

$$\tan \vartheta = \frac{y}{x} = \frac{a''}{a'} \frac{\cos \frac{2\pi}{T} (t - \tau)}{\cos \frac{2\pi}{T} (t + \tau)}.$$

(*) Billet, ouvrage déjà cité, t. II, pp. 47 et suiv. — Jamin, ouvrage déjà cité, t. III, pp. 618 et suiv.

1er THÉORÈME. *Il y a une infinité de systèmes de rayons composants polarisés à angle droit, correspondants à un seul et même rayon polarisé elliptiquement.*

Car, si on rapporte l'ellipse (60) à un nouveau système d'axes rectangulaires, on a pour les nouvelles coordonnées

$$x' = x \cos \upsilon + y \sin \upsilon$$

$$y' = y \cos \upsilon - x \sin \upsilon,$$

υ étant l'angle de position du nouveau système d'axes.

De là,

$$x' = a' \cos \upsilon \cos \frac{2\pi}{T} (t + \tau) + a'' \sin \upsilon \cos \frac{2\pi}{T} (t - \tau)$$

$$y' = a'' \cos \upsilon \cos \frac{2\pi}{T} (t - \tau) - a' \sin \upsilon \cos \frac{2\pi}{T} (t + \tau),$$

ou

$$x' = \cos \frac{2\pi}{T} t \; (a' \cos \upsilon + a'' \sin \upsilon) \cos \frac{2\pi}{T} \tau$$

$$+ \sin \frac{2\pi}{T} t \; (a'' \sin \upsilon - a' \cos \upsilon) \sin \frac{2\pi}{T} \tau$$

$$y' = \cos \frac{2\pi}{T} t \; (a'' \cos \upsilon - a' \sin \upsilon) \cos \frac{2\pi}{T} \tau$$

$$+ \sin \frac{2\pi}{T} t \; (a'' \cos \upsilon + a' \sin \upsilon) \sin \frac{2\pi}{T} \tau.$$

En posant,

$$(a' \cos \upsilon + a'' \sin \upsilon) \cos \frac{2\pi}{T} \tau = 0 \cos \frac{2\pi}{T} \delta'$$

$$(a'' \sin \upsilon - a' \cos \upsilon) \sin \frac{2\pi}{T} \tau = 0 \sin \frac{2\pi}{T} \delta'$$

$$(a'' \cos \upsilon - a' \sin \upsilon) \cos \frac{2\pi}{T} \tau = E \cos \frac{2\pi}{T} \delta''$$

$$(a'' \cos \upsilon + a' \sin \upsilon) \sin \frac{2\pi}{T} \tau = E \sin \frac{2\pi}{T} \delta''$$

et par suite,

$$O^2 = a'^2 \cos^2 v + a''^2 \sin^2 v + 2a'a'' \sin v \cos v \cos \theta$$

$$E^2 = a'^2 \sin^2 v + a''^2 \cos^2 v - 2a'a'' \sin v \cos v \cos \theta$$

$$\text{tang } \frac{2\pi}{T} \delta' = \text{tang } \frac{2\pi}{T} \tau \frac{a'' \sin v - a' \cos v}{a' \cos v + a'' \sin v}$$

$$\text{tang } \frac{2\pi}{T} \delta'' = \text{tang } \frac{2\pi}{T} \tau \frac{a' \sin v + a'' \cos v}{a'' \cos v - a' \sin v},$$

on a,

$$x' = O \cos \frac{2\pi}{T} (t - \delta')$$

$$y' = E \cos \frac{2\pi}{T} (t - \delta'')$$

(61)

et

$$E^2 + O^2 = a'^2 + a''^2.$$

Les équations (61) représentent tous les rayons polarisés à angle droit qui peuvent, par leur superposition, reproduire le rayon polarisé elliptiquement (60).

Scholie. Dans le cas particulier où

$$a' = a \cos \varphi$$

$$a'' = a \cos \varphi,$$

on a

$$O^2 = a^2 \cos^2 (v + \varphi) + a^2 \sin 2v \sin 2\varphi \cos^2 \frac{2\pi}{T} \tau$$

(62)

$$E^2 = a^2 \sin^2 (v + \varphi) - a^2 \sin 2v \sin 2\varphi \cos^2 \frac{2\pi}{T} \tau$$

$$\text{tang } \frac{2\pi}{T} \vartheta = - \text{tang } \frac{2\pi}{T} \tau \frac{\cos (v + \varphi)}{\cos (v - \varphi)}$$

$$\text{tang } \frac{2\pi}{T} \delta'' = - \text{tang } \frac{2\pi}{T} \tau \frac{\sin (v + \varphi)}{\sin (v - \varphi)}.$$

CorollaIRE 1er. Pour que les intensités des deux rayons composants (61) soient égales, il faut que l'on ait

$$E^2 = 0^2,$$

c'est-à-dire,

$$(a'^2 - a''^2)\cos 2v + 2a'a''\sin 2v\cos\theta = o$$

ou

$$\tan 2\iota = \frac{a''^2 - a'^2}{2a'a''\cos\theta}.$$

CorollaIRE 2e. Quand on a

$$a' = a''$$

et

$$\cos\theta = \cos\frac{4\pi}{T}\tau = o,$$

c'est-à-dire, par exemple,

$$\tau = \frac{T}{8},$$

l'équation (60) devient

$$x^2 + y^2 = a'^2$$

et la polarisation est *circulaire*.

De plus, on a alors

$$E^2 = 0^2 = a'^2$$

et

$$\tan\frac{2\pi}{T}\delta' = \frac{\sin v - \cos v}{\sin v + \cos v}$$

$$\tan\frac{2\pi}{T}\delta'' = \frac{\sin v + \cos v}{\cos v - \sin v};$$

et par suite,

$$\tan \frac{2\pi}{T} \delta' \cdot \tan \frac{2\pi}{T} \delta'' + 1 = o$$

ou

$$\frac{2\pi}{T} (\delta'' - \delta') = \frac{\pi}{2}$$

ou enfin,

$$\delta'' - \delta' = \frac{T}{4}.$$

Dans ce cas, les rayons composants polarisés à angle droit ont des intensités égales, quel que soit le système auquel ils appartiennent. Ces intensités ne varient pas quand on passe d'un système à un autre; il en est de même de la différence de marche qui est constamment égale à un quart de longueur d'onde. Ces conclusions étaient évidentes *à priori*.

2ᵉ THÉORÈME. *Entre tous les systèmes de rayons polarisés à angle droit qu'il est permis de substituer à un même rayon polarisé elliptiquement, il convient de distinguer le système qui correspond aux axes de l'ellipse : dans ce système, les intensités sont représentées par les axes, et la différence de marche est égale à un quart de longueur d'onde.*

En effet, on a en général

$$x = x' \cos u - y' \sin u$$
$$y = x' \sin u + y' \cos u;$$

de sorte que l'équation de l'ellipse (60), rapportée aux nouveaux axes, est

$$x'^2 \left(\frac{\cos^2 u}{a'^2} + \frac{\sin^2 u}{a''^2} - \frac{\sin 2u \cdot \cos \theta}{a'a''} \right)$$
$$+ y'^2 \left(\frac{\sin^2 u}{a'^2} + \frac{\cos^2 u}{a''^2} + \frac{\sin 2u \cdot \cos \theta}{a'a''} \right)$$
$$+ x'y' \left(\frac{\sin 2u}{a''^2} - \frac{\sin 2u}{a'^2} - 2 \frac{\cos 2u \cdot \cos \theta}{a'a''} \right)$$
$$= \sin^2 \theta .$$

Or, en posant

$$\tan 2v = 2 \frac{a'a'' \cos \theta}{a'^2 - a''^2}$$

$$\frac{1}{p^2} = \frac{\cos^2 v}{a'^2} + \frac{\sin^2 v}{a''^2} - \frac{\sin 2v \cdot \cos \theta}{a'a''}$$

$$\frac{1}{q^2} = \frac{\sin^2 v}{a'^2} + \frac{\cos^2 v}{a''^2} + \frac{\sin 2v \cdot \cos \theta}{a'a''}$$

et par suite,

$$\frac{1}{p^2} + \frac{1}{q^2} = \frac{1}{a'^2} + \frac{1}{a''^2},$$

l'équation de la trajectoire elliptique devient

$$\frac{x'^2}{p^2} + \frac{y'^2}{q^2} = \sin^2 \theta,$$

et les rayons polarisés perpendiculairement aux axes sont déterminés par les égalités

$$O^2 = \tfrac{1}{2}\left(a'^2 + a''^2 + \sqrt{a'^4 + a''^4 + 2a'^2 a''^2 \cos 2\theta}\right) = p^2 \sin^2 \theta$$

$$E^2 = \tfrac{1}{2}\left(a'^2 + a''^2 - \sqrt{a'^4 + a''^4 + 2a'^2 a''^2 \cos 2\theta}\right) = q^2 \sin^2 \theta$$

$$\tan \frac{2\pi}{T} \delta' \cdot \tan \frac{2\pi}{T} \delta'' + 1 = o$$

$$x' = O \cos \frac{2\pi}{T}\left(t - \delta'\right)$$

$$y' = E \cos \frac{2\pi}{T}\left(t - \delta''\right),$$

comme il est facile de s'en convaincre. Ces résultats établissent ce que nous avions avancé.

Dans cette décomposition de la polarisation elliptique, on a donc l'avantage d'avoir des rayons polarisés à angle droit, dont les intensités sont représentées par les axes de l'ellipse, et dont la différence de marche est égale à un quart d'onde, comme dans la polarisation circulaire.

Lois. Il a été démontré plus haut : 1° que la *réflexion totale* donne naissance le plus souvent à la *polarisation elliptique ;* 2° qu'il en est de même, bien qu'à un moindre degré, de la réflexion ordinaire à la surface de la plupart des substances transparentes.

On fera connaître dans l'article suivant les caractères qui permettent de distinguer un rayon polarisé elliptiquement de tout autre rayon.

III.

POLARISATION CHROMATIQUE.

Nous démontrerons dans le chapitre sixième : 1° *que les cristaux donnent généralement naissance à deux rayons réfractés pour un rayon incident ;*

2° *que chacun de ces rayons a, dans l'intérieur du cristal, une vitesse de propagation qui lui est propre ;*

3° *que dans le système du rhomboèdre et du prisme droit à base carrée, un des rayons est polarisé rectilignement dans un plan que l'on appelle plan de la section principale, et l'autre, dans un plan perpendiculaire.*

Le premier de ces rayons s'appelle le rayon *ordinaire*, et le second, le rayon *extraordinaire*.

On sait d'ailleurs, par la *loi de Malus*, que le dédoublement du rayon polarisé incident se fait par la décomposition statique de l'amplitude suivant deux plans perpendiculaires.

PROBLÈME. Cela posé, nous nous proposons d'examiner *ce que devient un faisceau parallèle de lumière polarisée, traversant normalement une lame biréfringente, peu épaisse, du système rhomboédrique, et pénétrant de là dans un prisme biréfringent du même système, pour être enfin reçu dans l'œil.*

Soit

$$X = a \cos \frac{2\pi}{T} t$$

l'équation du faisceau incident.

Au sortir de la lame mince dont nous représenterons l'épaisseur par *e*, le faisceau émergent est composé, sans séparation physique sensible, de deux faisceaux partiels polarisés, l'un dans le plan de la section principale, l'autre dans un plan perpendiculaire.

L'équation du premier est

$$x = a \cos \varphi \cos \frac{2\pi}{T} (t + \tau),$$

et celle du second,

$$y = a \sin \varphi \cos \frac{2\pi}{T} (t - \tau),$$

φ étant l'angle formé par le plan de polarisation du faisceau X et le plan de la section principale de la lame; 2τ est la différence de phase des deux rayons, déterminée par l'égalité

$$2\tau = \frac{e_e}{\omega_e} - \frac{e_o}{\omega_o}$$

où ω_o et e_o désignent la vitesse de propagation et le trajet du rayon *ordinaire* à l'intérieur de la lame, et ω_e, e_e, la vitesse de propagation et le trajet correspondants du rayon *extraor-dinaire*.

En représentant par ʋ l'angle formé par la section princi-pale du prisme et celle de la lame, on a, au sortir du prisme, pour l'équation du faisceau *ordinaire*,

$$x' = x \cos ʋ + y \sin ʋ,$$

et pour celle du faisceau *extraordinaire*,

$$y' = y \cos ʋ - x \sin ʋ;$$

de sorte que les intensités sont, d'après les formules (62), pour le premier

$$I_o = \tfrac{1}{2} \alpha^2 \left\{ \cos^2 (ʋ + \varphi) + \sin 2ʋ \sin 2\varphi \cos^2 \frac{2\pi}{T} \tau \right\},$$

et pour le second,

$$I_e = \tfrac{1}{2} \alpha^2 \left\{ \sin^2 (ʋ + \varphi) - \sin 2ʋ \sin 2\varphi \cos^2 \frac{2\pi}{T} \tau \right\}.$$

Ces intensités varient non-seulement avec ʋ et avec φ, mais encore avec τ et avec T, qui sont différents pour les diverses couleurs. On peut néanmoins négliger les variations de τ par rapport à celles de T.

Si le faisceau incident polarisé est homogène, la rotation du prisme biréfringent autour de la normale commune à la face d'entrée et à la face de sortie ne fera qu'altérer l'intensité des faisceaux émergents, en faisant varier l'angle ʋ; mais si le faisceau incident est composé de rayons blancs, l'effet final se complique alors des phénomènes de coloration qu'on appelle phénomènes de la *polarisation chromatique*. En effet, en représentant par k_r, k_o, k_v....... les coefficients newtoniens des proportions relatives des diverses couleurs dans le spectre, on aura, pour la composition résultante du faisceau *ordinaire*,

$$\tfrac{1}{2} \alpha^2 \sum k \cos^2 (v + \varphi)$$

$$+ \tfrac{1}{2} \alpha^2 \sin 2v \sin 2\varphi \sum k \cos^2 \frac{2\pi}{T} \tau,$$

et pour celle du faisceau *extraordinaire*,

$$\tfrac{1}{2} \alpha^2 \sum k \sin^2 (v + \varphi)$$

$$- \tfrac{1}{2} \alpha^2 \sin 2v . \sin 2\varphi \sum k \cos^2 \frac{2\pi}{T} \tau.$$

Les termes

$$\tfrac{1}{2} \alpha^2 \sum k \cos^2 (v + \varphi)$$

et

$$\tfrac{1}{2} \alpha^2 \sum k \sin^2 (v + \varphi)$$

donnent évidemment de la lumière blanche ; mais le terme

$$\tfrac{1}{2} \alpha^2 \sin 2v . \sin 2\varphi \sum k \cos^2 \frac{2\pi}{T} \tau$$

détermine une émission colorée dont la teinte est dépendante du facteur Σ.

Cette teinte est la même que celle que l'on obtient dans le phénomène des franges de Fresnel avec de la lumière polarisée blanche, sur les points de l'écran où la différence de marche est 2τ ; car en vertu des équations (15) et (16), l'intensité finale en ces points est proportionnelle à

$$\sum k \cos^2 \frac{2\pi}{T} \tau.$$

Corollaires. 1° *La teinte varie avec la somme* Σ: *elle est indépendante de* υ *et de* φ, *et ne change qu'avec l'épaisseur de la lame;*

2° *Les deux faisceaux ont évidemment des teintes complémentaires, et leur superposition reproduit du blanc;*

3° *Les teintes disparaissent pour faire place au blanc, lorsque*

$$\sin 2\varphi = 0 \qquad \text{ou} \qquad \sin 2\upsilon = 0,$$

c'est-à-dire, *lorsque la section principale de la lame est parallèle ou perpendiculaire soit au plan de polarisation du rayon incident, soit au plan de la section principale du prisme.*

Dans le premier cas, on a

$$\varphi = 0 \qquad \text{ou} \qquad \varphi = 90°$$

et

$$I_o = \tfrac{1}{2} \alpha^2 \cos^2 \upsilon \qquad\qquad I_o = \tfrac{1}{2} \alpha^2 \sin^2 \upsilon$$

$$\text{ou}$$

$$I_e = \tfrac{1}{2} \alpha^2 \sin^2 \upsilon \qquad\qquad I_e = \tfrac{1}{2} \alpha^2 \cos^2 \upsilon,$$

ce qui est la *loi de Malus.*

Dans le second, on a

$$\upsilon = 0 \qquad \text{ou} \qquad \upsilon = 90°$$

et

$$I_o = \tfrac{1}{2} \alpha^2 \cos^2 \varphi \qquad\qquad I_o = \tfrac{1}{2} \alpha^2 \sin^2 \varphi$$

$$\text{ou}$$

$$I_e = \tfrac{1}{2} \alpha^2 \sin^2 \varphi \qquad\qquad I_e = \tfrac{1}{2} \alpha^2 \cos^2 \varphi.$$

4° *L'intensité des teintes est maximum, pour des valeurs déterminées de* φ, *lorsque* $\upsilon = 45°$, *et pour des valeurs déter-*

minées de ʋ, lorsque φ = 45°; *le maximum maximorum a lieu, lorsqu'on a simultanément* φ = 45° *et* ʋ = 45°.

5° *Le faisceau ordinaire prend la teinte du faisceau extraordinaire, et réciproquement, lorsque* sin 2ʋ *change de signe.*

Scholie. *Lorsque la lumière incidente est naturelle, tout phénomène de polarisation chromatique disparaît, et les deux faisceaux émergents sont blancs et d'égale intensité au sortir du prisme.*

En effet, l'angle φ étant, dans ce cas, continuellement variable, il faut prendre, dans les formules de l'intensité du faisceau *ordinaire* et du faisceau *extraordinaire*, les moyennes des expressions

$$\cos^2 (\text{ʋ} + \varphi) \quad , \quad \sin^2 (\text{ʋ} + \varphi) \quad , \quad \sin 2\varphi.$$

Or on a

$$\text{moy. } \cos^2 (\text{ʋ} + \varphi) = \frac{\int_0^{2\pi} \cos^2 (\text{ʋ} + \varphi)\, d\varphi}{2\pi} = \tfrac{1}{2}$$

$$\text{moy. } \sin^2 (\text{ʋ} + \varphi) = \frac{\int_0^{2\pi} \sin^2 (\text{ʋ} + \varphi)\, d\varphi}{2\pi} = \tfrac{1}{2}$$

$$\text{moy. } \sin 2\varphi = \frac{\int_0^{2\pi} \sin 2\varphi\, d\varphi}{2\pi} = 0,$$

et par suite,

$$I_o = I_e = \tfrac{1}{4} \alpha^2$$

et

$$\text{moy. } \tfrac{1}{4} \alpha^2 \sin 2\text{ʋ} \sin 2\varphi \sum k \cos^2 \frac{2\pi}{T} \tau = 0,$$

ce qu'il fallait démontrer.

REMARQUE. Par le raisonnement développé au commencement du problème précédent, il est facile de voir qu'un rayon homogène *polarisé elliptiquement*, tel que le rayon (60), traversant un prisme biréfringent, se dédouble en deux rayons polarisés rectilignement à angle droit (61), d'intensité inégale.

L'intensité du rayon *ordinaire* est,

$$I_o = \tfrac{1}{2} \left(\alpha'^2 \cos^2 \upsilon + \alpha''^2 \sin^2 \upsilon + 2\alpha'\alpha'' \sin \upsilon \cos \upsilon \cos \theta \right),$$

et celle du rayon *extraordinaire*,

$$I_e = \tfrac{1}{2} \left(\alpha'^2 \sin^2 \upsilon + \alpha''^2 \cos^2 \upsilon - 2\alpha'\alpha'' \sin \upsilon \cos \upsilon \cos \theta \right).$$

Les *minima* et les *maxima* de ces intensités sont donnés simultanément par l'équation

$$\frac{dI_o}{d\upsilon} = - \frac{dI_e}{d\upsilon} = (\alpha''^2 - \alpha'^2) \sin 2\upsilon + 2\alpha'\alpha'' \cos \theta \cos 2\upsilon = o$$

ou

$$\operatorname{tang} 2\upsilon = \frac{2\alpha'\alpha'' \cos \theta}{\alpha'^2 - \alpha''^2} = \frac{2\alpha'\alpha'' \cos \theta}{\alpha'^2 - \alpha''^2};$$

et on a, de plus, pour les dérivées secondes

$$\frac{d^2 I_o}{d\upsilon^2} = - \frac{d^2 I_e}{d\upsilon^2} = - 2 (\alpha'^2 - \alpha''^2) \cos 2\upsilon - 4\alpha'\alpha'' \cos \theta \sin 2\upsilon.$$

La valeur de υ satisfaisant à la relation

$$\frac{\sin 2\upsilon}{2\alpha'\alpha'' \cos \theta} = \frac{\cos 2\upsilon}{\alpha'^2 - \alpha''^2} = \frac{1}{\sqrt{(\alpha'^2 - \alpha''^2)^2 + 4\alpha'^2\alpha''^2 \cos^2\theta}}$$

détermine donc un *maximum* dans l'intensité du rayon *ordi-*

naire, et un *minimum* dans celle du rayon *extraordinaire;* la valeur de υ satisfaisant à la relation

$$\frac{\sin 2u}{2\alpha'\alpha'' \cos \theta} = \frac{\cos 2u}{\alpha'^2 - \alpha''^2} = - \frac{1}{\sqrt{(\alpha'^2 - \alpha''^2)^2 + 4\alpha'^2\alpha''^2 \cos^2\theta}}$$

détermine au contraire un *minimum* dans l'intensité du rayon *ordinaire,* et un *maximum* dans celle du rayon *extraordinaire.* Ces valeurs *minima* sont différentes de *o.*

En rapprochant ces résultats du 2ᵉ théorème de l'article précédent, il est permis de conclure, que la section principale du prisme biréfringent coïncide avec le grand axe de l'ellipse (60), lorsque le rayon ordinaire est parvenu à son *minimum.*

A ces propriétés on peut reconnaître un rayon polarisé elliptiquement.

THÉORÈME. Quand un faisceau conique de lumière *convergente,* devant traverser normalement une lame mince taillée perpendiculairement à l'axe, a été polarisé avant son entrée dans la lame, et qu'on reçoit le faisceau à sa sortie sur un prisme biréfringent, puis de là dans l'œil, on observe les phénomènes suivants :

1° *L'image ordinaire et l'image extraordinaire sont composées d'une série d'anneaux concentriques. Ces anneaux sont alternativement brillants et obscurs, lorsque la lumière incidente est homogène ; ils sont irisés lorsqu'elle est blanche.*

2° *Une croix noire, dont les bras sont parallèles ou perpendiculaires au plan de polarisation de la lumière incidente, traverse la série des anneaux de l'image ordinaire, en même temps qu'une croix blanche parallèle à la première divise les anneaux de l'image extraordinaire, toutes les fois que la section principale du prisme fait un angle droit avec le plan de polarisation du faisceau incident. Le contraire a lieu, lorsque ces deux plans sont parallèles.*

Ces phénomènes s'expliquent facilement.

En effet, dans une lame taillée perpendiculairement à l'axe optique, il y a autant de sections principales que de plans normaux aux faces d'incidence et d'émergence; cela fait que les angles v et φ varient d'une manière continue avec le plan méridien du faisceau conique incident. Lorsque la section principale du prisme est normale au plan de polarisation du faisceau incident, on a pour une section méridienne quelconque,

$$v + \varphi = 90°,$$

et partant

$$I_o = \frac{1}{2}\, \alpha^2 \sin^2 2\varphi \cos^2 \frac{2\pi}{T}\, \tau$$

et

$$I_e = \frac{1}{2}\, \alpha^2 \left\{ 1 - \sin^2 2\varphi \cos^2 \frac{2\pi}{T}\, \tau \right\};$$

il s'ensuit que l'on doit avoir

$$I_o = o \qquad \text{et} \qquad I_e = \tfrac{1}{2} \alpha^2$$

pour

$$\varphi = o \qquad \text{et} \qquad \varphi = 90°.$$

Quand la section principale du prisme est parallèle au plan de polarisation du faisceau incident, on a

$$v + \varphi = o \text{ ou } 180°$$

et par suite,

$$I_0 = \frac{1}{2} \alpha^2 \left\{ 1 - \sin^2 2\varphi \cos^2 \frac{2\pi}{T} \tau \right\}$$

et

$$I_r = \frac{1}{2} \alpha^2 \sin^2 2\varphi \cos^2 \frac{2\pi}{T} \tau.$$

De là, pour

$$\varphi = 0 \qquad\qquad \text{et} \qquad\qquad \varphi = 90^\circ$$

on a

$$I_0 = \frac{1}{2} \alpha^2 \qquad\qquad \text{et} \qquad\qquad I_r = 0.$$

Ces résultats expliquent très-bien la présence de la croix noire et de la croix blanche dans les images fournies par le prisme biréfringent.

Quant aux anneaux circulaires concentriques, alternativement brillants et obscurs avec la lumière homogène, et irisés avec la lumière blanche, dont ces images sont composées, ils doivent être attribués à l'influence de la longueur du trajet dans la lame. En effet, les termes

$$\sin 2\upsilon \sin 2\varphi \cos^2 \frac{2\pi}{T} \tau$$

et

$$\sin 2\upsilon \sin 2\varphi \, \Sigma \, k \cos^2 \frac{2\pi}{T} \tau$$

du problème résolu plus haut, varient avec ce trajet, ainsi que l'intensité au sortir du prisme et la coloration des faisceaux transmis.

REMARQUE. La polarisation chromatique donne naissance à un grand nombre d'autres phénomènes intéressants dont nous nous abstenons de parler ici, parce que leur explication dépasse de beaucoup les bornes que nous nous sommes imposées.

IV.

POLARISATION CIRCULAIRE (*).

Nous avons vu (chap. 1er, II, 3e théor.) que deux rayons polarisés rectilignement et à angle droit, ayant une même période d'oscillation, une même amplitude et une différence de marche égale à un quart de longueur d'onde, donnent naissance par leur superposition à un rayon *polarisé circulairement*.

Il nous reste à faire connaître quelques caractères de la polarisation circulaire.

1er THÉORÈME. *On peut obtenir un rayon polarisé circulairement, en interposant sur le trajet d'un rayon polarisé rectilignement, une lame cristalline biréfringente d'épaisseur convenable, et dont la section principale soit inclinée de 45° sur le plan de polarisation du rayon incident.*

En effet,

$$v = \alpha \sin \frac{2\pi}{T} t$$

(*) De Sénarmont, ouvrage déjà cité, pp. 441-445.

étant l'équation de ce rayon, les équations des rayons réfractés seront

$$v_o = \frac{a}{V\overline{2}} \sin \frac{2\pi}{T} (t + \tau)$$

$$v_e = \frac{a}{V\overline{2}} \sin \frac{2\pi}{T} (t - \tau),$$

τ satisfaisant à la relation

$$2\tau = \frac{e_e}{\omega_e} - \frac{e_o}{\omega_o};$$

de sorte que pour avoir un faisceau émergent polarisé circulairement, il suffit de poser

$$\frac{e_e}{\omega_e} - \frac{e_o}{\omega_o} = \frac{T}{4},$$

ce qui détermine l'épaisseur du cristal.

2ᵉ THÉORÈME. *Dans la position absolue que l'on donne d'ordinaire aux axes coordonnés, un rayon polarisé circulairement ayant pour équations*

$$x = a \cos \frac{2\pi}{T} \left(t + \frac{T}{8} \right),$$

$$y = a \cos \frac{2\pi}{T} \left(t - \frac{T}{8} \right) = a \sin \frac{2\pi}{T} \left(t + \frac{T}{8} \right),$$

*produit dans la molécule éthérée un mouvement révolutif
circulaire de droite à gauche ou lévogyre;* car on a pour
l'angle polaire

$$\tan \theta = \frac{y}{x} = \tan \frac{2\pi}{T} \left(t + \frac{T}{8} \right)$$

et par suite,

$$\theta = \frac{2\pi}{T} \left(t + \frac{T}{8} \right).$$

Au contraire, un rayon polarisé circulairement ayant pour équations

$$x = a \cos \frac{2\pi}{T} \left(t - \frac{T}{8} \right),$$

$$y = a \cos \frac{2\pi}{T} \left(t + \frac{T}{8} \right) = - a \sin \frac{2\pi}{T} \left(t - \frac{T}{8} \right),$$

et donnant, par suite, pour l'angle polaire

$$\tan \theta = - \tan \frac{2\pi}{T} \left(t - \frac{T}{8} \right)$$

ou

$$\theta = \frac{2\pi}{T} \left(\frac{T}{8} - t \right),$$

sollicite évidemment la molécule de gauche à droite, et est *dextrogyre*.

3ᵉ THÉORÈME. *La superposition de deux rayons polarisés circulairement de même amplitude, l'un dextrogyre, l'autre lévogyre, produit un rayon résultant polarisé rectilignement.*

En effet, on a pour les équations du rayon *dextrogyre*

$$x' = a \cos \frac{2\pi}{T} \left(t - \frac{T}{8} \right),$$

$$y' = - a \sin \frac{2\pi}{T} \left(t - \frac{T}{8} \right) = a \cos \frac{2\pi}{T} \left(t + \frac{T}{8} \right),$$

(63)

et pour celles du rayon *lévogyre*

$$x'' = a \cos \frac{2\pi}{T} \left(t + \frac{T}{8} \right),$$

$$y'' = a \sin \frac{2\pi}{T} \left(t + \frac{T}{8} \right) = a \cos \frac{2\pi}{T} \left(t - \frac{T}{8} \right).$$

(64)

Les équations du mouvement résultant sont donc

$$x = x' + x'' = a \sqrt{2} \, \cos \frac{2\pi}{T} \, t$$

$$y = y' + y'' = a \sqrt{2} \, \cos \frac{2\pi}{T} \, t;$$

et on a, par suite, pour l'équation de la trajectoire

$$y = x,$$

qui représente une droite inclinée à 45° sur les axes.

L'équation du mouvement rectiligne de la molécule éthérée sur cette droite est

$$X = \sqrt{x^2 + y^2} = 2a \cos \frac{2\pi}{T} \, t. \tag{65}$$

Corollaire. Réciproquement, un rayon polarisé rectiligne-ment (65), peut toujours être décomposé en deux rayons polarisés circulairement en sens inverses (63) et (64), de même amplitude.

Scholie. Considérés à un point de vue plus général, le rayon polarisé circulairement *dextrogyre* et le rayon *lévogyre* ont pour équations, le premier

$$x' = a \cos \frac{2\pi}{T} \, (t - \tau)$$

$$y' = -a \sin \frac{2\pi}{T} \, (t - \tau),$$

et le second

$$x'' = a \cos \frac{2\pi}{T} \, (t + \tau)$$

$$y'' = a \sin \frac{2\pi}{T} \, (t + \tau),$$

2τ étant ce qu'on appelle la *différence de phase* de ces rayons.

A ce point de vue, la superposition de deux rayons polarisés circulairement en sens inverse et de même amplitude donne naissance à un rayon polarisé rectilignement, dont l'inclinaison sur l'axe des abscisses est déterminée par l'angle polaire θ satisfaisant à la relation

$$\text{tang } \theta = \frac{y' + y''}{x' + x''} = \text{tang } \frac{2\pi}{T} \tau$$

ou

$$\theta = \frac{2\pi}{T} \tau ;$$

et le mouvement résultant sur la trajectoire rectiligne est représenté par l'équation

$$X = 2a \cos \frac{2\pi}{T} t.$$

V.

POLARISATION ROTATOIRE.

L'expérience montre que certains milieux propagent plus facilement des mouvements révolutifs circulaires *lævogyres*, que des mouvements révolutifs circulaires *dextrogyres*, et réciproquement.

Cela admis, supposons qu'un rayon homogène polarisé rectilignement

$$x = a \cos \frac{2\pi}{T} t$$

pénètre normalement dans un tel milieu, et substituons à ce rayon deux rayons polarisés circulairement en sens inverses, sans différence de phase,

$$x' = \frac{a}{2} \cos \frac{2\pi}{T} t$$

$$y' = -\frac{a}{2} \sin \frac{2\pi}{T} t \tag{66}$$

et

$$x'' = \frac{a}{2} \cos \frac{2\pi}{T} t$$

$$y'' = \frac{a}{2} \sin \frac{2\pi}{T} t. \tag{67}$$

En représentant par ω_d la vitesse de propagation du rayon *dextrogyre*, par ω_l celle du rayon *lævogyre*, et par e l'épaisseur du milieu traversé, il est évident que les rayons (66) et (67) auront pour équations, au sortir du milieu,

$$x' = \frac{a}{2} \cos \frac{2\pi}{T} (t - \tau)$$

$$y' = -\frac{a}{2} \sin \frac{2\pi}{T} (t - \tau)$$

et

$$x'' = \frac{a}{2} \cos \frac{2\pi}{T} (t + \tau)$$

$$y'' = \frac{a}{2} \sin \frac{2\pi}{T} (t + \tau),$$

2τ étant déterminé par l'égalité

$$2\tau = e \left(\frac{1}{\omega_d} - \frac{1}{\omega_l} \right),$$

et l'angle polaire du rayon résultant polarisé rectilignement ayant pour valeur

$$\theta = \frac{2\pi}{T}\,\tau = \frac{\pi e}{T}\left(\frac{1}{\omega_d} - \frac{1}{\omega_l}\right).$$

On voit par cette équation que *l'influence du milieu se réduit à une déviation du plan primitif de polarisation, directe ou inverse, et proportionnelle à l'épaisseur du milieu.*

Ce pouvoir rotatoire appartient au quartz, au cinabre et à un grand nombre de liquides, de dissolutions et de vapeurs.

SCHOLIE. La polarisation rotatoire n'a évidemment plus lieu, lorsque le rayon incident est un rayon polarisé circulairement.

COROLLAIRE. Lorsque le rayon polarisé incident est un rayon de lumière blanche, l'influence du milieu se fait sentir inégalement sur les divers éléments homogènes dont ce rayon est composé : les plans de polarisation se séparent, et à la sortie, chaque teinte a un plan de polarisation distinct. Des phénomènes de coloration sur lesquels nous n'insisterons pas sont la conséquence de cette séparation.

CHAPITRE SIXIÈME.

DE LA DOUBLE RÉFRACTION(*).

Nous ne pouvons traiter de la double réfraction, sans remonter aux lois générales des mouvements vibratoires de l'éther et aux propriétés des *ondes planes*. Au reste, quand bien même les exigences du sujet ne demanderaient pas cet exposé des bases de l'optique mathématique, la marche didactique que nous avons adoptée nous en ferait une loi. Il nous reste, en effet, à établir un certain nombre de propositions dont nous avons différé jusqu'ici la démonstration, pour ne pas nuire à la clarté et à la simplicité du développement.

I.

ÉQUATIONS DES MOUVEMENTS VIBRATOIRES DE L'ÉTHER.

On doit regarder l'éther libre comme formé de molécules

$$m\,(x, y, z), \qquad m'\,(x', y', z'), \ldots \ldots$$

agissant les unes sur les autres à petites distances par attraction ou par répulsion.

(*) Briot, *Essais sur la théorie de la lumière*, pp. 1-12 et 41-65. — Cauchy, *Exercices d'analyse et de physique mathématique*, t. I, pp. 1-15. — *Mémoire sur la dispersion de la lumière*.

La distance r de deux molécules m et m' satisfait à l'équation

$$r^2 = (x - x')^2 + (y - y')^2 + (z - z')^2;$$

et, en posant

$$x' = x + \Delta x, \qquad y' = y + \Delta y, \qquad z' = z + \Delta z,$$

cette égalité devient

$$r^2 = \Delta x^2 + \Delta y^2 + \Delta z^2.$$

La loi d'attraction ou de répulsion est nécessairement exprimée par le produit

$$mm' \, F(r).$$

Lorsque la masse éthérée est en repos, les conditions d'équilibre sont, pour le point m,

$$m \sum m' \frac{F(r)}{r} \Delta x = 0$$

$$m \sum m' \frac{F(r)}{r} \Delta y = 0$$

$$m \sum m' \frac{F(r)}{r} \Delta z = 0,$$

les sommations s'étendant à toutes les molécules situées dans le voisinage de la molécule m, et, par suite, à toutes les valeurs de r, Δx, Δy, Δz correspondantes.

Lorsque l'éther est en mouvement, l'état dynamique est donné à chaque instant par les équations

$$m \frac{d^2\xi}{dt^2} = m \sum m' \frac{F(r + \Delta r)}{r + \Delta r} (\Delta x + \Delta \xi)$$

$$m \frac{d^2\eta}{dt^2} = m \sum m' \frac{F(r + \Delta r)}{r + \Delta r} (\Delta y + \Delta \eta) \qquad (68)$$

$$m \frac{d^2\zeta}{dt^2} = m \sum m' \frac{F(r + \Delta r)}{r + \Delta r} (\Delta z + \Delta \zeta),$$

$x + \xi,\ y + \eta,\ z + \zeta$, étant les coordonnées de la molécule m au bout du temps t,

$$x + \xi + \Delta x + \Delta\xi,\quad y + \eta + \Delta y + \Delta\eta,\quad z + \zeta + \Delta z + \Delta\zeta,$$

celles de la molécule m' au bout du même temps, et $r + \Delta r$, la distance correspondante des molécules m et m' déterminée par l'équation

$$(r + \Delta r)^2 = (\Delta x + \Delta\xi)^2 + (\Delta y + \Delta\eta)^2 + (\Delta z + \Delta\zeta)^2. \quad (69)$$

Or, en faisant pour abréger

$$f(r) = \frac{F(r)}{r},$$

les équations (68) deviennent

$$\frac{d^2\xi}{dt^2} = \Sigma m'(\Delta x + \Delta\xi) f(r + \Delta r)$$

$$\frac{d^2\eta}{dt^2} = \Sigma m'(\Delta y + \Delta\eta)\, f(r + \Delta r) \qquad (70)$$

$$\frac{d^2\zeta}{dt^2} = \Sigma m'(\Delta z + \Delta\zeta)\, f(r + \Delta r);$$

ou, en regardant les quantités ξ, η, ζ, $\Delta\xi$, $\Delta\eta$, $\Delta\zeta$, Δr comme des infiniment petits du premier ordre, par rapport auxquels il est permis de négliger les infiniment petits des ordres supérieurs,

$$\frac{d^2\xi}{dt^2} = \Sigma m'\, \Delta\xi\ f(r) + \Sigma m'\, \Delta x\, f'(r)\, \Delta r$$

$$\frac{d^2\eta}{dt^2} = \Sigma m'\, \Delta\eta\ f(r) + \Sigma m'\, \Delta y\, f'(r)\, \Delta r \qquad (71)$$

$$\frac{d^2\zeta}{dt^2} = \Sigma m'\, \Delta\zeta\ f(r) + \Sigma m'\, \Delta z\, f'(r)\, \Delta r$$

Δr étant donné par l'égalité

$$\Delta r = \frac{\Delta x \, \Delta \xi + \Delta y \, \Delta \eta + \Delta z \, \Delta \zeta}{r}. \qquad (72)$$

En représentant par σ une fonction quelconque de x, y, z, et en posant

$$L(\sigma) = \sum m' \left[f(r) + \Delta x^2 \, \frac{f'(r)}{r} \right] \Delta \sigma$$

$$M(\sigma) = \sum m' \left[f(r) + \Delta y^2 \, \frac{f'(r)}{r} \right] \Delta \sigma$$

$$N(\sigma) = \sum m' \left[f(r) + \Delta z^2 \, \frac{f'(r)}{r} \right] \Delta \sigma$$

et

$$P(\sigma) = \sum m' \, \Delta y \Delta z \, \frac{f'(r)}{r} \, \Delta \sigma$$

$$Q(\sigma) = \sum m' \, \Delta z \Delta x \, \frac{f'(r)}{r} \, \Delta \sigma$$

$$R(\sigma) = \sum m' \, \Delta x \Delta y \, \frac{f'(r)}{r} \, \Delta \sigma,$$

les équations (71) prennent la forme

$$\frac{d^2 \xi}{dt^2} = L(\xi) + R(\eta) + Q(\zeta)$$

$$\frac{d^2 \eta}{dt^2} = R(\xi) + M(\eta) + P(\zeta) \qquad (73)$$

$$\frac{d^2 \zeta}{dt^2} = Q(\xi) + P(\eta) + N(\zeta).$$

On peut encore faire subir avec avantage une nouvelle transformation aux équations (73).

En désignant par u, v, w les premières dérivées D_x, D_y, D_z d'une fonction de x, y, z, et par u^2, uv, ... les dérivées secondes D_x^2, $D_{x,y}^2$ .... correspondantes, on a, dans la formule de Taylor, l'équation symbolique

$$\Delta\sigma = \left\{ e^{u\Delta x + v\Delta y + w\Delta z} \right\}(\sigma) - 1$$

et en posant de même symboliquement

$$G(\sigma) = \Sigma m' f(r) \left[\left\{ e^{u\Delta x + v\Delta y + w\Delta z} \right\}(\sigma) - 1 \right]$$

$$H(\sigma) = \Sigma m' \frac{f'(r)}{r} \left[\begin{array}{c} \left\{ e^{u\Delta x + v\Delta y + w\Delta z} \right\}(\sigma) - 1 \\ - \left\{ u\Delta x + v\Delta y + w\Delta z \right\}(\sigma) \\ -\frac{1}{1.2} \left\{ u\Delta x + v\Delta y + w\Delta z \right\}^2 (\sigma) \end{array} \right]$$

on obtient

$$L(\sigma) = G(\sigma) + D_u^2\, H(\sigma)$$

$$M(\sigma) = G(\sigma) + D_v^2\, H(\sigma)$$

$$N(\sigma) = G(\sigma) + D_w^2\, H(\sigma)$$

$$P(\sigma) = D_{v,w}^2\, H(\sigma)$$

$$Q(\sigma) = D_{w,u}^2\, H(\sigma)$$

$$R(\sigma) = D_{u,v}^2\, H(\sigma) ;$$

de sorte que les équations (73) deviennent

$$\frac{d^2\xi}{dt^2} = G(\xi) + D_u \left\{ D_u\, H(\xi) + D_v\, H(\eta) + D_w\, H(\zeta) \right\}$$

$$\frac{d^2\eta}{dt^2} = G(\eta) + D_v \left\{ D_u\, H(\xi) + D_v\, H(\eta) + D_w\, H(\zeta) \right\} \qquad (74)$$

$$\frac{d^2\zeta}{dt^2} = G(\zeta) + D_w \left\{ D_u\, H(\xi) + D_v\, H(\eta) + D_w\, H(\zeta) \right\}.$$

Il est facile de voir que les équations (73) et (74) sont des équations linéaires aux différentielles partielles, et que leurs coefficients ont la forme

$$\Sigma m' \, \Delta x^{n} \, \Delta y^{n\prime} \, \Delta z^{n\prime\prime} \, f(r)$$

ou

$$\Sigma m' \, \Delta x^{n} \, \Delta y^{n\prime} \, \Delta z^{n\prime\prime} \, \frac{f'(r)}{r} \, .$$

Or, ces coefficients se réduisent évidemment à des quantités constantes, c'est-à-dire, à des quantités indépendantes de x, y, z, toutes les fois que le mouvement lumineux a lieu dans une masse éthérée homogène. C'est dans cette supposition qu'il faut se placer pour apprécier tout ce qui va suivre.

———

II.

MOUVEMENTS SIMPLES DANS UNE MASSE ÉTHÉRÉE HOMOGÈNE.

Pour satisfaire aux équations linéaires et à coefficients constants (73), il suffit de poser

$$\xi = A \, e^{ux + vy + wz - st}$$
$$\eta = B \, e^{ux + vy + wz - st} \qquad\qquad (75)$$
$$\zeta = C \, e^{ux + vy + wz - st}$$

A, B, C, u, v, w, s désignant des constantes réelles ou imaginaires.

Parmi ces constantes, u, v, w, peuvent rester arbitraires, mais il faut que A, B, C, s satisfassent aux équations

$$As^2 = AL + BR + CQ$$
$$Bs^2 = AR + BM + CP \qquad (76)$$
$$Cs^2 = AQ + BP + CN$$

dans lesquelles L, M, N, P, Q, R, représentent les fonctions

$$L(\sigma), \quad M(\sigma), \quad N(\sigma), \quad P(\sigma), \quad Q(\sigma), \quad R(\sigma),$$

où on a remplacé les dérivées $\dfrac{d\sigma}{dx}$, $\dfrac{d\sigma}{dy}$, ... $\dfrac{d^2\sigma}{dx^2}$, $\dfrac{d^2\sigma}{dxdy}$, ... par les quantités constantes u, v .... u^2, uv .....

En d'autres termes, comme l'élimination de A, B, C entre les équations (76, conduit à l'équation du 3e degré en s^2

$$(s^2 - L)(s^2 - M)(s^2 - N) - P^2(s^2 - L) - Q^2(s^2 - M) - R^2(s^2 - N) - 2PQR = 0, \quad (77)$$

et que chacune des racines de cette équation détermine un système de valeurs pour les rapports $\dfrac{B}{A}$, $\dfrac{C}{A}$, il en résulte que les expressions des déplacements moléculaires (75) ne peuvent vérifier les équations (73), que pour autant que les constantes u, v, w, A demeurant arbitraires, s, B, C soient déterminés par les équations (76) et (77).

Partant, si nous faisons

$$u = u' + u'' \sqrt{-1}, \qquad v = v' + v'' \sqrt{-1}, \qquad w = w' + w'' \sqrt{-1}$$
$$s = s' + s'' \sqrt{-1}$$
$$A = Ae^{l\sqrt{-1}}, \qquad B = Be^{m\sqrt{-1}}, \qquad C = Ce^{n\sqrt{-1}},$$

les équations (75) deviennent

$$\xi = Ae^{u'x + v'y + w'z - s't}\, e^{(u''x + v''y + w''z - s''t + l)\sqrt{-1}}$$

$$\eta = Be^{u'x + v'y + w'z - s't}\, e^{(u''x + v''y + w''z - s''t + m)\sqrt{-1}}$$

$$\xi = Ce^{u'x + v'y + w'z - s't}\, {}^{(u''x + v''y + w''z - s''t + n)\sqrt{-1}}\, ;$$

et en ne tenant compte dans ces expressions que de la partie réelle, la seule qui soit capable de représenter un déplacement moléculaire, on a

$$\xi = Ae^{u'x + v'y + w'z - s't} \cos(u''x + v''y + w''z - s''t + l)$$

$$\eta = Be^{u'x + v'y + w'z - s't} \cos(u''x + v''y + w''z - s''t + m) \quad (78)$$

$$\zeta = Ce^{u'x + v'y + w'z - s't} \cos(u''x + v''y + w''z - s''t + n)\, .$$

De plus, si nous remarquons que les égalités

$$u'x + v'y + w'z = k'p'$$

$$k' = \sqrt{u'^2 + v'^2 + w'^2}$$

et

$$u''x + v''y + w''z = k''p''$$

$$k'' = \sqrt{u''^2 + v''^2 + w''^2}$$

déterminent des plans dont les distances à l'origine sont représentées respectivement par p' et p'', et dont les cosinus des angles formés avec les plans coordonnés sont

$$\frac{u'}{k'},\; \frac{v'}{k'},\; \frac{w'}{k'} \qquad \text{et} \qquad \frac{u''}{k''},\; \frac{v''}{k''},\; \frac{w''}{k''},$$

nous pourrons écrire les équations (78) sous la forme

$$\xi = Ae^{k'p' - s't} \cos(k''p'' + l - s''t)$$

$$\eta = Be^{k'p' - s't} \cos(k''p'' + m - s''t)$$

$$\zeta = Ce^{k'p' - s't} \cos(k''p'' + n - s''t),$$

et conclure, par suite, à la propagation des mouvements vibratoires (75) en *ondes planes* parallèles au plan fixe

$$u''x + v''y + w''z = o.$$

En effet, sur un plan quelconque parallèle à ce plan fixe, les molécules éthérées se trouvent à chaque instant et simultanément dans la même phase de leur oscillation.

SCHOLIE. L'amplitude de la vibration moléculaire n'est pas la même aux différents points de l'onde plane; mais elle est la même, à chaque instant, en tous les points d'un plan quelconque parallèle au plan fixe

$$u'x + v'y + w'z = o.$$

COROLLAIRE 1er. Dans la propagation de l'onde plane, la *longueur d'onde* est

$$\lambda = \frac{2\pi}{k''} ;$$

la *durée d'une oscillation*,

$$T = \frac{2\pi}{s''} ,$$

et la *vitesse de propagation*,

$$\omega = \frac{\lambda}{T} = \frac{'s''}{k''}.$$

COROLLAIRE 2ᵉ. Lorsque

$$l = m = n,$$

on a

$$\frac{\xi}{A} = \frac{\eta}{B} = \frac{\zeta}{C},$$

et la vibration moléculaire se faisant en ligne droite, l'onde plane est *polarisée rectilignement.*

COROLLAIRE 3ᵉ. Lorsque les coefficients l, m, n sont inégaux, on a

$$\frac{\xi}{A} \sin(m-n) + \frac{\eta}{B} \sin(n-l) + \frac{\zeta}{C} \sin(l-m) = o \quad (79)$$

et

$$\frac{\xi^2}{A^2} + \frac{\eta^2}{B^2} - \frac{2\xi\eta}{AB} \cos(l-m) = e^{2(klpl - s'l)} \sin^2(m-l), \quad (80)$$

comme il est facile de s'en convaincre.

On voit par l'équation (79) que les trajectoires décrites par les molécules éthérées sont, dans tous les cas, des *courbes planes* parallèles au plan fixe

$$\frac{x}{A} \sin(m-n) + \frac{y}{B} \sin(n-l) + \frac{z}{C} \sin(l-m) = o.$$

L'équation (80), qui représente un cylindre elliptique parallèle à l'axe des z, nous montre en outre que ces courbes, variables avec le temps lorsque le coefficient s' n'est pas nul, deviennent *elliptiques et persistantes* lorsque $s' = o$.

III.

ONDES PLANES DANS UNE MASSE ÉTHÉRÉE HOMOÉDRIQUE.

Les coefficients u, v, w étant arbitraires, nous pouvons admettre comme cas particulier que l'on a

$$u' = v' = w' = o.$$

Nous pouvons supposer, en outre, que le mouvement a lieu dans une masse éthérée homogène et *homoédrique*, c'est-à-dire, dans une masse telle que les molécules puissent s'y grouper deux à deux symétriquement, par rapport à l'une quelconque d'entre elles.

En représentant par Δ ce que devient alors la fonction $\Delta(\sigma)$ quand on y remplace les dérivées $\frac{d\sigma}{dx}$, $\frac{d\sigma}{dy}$ .... $\frac{d^2\sigma}{dx^2}$, $\frac{d^2\sigma}{dxdy}$ ... par les quantités constantes $u'' \sqrt{-1}$, $v'' \sqrt{-1}$ .... $(u'' \sqrt{-1})^2$, $(u'' \sqrt{-1}) (v'' \sqrt{-1})$ ....., on a

$$\Delta = \cos (u''\Delta x + v''\Delta y + w''\Delta z) - 1 + \sin (u''\Delta x + v''\Delta y + w''\Delta z) \sqrt{-1} ,$$

ou plus simplement, vu la nature des milieux homoédriques,

$$\Delta = \cos (u''\Delta x + v''\Delta y + w''\Delta z) - 1.$$

Cette altération de la valeur de Δ est légitime, attendu que cette quantité est destinée à entrer dans les sommes Σ, et que la partie imaginaire alternativement positive et négative pour une même valeur absolue, disparaît dans la sommation.

Dans cette supposition, les coefficients L, M, N, P, Q, R des équations (76) et (77) sont des quantités réelles, dont la réalité entraîne celle des valeurs simultanées des coefficients s^2, A, B, C. Cela exige que l'on ait

$$l = m = n,$$

et, quand il s'agit de *vibrations persistantes*, que

$$s^2 = - s''^2.$$

On voit par ces résultats que, dans le cas particulier où $u' = v' = w' = o$, *les vibrations persistantes sont rectilignes dans les milieux homoédriques; qu'à chaque système de valeurs de u", v", w" correspond une onde plane, et à chaque onde plane, trois vibrations rectilignes.* Il est facile de voir d'ailleurs que *ces vibrations rectilignes persistantes sont rectangulaires deux à deux.*

En effet, en portant sur la direction de l'une quelconque d'entre elles, à partir de l'origine, une longueur égale à $\frac{1}{s''}$, et en représentant par X, Y, Z, les coordonnées de l'extrémité du segment ainsi formé, on a

$$X^2 + Y^2 + Z^2 = \frac{1}{s''^2}$$

et

$$\frac{X}{A} = \frac{Y}{B} = \frac{Z}{C}.$$

Les équations (76) donnent de plus,

$$
\begin{aligned}
- s''^2 X &= LX + RY + QZ \\
- s''^2 Y &= RX + MY + PZ \\
- s''^2 Z &= QX + PY + NZ
\end{aligned}
\qquad (80)'
$$

et par suite,

$$\frac{X}{LX + RY + QZ} = \frac{Y}{RX + MY + PZ} = \frac{Z}{QX + PY + NZ}. \quad (81)$$

En multipliant les équations (80), la première par X, la deuxième par Y, la troisième par Z, et en additionnant les résultats, on a aussi

$$LX^2 + MY^2 + NZ^2 + 2PYZ + 2QZX + 2RXY + 1 = o. \quad (82)$$

L'équation (82) est celle d'un ellipsoïde dont les coefficients varient avec l'onde plane considérée, et dont les axes sont déterminés en direction par les équations (81).

Les vibrations persistantes de l'onde plane sont donc dirigées suivant les axes de cet ellipsoïde, et sont, par suite, rectangulaires deux à deux. Quand, dans le milieu éthéré, *le rayon de l'attraction moléculaire est très-petit par rapport à la longueur d'onde, la vitesse de propagation des ondes planes, dont il est ici question, ne dépend que de la direction de la vibration persistante correspondante, et nullement de la longueur d'onde elle-même ; ce qui empêche toute dispersion.*

On a, en effet,

$$u''\Delta x + v''\Delta y + w''\Delta z = k''r \cos \theta = \frac{2\pi r \cos \theta}{\lambda},$$

θ étant l'angle formé par la droite r, définie plus haut, et la normale au plan de l'onde. Dans la supposition que la distance r soit constamment très-petite par rapport à la longueur d'onde λ, il est permis de négliger dans la somme Σ les puissances supérieures de $(u''\Delta x + v''\Delta y + w''\Delta z)$, vis-à-vis des puissances inférieures, en ne tenant aucun compte,

d'ailleurs, des puissances impaires qui disparaissent d'elles-
mêmes.

On a alors dans les équations (74), pour le cas d'un
milieu homoédrique et dans la supposition de $u'=v'=w'=0$,

$$- G = \frac{1}{2} \sum m' f(r) (u''\Delta x + v''\Delta y + w''\Delta z)^2$$

$$- H = \frac{1}{2.3 \cdot 4} \sum m' \frac{f'(r)}{r} (u''\Delta x + v''\Delta y + w''\Delta z)^4 \tag{83}$$

G et H étant, par rapport à G(σ) et H(σ), ce que Δ est relative-
ment à $\Delta(\sigma)$. Nous mentionnons ces expressions, dont la considération n'est pas ici rigoureusement nécessaire parce que
nous en aurons besoin dans la suite de ce chapitre.

On a aussi, et de la même manière,

$$L = -\frac{1}{2} \sum m' \left[f(r) + \Delta x^2 \frac{f'(r)}{r} \right] (u''\Delta x + v''\Delta y + w''\Delta z)^2$$

$$M = -\frac{1}{2} \sum m' \left[f(r) + \Delta y^2 \frac{f'(r)}{r} \right] (u''\Delta x + v''\Delta y + w''\Delta z)^2$$

$$N = -\frac{1}{2} \sum m' \left[f(r) + \Delta z^2 \frac{f'(r)}{r} \right] (u''\Delta x + v''\Delta y + w''\Delta z)^2$$

$$P = -\frac{1}{2} \sum m'\Delta y\Delta z \frac{f'(r)}{r} (u''\Delta x + v''\Delta y + w''\Delta z)^2 \tag{84}$$

$$Q = -\frac{1}{2} \sum m'\Delta z\Delta x \frac{f'(r)}{r} (u''\Delta x + v''\Delta y + w''\Delta z)^2$$

$$R = -\frac{1}{2} \sum m'\Delta x\Delta y \frac{f'(r)}{r} (u''\Delta x + v''\Delta y + w''\Delta z)^2.$$

En faisant

$$s^2 = -s''^2 = -\omega^2 k''^2,$$

et en multipliant et divisant par k''^2 les seconds membres des égalités (84), ce qui permet de poser

$$L = - k''^2 (L), \qquad M = - k''^2 (M), \qquad N = - k''^2 (N)$$

$$P = - k''^2 (P), \qquad Q = - k''^2 (Q), \qquad R = - k''^2 (R),$$

les équations (76) et (77) deviennent,

$$A\omega^2 = A(L) + B(R) + C(Q)$$

$$B\omega^2 = A(R) + B(M) + C(P) \qquad (85)$$

$$C\omega^2 = A(Q) + B(P) + C(N)$$

et

$$[\omega^2 - (L)] [\omega^2 - (M)] [\omega^2 - (N)]$$

$$-(P)^2[\omega^2-(L)]-(Q)^2[\omega^2-(M)]-(R)^2[\omega^2-(N)]-2(P)(Q)(R)=0. \quad (86)$$

Si on suppose que les coefficients **A**, **B**, **C** représentent les cosinus des angles formés par la direction de la vibration avec les axes coordonnés, on a de plus, en multipliant respectivement les équations (85) par ces coefficients, et en additionnant les résultats

$$\omega^2 = A^2(L) + B^2(M) + C^2(N) + 2BC(P) + 2AC(Q) + 2AB(R). \qquad (87)$$

Il est essentiel de remarquer que dans les équations (85), (86) et (87), les coefficients (L), (M), (N) .... sont indépendants de k'' et, par suite, de la longueur d'onde du milieu, et que, pour un même milieu et un même système d'axes, ils varient seulement avec l'orientation de l'onde plane par rapport aux plans coordonnés. Cela posé, ces équations montrent évidemment :

1° *Que, dans les milieux éthérés homoédriques, chacune des vibrations persistantes des ondes planes considérées plus haut a sa valeur de propagation propre;*

2° *Que ces vibrations persistantes sont dirigées suivant les axes de l'ellipsoïde*

$$(L) x^2 + (M) y^2 + (N) z^2 + 2 (P) yz + 2 (Q) zx + 2 (R) xy = 1; \quad (88)$$

ce que l'on aurait pu conclure indépendamment des équations (85), puisque les ellipsoïdes (88) et (82) sont évidemment semblables et semblablement placés;

3° *Que les vitesses de propagation sont en raison inverse des axes de cet ellipsoïde et indépendantes de la longueur d'onde du milieu.*

Ce dernier résultat est seul lié à la restriction énoncée plus haut, savoir que le rayon de l'attraction moléculaire est très-petit par rapport à la longueur d'onde; c'est ce qu'on peut voir aisément en se reportant aux équations (76) et en y faisant $s^2 = - \omega^2 k''^2$.

IV.

ONDES PLANES DANS UNE MASSE ÉTHÉRÉE ISOTROPE.

Dans l'éther libre et dans les milieux non cristallisés où la disposition des molécules n'est soumise vraisemblablement à aucun ordre particulier, les équations des mouvements vibratoires sont nécessairement indépendantes de l'orientation des axes. On peut donc supposer que dans ces milieux appelés *isotropes*, les molécules éthérées sont distribuées symétriquement par rapport à chacun des plans coordonnés. Cette supposition fait disparaître des sommes Σ tous les termes affectés des puissances impaires de Δx, Δy, Δz et permet d'étendre à ces milieux toutes les propriétés des milieux homoédriques. On peut admettre, en outre, que la distribution des molécules y est la même par rapport aux trois plans coordonnés, et qu'elle est indépendante de l'orientation des axes.

Cette constitution des milieux isotropes exige évidemment que l'on ait

$$\Sigma\, m'\, \Delta x^2\, \varphi\, (r) = \Sigma\, m'\, \Delta y^2\, \varphi\, (r) = \Sigma\, m'\, \Delta z^2\, \varphi\, (r)$$

$$\Sigma\, m'\, \Delta x^4\, \varphi\, (r) = \Sigma\, m'\, \Delta y^4\, \varphi\, (r) = \Sigma\, m'\, \Delta z^4\, \varphi\, (r)$$

$$\Sigma m'\, \Delta y^2\, \Delta z^2\, \varphi\, (r) = \Sigma\, m'\, \Delta z^2\, \Delta x^2\, \varphi\, (r) = \Sigma\, m'\, \Delta x^2\, \Delta y^2\, \varphi\, (r),$$

$\varphi\,(r)$ étant une fonction quelconque. En faisant tourner d'un angle θ autour de l'axe OZ les axes OX et OY, de manière à donner naissance à un nouveau système rectangulaire X'OY', on doit avoir de plus, pour toute valeur de θ,

$$\Sigma\, m'\, \Delta x'^4 = \Sigma\, m'\, \Delta x^4.$$

Or,

$$\Delta x' = \Delta x \cos \theta + \Delta y \sin \theta \,;$$

de sorte qu'en négligeant les termes affectés des puissances impaires de Δx et de Δy qui disparaissent sous le signe Σ, on peut remplacer dans les sommations, $\Delta x'^4$ par

$$\Delta x^4 \cos^4\theta + 6\Delta x^2\, \Delta y^2 \sin^2\theta \cos^2\theta + \Delta y^4 \sin^4\theta.$$

13

De là,

$$\sum m' \, \Delta x'^4 \, \Delta (r)$$

$$= (\cos^4\theta + \sin^4\theta) \sum m' \, \Delta x^4 \, \varphi(r) + 6 \sin^2\theta \cos^2\theta \sum m' \, \Delta x^2 \, \Delta y^2 \, \varphi(r)$$

$$= \sum m' \, \Delta x^4 \, \varphi(r) + 2\sin^2\theta\cos^2\theta \left\{ 3 \sum m' \, \Delta x^2 \, \Delta y^2 \, \varphi(r) - \sum m' \, \Delta x^4 \, \varphi(r) \right\}$$

et par suite,

$$\sum m' \, \Delta x^4 \, \varphi(r) = 3 \sum m' \, \Delta x^2 \, \Delta y^2 \, \varphi(r).$$

En tenant compte de ces remarques, on peut donc poser dans les équations (84)

$$\tfrac{1}{2} \sum m' \, \Delta x^2 \, f(r) = \tfrac{1}{2} \sum m' \, \Delta y^2 \, f(r) = \tfrac{1}{2} \sum m' \, \Delta z^2 \, f(r)$$

$$= \frac{1}{2 \cdot 3} \sum m' \, r^2 \, f(r)$$

$$= g,$$

et

$$\frac{1}{2} \sum m' \Delta x^2 \, \Delta y^2 \, \frac{f'(r)}{r} = \frac{1}{2 \cdot 3} \sum m' \Delta x^4 \, \frac{f'(r)}{r} = \frac{1}{2 \cdot 3.5} \sum m' r^4 \, \frac{f'(r)}{r}$$

$$= h.$$

Si, pour simplifier, on remplace u'', v'', w'', k'', par les lettres simples u, v, w, k, les équations (84) deviennent alors

$$L = -(g + h) k^2 - 2hu^2,$$
$$M = -(g + h) k^2 - 2hv^2,$$
$$N = -(g + h) k^2 - 2hw^2,$$
$$P = -2hvw,$$
$$Q = -3hwu,$$
$$R = -2huv;$$

si on fait en outre

$$a = \frac{u}{k}, \qquad b = \frac{v}{k}, \qquad c = \frac{w}{k},$$

les équations (85) deviennent,

$$\begin{cases} \omega^2 - (g+h) \end{cases} A - 2ah \left(aA + bB + cC \right) = o,$$

$$\begin{cases} \omega^2 - (g+h) \end{cases} B - 2bh \left(a\text{\textbackslash} + bB + cC \right) = o, \qquad (89)$$

$$\begin{cases} \omega^2 - (g+h) \end{cases} C - 2ch \left(aA + bB + cC \right) = o$$

En multipliant les équations (89), la première par a, la seconde par b, la troisième par c, et en additionnant les résultats, on obtient finalement

$$\begin{cases} \omega^2 - (g+3h) \end{cases} (aA + bB + cC) = o. \qquad (90)$$

Cette dernière égalité demande pour être vérifiée que l'on ait

$$aA + bB + cC = o \qquad (91)$$

ou

$$\omega^2 = g + 3h. \qquad (92)$$

Les équations (89) deviennent dans le premier cas

$$\omega^2 = g + h, \qquad (93)$$

et dans le second,

$$\frac{A}{a} = \frac{B}{b} = \frac{C}{c}. \qquad (94)$$

On voit donc par les relations (91) et (94) que, *dans les milieux isotropes, deux des vibrations rectilignes persistantes sont situées dans le plan de l'onde, et que la troisième est perpendiculaire à ce plan* : on appelle les premières, pour cette raison, vibrations *transversales*, et la dernière, vibration *longitudinale*.

Les vibrations *transversales* sont rectilignes et rectangulaires; mais leur direction dans le plan de l'onde est indéterminée. En effet, l'ellipsoïde (88) devient, dans le cas actuel, un ellipsoïde de révolution autour de la normale au plan de l'onde.

La vitesse de propagation (93) est commune aux deux vibrations *transversales* et indépendante de leur direction; elle est aussi indépendante de l'orientation de l'onde plane. La vibration *longitudinale* a sa vitesse de propagation propre (92).

Les phénomènes lumineux sont attribués exclusivement, comme on sait, aux vibrations transversales de l'éther; tandis que ceux du son sont regardés comme produits par les vibrations longitudinales de l'air.

V.

ONDES PLANES DANS LES MILIEUX CRISTALLISÉS.

L'éther pénètre le réseau des molécules pondérables des corps dont il remplit les intervalles moléculaires ou cellules. *Nous supposerons, avec M. Briot, que dans les corps cristallisés, les molécules de l'éther sont inégalement réparties suivant les diverses directions, et nous assimilerons l'état de la masse éthérée dans ces corps, à celui d'un milieu isotrope auquel on aurait fait subir une condensation ou une dilatation suivant un certain nombre de directions déterminées par la nature du cristal.* Il est facile de montrer qu'un tel état de condensation ou de dilatation, peut être censé produit par trois condensations ou dilatations convenablement choisies, rectangulaires deux à deux.

En effet, en comprimant ou en dilatant un milieu isotrope suivant une direction quelconque (α, β, γ), la variation de la coordonnée x' d'un point quelconque, estimée suivant cette direction, a pour valeur

$$\delta x' = e.x'$$

e étant un coefficient constant; et les variations des coordonnées primitives x, y, z, du même point, sont données par les équations

$$\delta x = ex' \cos \alpha$$
$$\delta y = ex' \cos \beta$$
$$\delta z = ex' \cos \gamma,$$

ou

$$\delta x = e \cos \alpha \, (x \cos \alpha + y \cos \beta + z \cos \gamma)$$
$$\delta y = e \cos \beta \, (x \cos \alpha + y \cos \beta + z \cos \gamma)$$
$$\delta z = e \cos \gamma \, (x \cos \alpha + y \cos \beta + z \cos \gamma).$$

Ainsi, dans le cas d'une condensation ou d'une dilatation en divers sens, les variations totales correspondantes seront

$$\delta x = x \sum e \cos^2 \alpha + y \sum e \cos \alpha \cos \beta + z \sum e \cos \alpha \cos \gamma$$
$$\delta y = x \sum e \cos \alpha \cos \beta + y \sum e \cos^2 \beta + z \sum e \cos \beta \cos \gamma$$
$$\delta z = x \sum e \cos \alpha \cos \gamma + y \sum e \cos \beta \cos \gamma + z \sum e \cos^2 \gamma,$$

ou plus simplement, en adoptant une notation qui ressort des formules mêmes,

$$\delta x = n_1 x + p_1 y + p_2 z$$
$$\delta y = p_1 x + n_2 y + p_3 z$$
$$\delta z = p_2 x + p_3 y + n_3 z.$$

Si nous posons

$$\tfrac{1}{2} (n_1 x^2 + n_2 y^2 + n_3 z^2 + 2p_3 yz + 2p_2 zx + 2p_1 yz) = \Xi,$$

les variations δx, δy, δz deviennent

$$\delta x = \frac{d\Xi}{dx}, \qquad \delta y = \frac{d\Xi}{dy}, \qquad \delta z = \frac{d\Xi}{dz}.$$

On voit par ces valeurs que le déplacement (δx, δy, δz) de chaque point (x, y, z), est dirigé suivant la normale correspondante de l'ellipsoïde Ξ; et comme nous pouvons supposer que les axes coordonnés coïncident avec les axes de figure de cet ellipsoïde, nous aurons ainsi,

$$\Xi = \tfrac{1}{2} (\mathrm{v}x^2 + \mathrm{v}'y^2 + \mathrm{v}''z^2)$$

et

$$\delta x = \mathrm{v}x, \qquad \delta y = \mathrm{v}'y, \qquad \delta z = \mathrm{v}''z;$$

c'est ce qu'il fallait démontrer.

La grande énergie des forces moléculaires de l'éther nous permet d'admettre que les coefficients v, v', v'', sont très-petits, et qu'on peut, par suite, négliger leurs carrés sans erreur sensible. Si nous supposons en outre, que la densité de la masse éthérée n'a pas varié dans la contraction ou dans la dilatation dont nous venons de parler, nous pourrons poser

$$\mathrm{v} + \mathrm{v}' + \mathrm{v}'' = o. \tag{95}$$

Dans ce mouvement de condensation et de dilatation, les variations des quantités Δx, Δy, Δz, r, sont données par les égalités

$$\delta.\Delta x = \upsilon\,\Delta x, \qquad \delta.\Delta y = \upsilon'\Delta y, \qquad \delta.\Delta z = \upsilon''\Delta z$$

$$\delta r = \frac{\Delta x\ \delta\Delta x + \Delta y.\delta\Delta y + \Delta z.\delta\Delta z}{r}$$

$$= \frac{\upsilon\Delta x^2 + \upsilon'\Delta y^2 + \upsilon''\Delta z^2}{r}.$$

Quant à celles de L, M, N, P, Q, R, comme on a entre les équations (84) et (85) les relations

$$L = G + \frac{d^2 H}{du^2}$$

$$\cdot \quad \cdot \quad \cdot \quad \cdot \quad \cdot \quad \cdot \cdot$$

$$P = \frac{d^2 H}{dv\,dw}$$

$$\cdot \quad \cdot \quad \cdot \quad \cdot \quad ;$$

elles seront données par les formules

$$\delta L = \delta G + \frac{d^2.\delta H}{du^2}$$

$$\cdot \quad \cdot \quad \cdot \quad \cdot \quad \cdot \quad \cdot$$

$$\delta P = \frac{d^2\ \delta H}{dv\,dw}$$

$$\cdot \quad \cdot \quad \cdot \quad \cdot \quad \cdot$$

qui ne dépendent que de δG et de δH.

Or, en négligeant les termes qui se détruisent sous le signe Σ, et en tenant compte de la relation (95), on a

$$- \delta G$$

$$= \Sigma\, m'\, f(r)\, (\upsilon u^2\, \Delta x^2 + \upsilon'v^2\, \Delta y^2 + \upsilon''w^2\, \Delta z^2)$$

$$+ \tfrac{1}{2} \Sigma\, m'\, \frac{f'(r)}{r}\, (\upsilon u^2\, \Delta x^4 + \upsilon'v^2\, \Delta y^4 + \upsilon''w^2\, \Delta z^4)$$

$$+ \tfrac{1}{2} \Sigma\, m'\frac{f'(r)}{r}\Big\{(\upsilon v^2 + \upsilon'u^2)\Delta x^2\,\Delta y^2 + (\upsilon w^2 + \upsilon''u^2)\Delta x^2\,\Delta z^2 + (\upsilon'w^2 + \upsilon''v^2)\,\Delta y^2\,\Delta z^2\Big\}$$

ou

$$-\delta G = 2 (g + h) (\upsilon u^2 + \upsilon' v^2 + \upsilon'' w^2).$$

Avant d'évaluer δH, remarquons qu'en faisant comme précédemment,

$$\Delta x' = \Delta x \cos \theta + \Delta y \sin \theta,$$

on doit avoir, quel que soit θ,

$$\sum m' \Delta x'^6 \varphi (r)$$

$$= (\cos^6 \theta + \sin^6 \theta) \sum m' \Delta x^6 \varphi (r)$$

$$+ 15 \sin^2 \theta \cos^2 \theta \sum m' \Delta x^4 \Delta y^2 \varphi (r)$$

$$= \sum m' \Delta x^6 \varphi (r)$$

$$+ 3 \sin^2 \theta \cos^2 \theta \left\{ 5 \sum m' \Delta x^4 \Delta y^2 \varphi (r) - \sum m' \Delta x^6 \varphi (r) \right\},$$

et par suite,

$$\sum m' \Delta x^6 \varphi (r) = 5 \sum m' \Delta x^4 \Delta y^2 \varphi (r).$$

Un raisonnement analogue de tout point à celui qui a été fait au commencement de l'article IV montrerait d'ailleurs que l'on a aussi

$$\sum m' \Delta x^4 \Delta z^2 \varphi (r) = 3 \sum m' \Delta x^2 \Delta y^2 \Delta z^2.$$

Il est donc permis de poser dans le calcul de la variation de **H**,

$$\frac{1}{2} \sum m' \Delta x^2 \Delta y^2 \Delta z^2 \; \frac{D \frac{f'(r)}{r}}{r} = \frac{1}{2.3} \sum m' \Delta x^4 \Delta z^2 \; \frac{D \frac{f'(r)}{r}}{r}$$

$$= \frac{1}{2.3.5} \sum m' \Delta x^6 \; \frac{D \frac{f'(r)}{r}}{r}$$

$$= \frac{1}{2.3 \; 5.7} \sum m' r^6 \; \frac{D \frac{f'(r)}{r}}{r}$$

$$= i.$$

On a alors,

$$- \delta H$$

$$= \tfrac{1}{6} \Sigma\, m' \frac{f'(r)}{r} \left(u\Delta x + v\Delta y + w\Delta z \right)^3 \left(\upsilon\, u\Delta x + \upsilon'\, v\Delta y + \upsilon''\, w\Delta z \right)$$

$$+ \frac{1}{24} \Sigma\, m' \frac{D\dfrac{f'(r)}{r}}{r} \left(u\Delta x + v\Delta y + w\Delta z \right)^4 \left(\upsilon\, \Delta x^2 + \upsilon'\, \Delta y^2 + \upsilon''\, \Delta z^2 \right),$$

c'est-à-dire

$$- \delta H$$

$$= h\, (\upsilon\, u^4 + \upsilon'\, v^4 + \upsilon''\, w^4)$$

$$+ h \left\{ u^2 v^2 (\upsilon + \upsilon') + v^2 w^2 (\upsilon' + \upsilon'') + u^2 w^2 (\upsilon + \upsilon'') \right\}$$

$$+ \frac{5}{4} i\, (\upsilon\, u^4 + \upsilon'\, v^4 + \upsilon''\, w^4)$$

$$+ \frac{1}{4}\, i \left\{ u^4 (\upsilon' + \upsilon'') + v^4 (\upsilon + \upsilon'') + w^4 (\upsilon + \upsilon') \right\}$$

$$+ \frac{3}{2}\, i \left\{ u^2 v^2 (\upsilon + \upsilon') + v^2 w^2 (\upsilon' + \upsilon'') + u^2 w^2 (\upsilon + \upsilon'') \right\}$$

$$+ \frac{1}{2}\, i\, (\upsilon\, v^2 w^2 + \upsilon'\, u^2 w^2 + \upsilon''\, v^2 u^2).$$

A cause de la relation

$$\upsilon + \upsilon' + \upsilon'' = o$$

on a finalement, comme il est facile de le voir,

$$- \delta H = (h + i)\, (\upsilon\, u^2 + \upsilon'\, v^2 + \upsilon''\, w^2)\, (u^2 + v^2 + w^2).$$

De là on obtient

$$L + \delta L$$

$$= - 2\, (g + 2h + i)\, (\upsilon u^2 + \upsilon' v^2 + \upsilon'' w^2)$$

$$- \left\{ g + h + 2\, (h + i)\, \upsilon \right\} (u^2 + v^2 + w^2) - 2 \left\{ h + 4\, (h + i)\, \upsilon \right\} u^2$$

$$\cdots\cdots\cdots\cdots\cdots\cdots\cdots\cdots\cdots,$$

$$P + \delta P = - 2 \left\{ h - 2\, (h + i)\, \upsilon \right\} vw$$

En posant,

$$\Pi \ = 2 \left\{ h - 2\,(h+i)\,\upsilon \right\},$$
$$\Pi' = 2 \left\{ h - 2\,(h+i)\,\upsilon' \right\},$$
$$\Pi'' = 2 \left\{ h - 2\,(h+i)\,\upsilon'' \right\},$$

et

$$\Lambda \ = g + h + 2\,(h+i)\,\upsilon \ + (g + 2h + i)\,(\upsilon a^2 + \upsilon'b^2 + \upsilon''c^2),$$
$$\Lambda' = g + h + 2\,(h+i)\,\upsilon' + (g + 2h + i)\,(\upsilon a^2 + \upsilon'b^2 + \upsilon''c^2),$$
$$\Lambda'' = g + h + 2\,(h+i)\,\upsilon'' + (g + 2h + i)\,(\upsilon a^2 + \upsilon'b^2 + \upsilon''c^2),$$

équations qui entraînent les suivantes,

$$\frac{\Pi'\,\Pi''}{\Pi} = 2 \left\{ h + 4\,(h+i)\,\upsilon \ \right\},$$

$$\frac{\Pi\,\Pi''}{\Pi'} = 2 \left\{ h + 4\,(h+i)\,\upsilon' \right\},$$

$$\frac{\Pi\,\Pi'}{\Pi''} = 2 \left\{ h + 4\,(h+i)\,\upsilon'' \right\},$$

on a,

$$(L) + \delta\,(L) = \Lambda \ + \frac{\Pi'\,\Pi''}{\Pi}\,a^2,$$

$$(M) + \delta\,(M) = \Lambda' + \frac{\Pi\,\Pi''}{\Pi'}\,b^2,$$

$$(N) + \delta\,(\Lambda) = \Lambda'' + \frac{\Pi\,\Pi'}{\Pi''}\,c^2,$$

$$(P) + \delta\,(P) = \Pi \ bc,$$
$$(Q) + \delta\,(Q) = \Pi' \ ac,$$
$$(R) + \delta\,(R) = \Pi'' \ ab.$$

Dans les milieux cristallisés tels que nous venons de les

définir, les équations aux vitesses de propagation des ondes planes (85) deviennent donc

$$(\omega^2 - \Lambda)\, A - a\, \Pi'\Pi'' \left(\frac{a\mathrm{A}}{\Pi} + \frac{b\mathrm{B}}{\Pi'} + \frac{c\mathrm{C}}{\Pi''} \right) = o$$

$$(\omega^2 - \Lambda')\, B - b\, \Pi\, \Pi'' \left(\frac{a\mathrm{A}}{\Pi} + \frac{b\mathrm{B}}{\Pi'} + \frac{c\mathrm{C}}{\Pi''} \right) = o \qquad (96)$$

$$(\omega^2 - \Lambda'')\, C - c\, \Pi\, \Pi' \left(\frac{a\mathrm{A}}{\Pi} + \frac{b\mathrm{B}}{\Pi'} + \frac{c\mathrm{C}}{\Pi''} \right) = o\,,$$

et l'ellipsoïde (88), dont les axes de figure déterminent à la fois, et la direction des trois vibrations rectangulaires d'une onde plane quelconque, et les vitesses de propagation correspondantes, a pour équation

$$\left(\Lambda + \frac{\Pi'\,\Pi''}{\Pi}\, a^2 \right) x^2 + \left(\Lambda' + \frac{\Pi\,\Pi''}{\Pi'}\, b^2 \right) y^2 + \left(\Lambda'' + \frac{\Pi\,\Pi'}{\Pi''}\, c^2 \right) z^2$$

$$+\, 2\, \Pi\, bc \cdot yz + 2\, \Pi'\, ac \cdot xz + 2\, \Pi''\, ab \cdot xy = 1.$$

Scholie. Il est démontré par l'expérience que la lumière se propage dans les cristaux du *système cubique* comme dans les milieux *isotropes* proprement dits, en ondes planes à vibrations transversales, avec la même vitesse de propagation dans toutes les directions. Cela exige que les équations (96) aient pour ces cristaux, la même forme que les équations (89), afin de pouvoir donner naissance à des systèmes d'équations analogues aux systèmes (91, 93) et (92, 94). Il est facile de voir que cette condition se réduit à la relation

$$\upsilon = \upsilon' = \upsilon'' = o\,.$$

Cette relation peut servir de définition au système cubique.

VI.

ONDES PLANES DANS LES CRISTAUX A UN AXE.

Les cristaux du système *rhomboédrique* reprennent leur situation première, quand on les fait tourner autour de l'axe de figure, soit d'un angle de 120° dans le cas du rhomboèdre, soit d'un angle de 90° dans le cas du prisme droit à base carrée, soit enfin d'un angle de 60° dans le cas du prisme droit à base d'hexagone.

L'axe de figure de ces cristaux est appelé *axe optique*, et les cristaux eux-mêmes sont dits *cristaux à un axe*.

La structure cristalline du système rhomboédrique demande évidemment que l'ellipsoïde Ξ, qui symbolise analytiquement la constitution éthérée des milieux cristallisés, soit un ellipsoïde de révolution autour de l'axe de figure, et que l'on ait par conséquent,

$$v' = v'' = -\tfrac{1}{2} v,$$

et par suite,

$$\Lambda' = \Lambda'',$$
$$\Pi' = \Pi''.$$

Ces relations permettent d'écrire les équations (96) sous la forme

$$(\omega^2 - \Lambda) A - a \Pi'^2 \left(\frac{a A}{\Pi} + \frac{b B + c C}{\Pi'} \right) = o,$$

$$(\omega^2 - \Lambda') B - b \Pi \Pi' \left(\frac{a A}{\Pi} + \frac{b B + c C}{\Pi'} \right) = o, \qquad (97)$$

$$(\omega^2 - \Lambda') \left(\frac{B}{b} - \frac{C}{c} \right) = o.$$

ONDES PLANES PARALLÈLES A L'AXE. Dans les ondes planes parallèles à l'axe du cristal, a est nul, et b, c, sont indéterminés. Les équations (97) deviennent alors

$$(\omega^2 - \Lambda)\,A = o,$$
$$(\omega^2 - \Lambda')\,B - b\Pi\,(bB + cC) = o,$$
$$(\omega^2 - \Lambda')\left(\frac{B}{b} - \frac{C}{c}\right) = o,$$

et il est facile de voir que ces équations sont satisfaites par trois systèmes de valeurs simultanées de A, B, C, ω^2.

Le premier de ces systèmes est

$$A = o,$$
$$bB + cC = o,$$
$$\omega^2 = \Lambda';$$

il caractérise un mouvement vibratoire rectiligne situé dans le plan de l'onde et perpendiculaire à l'axe optique : c'est une vibration *transversale*. La constitution éthérée du milieu, partout identique à lui-même autour de l'axe de figure, exige nécessairement que la vitesse de propagation Λ' soit indépendante de l'orientation de l'onde plane, et par suite, que cette vitesse reste constante quand on fait varier b et c. Cette condition ne peut être remplie que pour autant que l'on ait la relation importante

$$g + 2h + i = o. \tag{98}$$

Le second système est

$$B = C = o,$$
$$\omega^2 = \Lambda;$$

il dénote une vibration *transversale* parallèle à l'axe dont la vitesse de propagation est indépendante de l'orientation du plan de l'onde, lorsqu'on admet la relation (98).

Le troisième système est,

$$A = o,$$

$$\frac{B}{b} = \frac{C}{c},$$

$$\omega^2 = \Lambda' + \Pi ;$$

il détermine une vibration *longitudinale*, normale au plan de l'onde, dont la vitesse de propagation est constante autour de l'axe optique.

Ondes planes normales a l'axe. Dans les ondes planes normales à l'axe du cristal, a est égal à l'unité, en même temps que b et c sont nuls.

Les équations (97) deviennent dans ce cas

$$\left(\omega^2 - \Lambda - \frac{\Pi'^2}{\Pi} \right) A = o,$$

$$(\omega^2 - \Lambda') B = o,$$

$$(\omega^2 - \Lambda') C = o ,$$

et on a pour A, B, C, ω^2, les deux systèmes de valeurs simultanées,

$$A = o,$$

$$\omega^2 = \Lambda',$$

et

$$B = C = o,$$

$$\omega^2 = \Lambda + \frac{\Pi'^2}{\Pi} .$$

Le premier de ces systèmes correspond à une vibration *transversale* de direction indéterminée, puisque B et C y demeurent arbitraires, tandis que le second détermine une vibration *longitudinale*.

CAS GÉNÉRAL DES ONDES PLANES. Dans le cas général des équations (97), on a pour premier système de valeurs simultanées de A, B, C, ω^2,

$$A = o,$$
$$bB + cC = o,$$
$$\omega^2 = \Lambda',$$

système qui caractérise une vibration *transversale* dirigée suivant l'intersection du plan de l'onde avec un plan perpendiculaire à l'axe. Quant à la vitesse de propagation correspondante, elle est rendue indépendante de l'orientation particulière du plan de l'onde par la relation (98).

Les deux autres systèmes sont donnés par les équations

$$\frac{B}{b} = \frac{C}{c},$$

$$\frac{\omega^2 - \Lambda}{\Pi'} \frac{A}{a} = \frac{\omega^2 - \Lambda'}{\Pi} \frac{B}{b} = \frac{\omega^2 - \Lambda'}{\Pi} \frac{C}{c}, \qquad (99)$$

$$\frac{\Pi'^2 a^2}{\omega^2 - \Lambda} + \frac{\Pi^2 (b^2 + c^2)}{\omega^2 - \Lambda'} = \Pi, \qquad (100)$$

dont la dernière détermine les vitesses de propagation.

Des deux valeurs de ω^2 satisfaisant à l'équation (100), une est nécessairement comprise entre Λ et Λ', et pour cette racine, les différences $(\omega^2 - \Lambda)$ et $(\omega^2 - \Lambda')$ étant du même ordre de grandeur que v, v', et v'', l'équation (100) devient, au degré d'approximation défini plus haut,

$$a^2 (\omega^2 - \Lambda') + (b^2 + c^2)(\omega^2 - \Lambda) = o,$$

ou

$$\omega^2 = \Lambda + a^2 (\Lambda' - \Lambda). \qquad (101)$$

En introduisant cette valeur de ω^2 dans l'équation (99), on obtient

$$aA + bB + cC = aA\,\frac{\Pi' - \Pi}{\Pi'}.$$

Ces résultats indiquent que la vibration correspondante est située dans un plan parallèle à l'axe et normal à l'onde, et que sa direction est légèrement inclinée sur l'onde plane. C'est une vibration *quasi-transversale* dont la vitesse de propagation varie avec *a*.

La troisième vibration est, comme on sait, perpendiculaire aux deux premières; elle est, par suite, *quasi-longitudinale*. On obtient sa vitesse de propagation en retranchant le second membre de l'équation (101), du coefficient de ω^2 de l'équation (100) pris en signe contraire, ce qui donne

$$\omega^2 = \Lambda' + \Pi + a^2\left(\Lambda - \Lambda' + \frac{\Pi'^2 - \Pi^2}{\Pi}\right).$$

Cette vitesse varie aussi avec *a*.

Remarque. Les expériences de la double réfraction faites sur les cristaux à un axe ont montré depuis longtemps que le *rayon ordinaire* se propage dans l'intérieur du cristal, avec une vitesse constante dans tous les sens, et que le *rayon extraordinaire* a seul une vitesse variable avec la direction.

La vibration *rigoureusement transversale* trouvée ci-dessus, appartient donc au rayon ordinaire, et la vibration *quasi-transversale*, au rayon extraordinaire. Il en résulte que dans notre *hypothèse* sur la constitution éthérée des cristaux, le plan de polarisation du rayon ordinaire coïncide avec le plan de la *section principale* du cristal, et que celui du rayon extraordinaire est perpendiculaire au premier.

Surface de l'onde. Une analyse qui serait déplacée ici, a fait voir, qu'un ébranlement produit en un point d'une masse éthérée se propage de la manière suivante, en s'éloignant de l'origine : la vibration est d'abord confuse ; puis elle devient régulière à partir d'une certaine distance du centre, et l'*onde* mobile produite peut être considérée comme l'enveloppe d'une infinité d'ondes planes, parties simultanément du centre d'ébranlement dans toutes les directions.

Dans les cristaux du système rhomboédrique, l'ébranlement initial, décomposé pour chacune des ondes planes en la vibration transversale, en la vibration quasi-transversale et en la vibration longitudinale correspondantes, donne naissance à *trois ondes*.

L'onde des vibrations *transversales* est sphérique : après l'unité de temps son rayon est égal à $\sqrt{\Lambda'}$.

L'onde des vibrations *quasi-transversales* coïncide avec la surface enveloppe du plan mobile

$$ax + by + cz = \omega; \qquad (102)$$

a, b, c sont des paramètres satisfaisant à la relation

$$a^2 + b^2 + c^2 = 1,$$

et ω est déterminé par l'égalité

$$\omega^2 = \Lambda + a^2 (\Lambda' - \Lambda) = a^2 \Lambda' + (b^2 + c^2) \Lambda.$$

Quant à l'onde des vibrations *longitudinales*, elle ne diffère de la précédente que par les constantes.

Pour obtenir l'équation de l'onde des vibrations quasi-transversales, il suffit d'éliminer les paramètres a, b, c, entre l'équation du plan mobile (102) et ses dérivées partielles par rapport à a, b, c.

En effet, les coordonnées x, y, z de la surface de l'onde satisfont à l'équation (102) et à l'équation

$$\left(x - \frac{d\omega}{da}\right) da + \left(y - \frac{d\omega}{db}\right) db + \left(z - \frac{d\omega}{dc}\right) dc = 0,$$

dans laquelle da, db, dc, vérifient la relation

$$ada + bdb + cdc = 0.$$

On a par suite,

$$\frac{x - \frac{d\omega}{da}}{a} = \frac{y - \frac{d\omega}{db}}{b} = \frac{z - \frac{d\omega}{dc}}{c}$$

$$= \frac{a\left(x - \frac{d\omega}{da}\right)}{a^2} = \frac{b\left(y - \frac{d\omega}{db}\right)}{b^2} = \frac{c\left(z - \frac{d\omega}{dc}\right)}{c^2}$$

$$= ax + by + cz - \left(a\frac{d\omega}{da} + b\frac{d\omega}{db} + c\frac{d\omega}{dc}\right)$$

$$= \omega - \frac{a^2 \Lambda' + (b^2 + c^2) \Lambda}{\omega} = 0.$$

De là

$$x = \frac{d\omega}{da} = \frac{a\Lambda'}{\omega},$$

$$y = \frac{d\omega}{db} = \frac{b\Lambda}{\omega},$$

$$z = \frac{d\omega}{dc} = \frac{c\Lambda}{\omega};$$

ce qui donne pour l'équation de l'onde par l'élimination indiquée plus haut

$$\frac{x^2}{\Lambda'} + \frac{y^2 + z^2}{\Lambda} = 1,$$

quation d'un ellipsoïde de révolution autour de l'axe

optique du cristal. Cet ellipsoïde est tangent à l'onde sphérique concentrique des vibrations transversales aux sommets de l'axe.

CONSTRUCTIONS DE HUYGHENS. Les principes que nous venons d'établir justifient pleinement les belles constructions, que le génie de Huyghens découvrit longtemps avant la création de l'optique physique, et qu'il nous reste à faire connaître.

1re CONSTRUCTION. Nous supposerons d'abord la face d'entrée du cristal rhomboédrique parallèle à l'axe optique et le plan d'incidence perpendiculaire à cette droite.

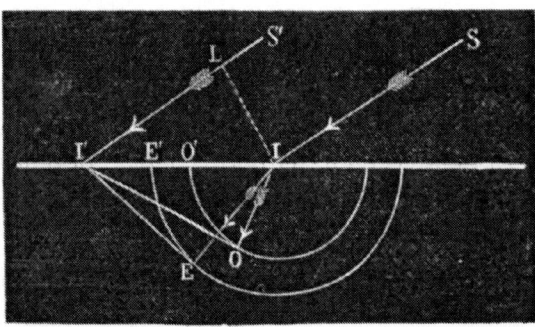

SI est un rayon incident compris dans le faisceau SS'; IO est le rayon ordinaire, et IE le rayon extraordinaire correspondants. Il s'agit de déterminer par une construction géométrique la direction de ces rayons.

A cet effet, décrivons du point I comme centre, avec un rayon égal à $\sqrt{\Lambda'}$, une circonférence OO' : cette circonférence n'est autre chose que l'intersection de l'onde sphérique des vibrations transversales et du plan de la figure.

Du même point, avec un rayon égal à $\sqrt{\Lambda}$, traçons une circonférence concentrique EE' : cette circonférence coïncide avec la section équatoriale de l'ellipsoïde de révolution (103).

Enfin, supposons que IL représente l'onde plane incidente, et que I'L soit égal au chemin ω parcouru par la lumière pendant l'unité de temps.

L'onde plane incidente, ébranlant successivement les différents points de II', donnera naissance à deux ondes planes I'O et I'E perpendiculaires au plan de la figure. Ces deux ondes sont tangentes, l'une en O, l'autre en E, à l'onde sphérico-ellipsoïdale partie du point I ; de plus elles coïncident avec la double enveloppe des ondes partielles émanées des divers points de II'.

Il s'ensuit que le faisceau infinitésimal SI se dédouble à l'intérieur du cristal en deux faisceaux infinitésimaux IO et IE ; le premier est perpendiculaire à l'onde plane des vibrations normales à la section principale et le second à celle des vibrations parallèles. Ces faisceaux sont ce qu'on appelle le *rayon ordinaire* et le *rayon extraordinaire*.

Ces deux rayons suivent ici les *lois de Descartes*, car on a

$$\frac{\omega}{\sin i} = \frac{\sqrt{\Lambda'}}{\sin r_o} = \frac{\sqrt{\Lambda}}{\sin r_e},$$

et par suite,

$$\frac{\sin i}{\sin r_o} = \frac{\omega}{\sqrt{\Lambda'}} = n_o,$$

$$\frac{\sin i}{\sin r_e} = \frac{\omega}{\sqrt{\Lambda}} = n_e.$$

n_o est l'indice du rayon ordinaire, et n_e celui du rayon extraordinaire.

2ᵉ CONSTRUCTION. Lorsque la face d'entrée du cristal et le

plan d'incidence sont à la fois parallèles à l'axe optique, la construction précédente se modifie.

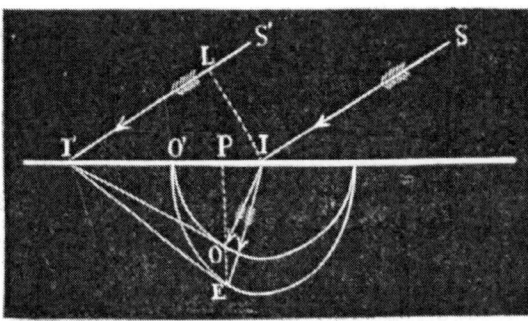

La circonférence OO' reste la section de l'onde sphérique des vibrations *transversales* par le plan d'incidence ; mais celle de l'onde ellipsoïdale des vibrations *quasi-transversales*, devient l'ellipse O'E. L'onde plane réfractée I'O des vibrations transversales demeure tangente en O à l'onde sphérique ; mais l'onde plane réfractée I'E des vibrations quasi-transversales est tangente en E à l'onde ellipsoïdale correspondante, et les points E et O sont situés sur une commune perpendiculaire à l'axe optique.

Le faisceau infinitésimal SI se dédouble donc à l'intérieur du cristal dans le *rayon ordinaire* IO et dans le *rayon extra-ordinaire* IE.

Le rayon ordinaire satisfait à la *loi de Descartes*, car on a

$$\frac{\omega}{\sin i} = \frac{\sqrt{\Lambda'}}{\sin r_o},$$

et par suite,

$$\frac{\sin i}{\sin r_o} = \frac{\omega}{\sqrt{\Lambda'}} = n_o ;$$

mais le rayon extraordinaire suit une autre loi.

On a en effet, pour ce dernier,

$$\frac{\text{tang } r_e}{\text{tang } r_o} = \frac{\text{PO}}{\text{PE}} = \sqrt{\frac{\Lambda'}{\Lambda}} = \frac{n_e}{n_o};$$

c'est la *loi de Huyghens*.

3e CONSTRUCTION. Quand la face d'entrée du cristal est normale à l'axe optique, la construction prend la forme suivante.

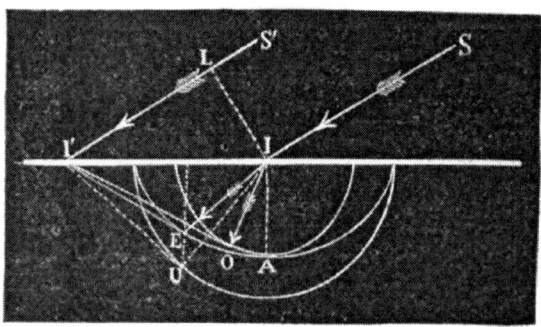

Le rayon ordinaire IO continue à suivre la *loi de Descartes*; car on a comme précédemment,

$$\frac{\sin i}{\sin r_o} = \frac{\omega}{\sqrt{\Lambda'}} = n_o.$$

Le rayon extraordinaire IE suit ce qu'on pourrait appeler la *seconde loi de Huyghens*. Car en décrivant dans le plan d'incidence, une circonférence auxiliaire sur l'axe équatorial de l'ellipsoïde comme diamètre, on a

$$\frac{\text{tang } r_e}{\text{tang } r_u} = \sqrt{\frac{\Lambda}{\Lambda'}} = \frac{n_o}{n_e},$$

$$\frac{\sin r_u}{\sin r_o} = \sqrt{\frac{\Lambda}{\Lambda'}} = \frac{n_o}{n_e},$$

r_u représentant l'angle auxiliaire AIU. Ces équations sont l'expression de la loi dont il s'agit.

4e Construction. Enfin, lorsque la face d'entrée est orientée d'une manière quelconque par rapport à l'axe optique, la méthode exposée ci-dessus reste applicable. Le rayon ordinaire continue à suivre la *loi de Descartes*, et les deux rayons sont situés dans le plan d'incidence toutes les fois que celui-ci est parallèle à la section principale du cristal. Dans toute autre orientation, le rayon extraordinaire sort de ce plan.

Loi des actions moléculaires de l'éther. Quand on pose

$$F(r) = \frac{1}{r^n},$$

et par suite,

$$f(r) = \frac{1}{r^{n+1}},$$

on a

$$g = \frac{1}{2.3} \sum \frac{m'}{r^{n-1}}, \qquad h = -\frac{n+1}{2.3.5} \sum \frac{m'}{r^{n-1}},$$

$$i = \frac{(n+1)(n+3)}{2.3.5.7} \sum \frac{m'}{r^{n-1}}.$$

La relation

$$g + 2h + i = o$$

devient alors

$$\frac{n+1}{5}\left(2 - \frac{n+3}{7}\right) = 1,$$

équation dont les racines sont

$$n = 6 \qquad \text{et} \qquad n = 4.$$

D'un autre côté, la formule (93) donne dans ce cas

$$\omega^2 = g \ \frac{4-n}{5}.$$

Cette relation montre que n ne peut pas être égal à 4 ; elle exige de plus que g et, par suite, $f(r)$ et $F(r)$ soient négatifs.

Il en résulte que les molécules de l'éther se repoussent en raison inverse de la sixième puissance de la distance.

VII.

ONDES PLANES DANS LES CRISTAUX A DEUX AXES.

Les cristaux homoédriques appartenant au système du parallélipipède rectangle reprennent leur position primitive, quand on les fait tourner d'un angle de 180° autour d'un des axes de figure. Cette propriété demande évidemment que les axes de l'ellipsoïde Ξ soient parallèles aux arètes du parallélipipède ; elle requiert, de plus, que ces axes soient inégaux.

Les équations aux vitesses de propagation des ondes planes (96) donnent alors

$$\frac{\Pi \ (\omega^2 - \Lambda) \ A}{a} = \frac{\Pi' \ (\omega^2 - \Lambda') \ B}{b} = \frac{\Pi'' \ (\omega^2 - \Lambda'') \ C}{c}$$

$$= \Pi \ \Pi' \ \Pi'' \ \left(\frac{aA}{\Pi} + \frac{bB}{\Pi'} + \frac{cC}{\Pi''} \right) = r,$$

et par suite,

$$A = \Upsilon \; \frac{a}{\Pi \; (\omega^2 - \Lambda \;)},$$

$$B = \Upsilon \; \frac{b}{\Pi' \; (\omega^2 - \Lambda')},$$

$$C = \Upsilon \; \frac{c}{\Pi'' (\omega^2 - \Lambda'')} \cdot$$

De là,

$$\frac{Aa}{\Pi} + \frac{Bb}{\Pi'} + \frac{Cc}{\Pi''} = \Upsilon \left\} \frac{a^2}{\Pi^2 \, (\omega^2 - \Lambda)} + \frac{b^2}{\Pi'^2 \, (\omega^2 - \Lambda')} + \frac{c^2}{\Pi''^2 \, (\omega^2 - \Lambda'')} \right\},$$

et,

$$\frac{a^2}{\Pi^2 \, (\omega^2 - \Lambda)} + \frac{b^2}{\Pi'^2 \, (\omega^2 - \Lambda')} + \frac{c^2}{\Pi''^2 \, (\omega^2 - \Lambda'')} = \frac{1}{\Pi \; \Pi' \, \Pi''} \cdot \quad (104)$$

Cette dernière équation montre qu'une des trois valeurs de ω^2 est nécessairement comprise entre Λ et Λ', et une autre entre Λ' et Λ''. Pour ces deux racines les différences $(\omega^2 - \Lambda)$, $(\omega^2 - \Lambda')$, $(\omega^2 - \Lambda'')$, sont du même ordre de grandeur que υ, υ', υ'', et l'équation (104) se réduit, au point de vue approximatif défini précédemment, à

$$\frac{a^2}{\omega^2 - \Lambda} + \frac{b^2}{\omega^2 - \Lambda'} + \frac{c^2}{\omega^2 - \Lambda''} = 0 \; . \qquad (105)$$

Comme on a de plus sensiblement

$$aA + bB + cC = \frac{\Pi \, (\omega^2 - \Lambda) \, A}{\Pi' \, \Pi'' \, a},$$

égalité dont le second membre est une quantité très-petite, il en résulte qu'à chacune des valeurs de ω^2 fournies par l'équation (105), correspond une vibration *quasi-transversale*, et qu'à la troisième valeur donnée par l'équation (104) répond une vibration *quasi-longitudinale*.

SURFACE DES ONDES (*). Quant à la surface des ondes lumineuses, elle coïncide avec l'enveloppe du plan mobile défini par les équations

$$ax + by + cz = \omega,$$
$$a^2 + b^2 + c^2 = 1,$$

et par l'équation (105).

En différentiant ces trois équations par rapport aux paramètres variables a, b, c, ω, on obtient

$$x\,da + y\,db + z\,dc = d\omega,$$
$$a\,da + b\,db + c\,dc = o,$$
$$\frac{a\,da}{\omega^2 - \Lambda} + \frac{b\,db}{\omega^2 - \Lambda'} + \frac{c\,dc}{\omega^2 - \Lambda''} = \omega\,d\omega\left\{\frac{a^2}{(\omega^2 - \Lambda)^2} + \frac{b^2}{(\omega^2 - \Lambda')^2} + \frac{c^2}{(\omega^2 - \Lambda'')^2}\right\}.$$

En ajoutant ensuite ces dernières équations membre à membre après les avoir multipliées respectivement, la première par le coefficient indéterminé α, la deuxième par le coefficient β et la troisième par -1, et en égalant séparément à o les termes en da, db, dc, $d\omega$, on trouve

$$\alpha x + \beta a = \frac{a}{\omega^2 - \Lambda},$$

$$\alpha y + \beta b = \frac{b}{\omega^2 - \Lambda'},$$

$$\alpha z + \beta c = \frac{c}{\omega^2 - \Lambda''},$$

$$\alpha = \omega\left\{\frac{a^2}{(\omega^2 - \Lambda)^2} + \frac{b^2}{(\omega^2 - \Lambda')^2} + \frac{c^2}{(\omega^2 - \Lambda'')^2}\right\}.$$

(*) Bertrand, *Calcul différentiel*, pp. 114 et suiv.

Puis, en posant,

$$Sx^2 = x^2 + y^2 + z^2$$

on tire facilement des équations (106)

$$\alpha\omega + \beta = 0,$$

$$\alpha Sx^2 + \beta\omega = \frac{ax}{\omega^2 - \Lambda} + \frac{by}{\omega^2 - \Lambda'} + \frac{cz}{\omega^2 - \Lambda''},$$

$$\alpha^2 Sx^2 - \beta^2 = \frac{a^2}{(\omega^2 - \Lambda)^2} + \frac{b^2}{(\omega^2 - \Lambda')^2} + \frac{c^2}{(\omega^2 - \Lambda'')^2}.$$

De là

$$\alpha^2 (Sx^2 - \omega^2) = \frac{\alpha}{\omega},$$

et

$$\alpha = \frac{1}{\omega (Sx^2 - \omega^2)},$$

$$\beta = \frac{1}{\omega^2 - Sx^2}.$$

En introduisant ces valeurs de α et de β dans les équations (106), on obtient

$$\frac{x}{Sx^2 - \Lambda} = \frac{a\,\omega}{\omega^2 - \Lambda},$$

$$\frac{y}{Sx^2 - \Lambda'} = \frac{b\,\omega}{\omega^2 - \Lambda'}, \qquad (107)$$

$$\frac{z}{Sx^2 - \Lambda''} = \frac{c\,\omega}{\omega^2 - \Lambda''},$$

et par suite,

$$\frac{x^2}{Sx^2 - \Lambda} + \frac{y^2}{Sx^2 - \Lambda'} + \frac{z^2}{Sx^2 - \Lambda''} = \omega \left\{ \frac{ax}{\omega^2 - \Lambda} + \frac{by}{\omega^2 - \Lambda'} + \frac{cz}{\omega^2 - \Lambda''} \right\}.$$

Enfin, vu la relation

$$\frac{ax}{\omega^2 - \Lambda} + \frac{by}{\omega^2 - \Lambda'} + \frac{cz}{\omega^2 - \Lambda''} = \frac{Sx^2}{\omega(Sx^2 - \omega^2)} + \frac{\omega}{\omega^2 - Sx^2} = \frac{1}{\omega},$$

on trouve pour l'équation de la surface des ondes

$$\frac{x^2}{Sx^2 - \Lambda} + \frac{y^2}{Sx^2 - \Lambda'} + \frac{z^2}{Sx^2 - \Lambda''} = 1.$$

C'est une surface algébrique du quatrième ordre. Son usage, dans la construction géométrique des rayons réfractés, est absolument le même pour les cristaux à deux axes, que celui des surfaces de Huyghens pour les cristaux à un axe.

L'étude des propriétés de cette surface sort des limites que nous nous sommes imposées. Disons cependant en terminant que le beau phénomène de la *réfraction conique*, découvert par Hamilton, est une conséquence très-simple des équations (107) (*).

(*) Neumann, *Journal de mathématiques pures et appliquées*, t VII, pp. 447 et suiv.

F I N.

ÉLÉMENTS

DE LA

THÉORIE MATHÉMATIQUE

DE LA CAPILLARITÉ.

RÉSUMÉS DE PHYSIQUE MATHÉMATIQUE.

1er RÉSUMÉ.

ÉLÉMENTS

DE LA

THÉORIE MATHÉMATIQUE

DE LA CAPILLARITÉ,

PAR

le P. J. DELSAULX

de la Compagnie de Jésus,

Professeur de physique mathématique au Collège de la Paix.

BRUXELLES,

IMPRIMERIE DE CHARLES LELONG,

Rue du Commerce, 25.

1865.

TABLE DES MATIÈRES.

CHAPITRE PREMIER.

DES ACTIONS MOLÉCULAIRES A LA BASE DE LA COLONNE CAPILLAIRE.

CHAPITRE DEUXIÈME.

DES ACTIONS MOLÉCULAIRES AU SOMMET DE LA COLONNE CAPILLAIRE.

CHAPITRE TROISIÈME.

DIVERS ÉQUILIBRES ET MOUVEMENTS CAPILLAIRES.

PRÉFACE.

La théorie des phénomènes capillaires ne remonte pas au delà de Newton, de Hauksbée et de Jurin.

Newton faisait dépendre les variations de niveau dans les phénomènes capillaires, d'attractions moléculaires qu'il ne précisa jamais avec netteté.

Hauksbée attribuait l'ascension de la colonne liquide à l'attraction de toute la surface intérieure du tube capillaire en contact avec le liquide soulevé, et faisait dépendre par là un effet variable d'une cause constante.

Jurin regardait la suspension du liquide comme le résultat de l'attraction de la partie annulaire du tube qui est immédiatement au-dessus de la colonne soulevée. Cette conception était bonne, mais incomplète; le siége de l'action était surtout mal choisi.

C'est Clairault qui détermina le premier avec exactitude les forces moléculaires résultantes, dont l'action intervient dans la suspension de la colonne liquide. Son principal mérite a été d'avoir tenu compte des forces moléculaires qui ont leur siége au sommet de la colonne soulevée, ce qui n'avait pas été fait avant lui.

Laplace, et après lui, Gauss et Poisson, poursuivant l'idée de Clairault et développant ce que ce dernier n'avait fait qu'indiquer, déterminèrent par le calcul les actions des forces moléculaires qui s'exercent au sommet de la colonne et parvinrent à expliquer par ce moyen la plupart des phénomènes connus.

Dans ces travaux les actions moléculaires qui ont leur siége d'action à la base de la colonne capillaire ne pouvaient être oubliées; aussi Laplace y revient-il dans son supplément à la théorie de l'action capillaire.

Il semble évident, en effet, que ces deux ordres d'actions moléculaires ne peuvent pas être séparés, et que c'est à la simultanéité de leur action que l'on doit attribuer la presque totalité des phénomènes capillaires.

Envisagés à ce point de vue, sur lequel il nous a semblé que d'ordinaire l'on n'insiste pas assez, les deux mémoires de Laplace sur la théorie de l'action capillaire insérés en suppléments à la fin du livre X^e de la *Mécanique céleste*, nous ont paru renfermer un grand nombre d'analyses, de considérations et de démonstrations tout à la fois rigoureuses et élémentaires; et nous avons cru que ces matériaux disposés dans un ordre didactique et présentés avec lucidité et concision pouvaient former une théorie des phénomènes capillaires parfaitement exacte dans ses principes et dans ses déductions, du moins au point de vue purement théorique, et accessible à l'enseignement. Voilà l'origine de ce petit travail.

Le mémoire de M. Ed. Desains que l'Académie des Sciences de Paris a honoré dernièrement d'une de ses récompenses académiques et qui fait partie du tome LIe de la troisième série des *Annales de chimie et de physique*, nous a fourni plusieurs beaux développements; nous avons emprunté aussi à celui que M. Joseph Bertrand a publié au tome XIIIe du *Journal de mathématiques pures et appliquées* quelques théorèmes nouveaux fort remarquables, et nous avons pu donner de l'un d'eux une démonstration qui sort immédiatement des principes.

En résumant ainsi les principaux travaux qui ont été publiés sur la capillarité, nous avons cherché constamment à en simplifier les démonstrations sans trop nous écarter toutefois de la marche que leurs auteurs avaient cru devoir adopter.

Au reste, nous avons scrupuleusement indiqué dans des notes placées au bas des pages, les sources où nous avons puisé, afin que le lecteur fût à même de pouvoir comparer notre exposé à celui des mémoires originaux. Si nos élèves trouvent quelque utilité dans ce résumé de nos leçons, nous aurons atteint le but modeste que nous nous sommes proposé.

Namur, 19 mars 1865.

ÉLÉMENTS DE LA THÉORIE MATHÉMATIQUE

DE LA

CAPILLARITÉ.

Lorsqu'on plonge l'extrémité inférieure d'un tube capillaire dans un liquide, on remarque à l'intérieur du tube, tantôt une élévation du liquide au-dessus du niveau extérieur, tantôt une dépression.

Lorsque le tube est mouillé par le liquide, c'est une élévation que l'on constate, et, dans ce cas, la colonne est terminée par une surface concave.

Lorsque le tube n'est pas de nature à être mouillé par le liquide, c'est une dépression que l'on observe, et la colonne liquide est alors terminée par une surface convexe.

Cette variation de niveau dans les tubes de petit diamètre constitue le phénomène fondamental de la capillarité.

Les forces moléculaires qui contribuent efficacement à la production du phénomène, peuvent se diviser en deux classes : celles qui sollicitent la colonne capillaire à la base et celles qui la sollicitent au sommet.

Les premières produisent l'élévation ou la dépression de la colonne ; les secondes donnent au sommet de cette colonne sa forme particulière.

Nous traiterons successivement de ces deux classes de forces moléculaires.

CHAPITRE PREMIER.

DES ACTIONS MOLÉCULAIRES A LA BASE DE LA COLONNE CAPILLAIRE.

———

PRINCIPE. Quand un tube capillaire plonge dans un liquide par son extrémité inférieure, on peut le supposer prolongé jusqu'au niveau du liquide extérieur par un tube capillaire fictif recourbé, à parois solidifiées, c'est-à-dire, formées de molécules liquides réunies invariablement l'une à l'autre sans altération aucune, soit de la densité, soit d'aucune autre propriété physique. Cela revient à considérer isolément une partie de la masse totale du liquide, savoir, celle qui est renfermée dans le tube capillaire ainsi prolongé. Comme cette masse partielle doit être en équilibre, tout aussi bien que la masse totale, sous l'action des forces qui la sollicitent, il est permis de considérer à part cet équilibre et d'en rechercher les conditions. On peut dans cette recherche, vu la grande épaisseur relative des parois, soit du tube réel, soit du tube fictif, négliger le liquide extérieur au tube capillaire en ce qui concerne les actions moléculaires qui sollicitent la masse liquide intérieure. On suppose, en effet, que ces dernières ne s'étendent jamais à des distances sensibles. Pour procéder avec méthode nous considérerons d'abord les actions moléculaires qui sollicitent le liquide intérieur au tube réel, puis nous parlerons de celles qui sollicitent le liquide intérieur au tube fictif.

I

1er THÉORÈME. La résultante des actions moléculaires du tube réel sur une molécule liquide qui ne se trouve point dans le voisinage d'une de ses extrémités est toujours normale au tube, ou située dans un plan normal.

En effet, si on décrit de ce point ou de cette molécule, comme centre, la sphère d'attraction sensible, il devient évident que la symétrie de figure de la portion solide découpée par cette sphère dans le tube réel par rapport au plan diamétral perpendiculaire à l'axe du tube, entraîne nécessairement la normalité dont il est ici question.

COROLLAIRE. Une telle action est impuissante, soit à soulever, soit à déprimer le liquide.

2e THÉORÈME. Une molécule liquide située à une distance du périmètre de la base horizontale inférieure du tube réel moindre que le rayon de l'attraction sensible, éprouve de la part du tube supposé vertical, une action moléculaire résultante dont la composante verticale est dirigée de bas en haut.

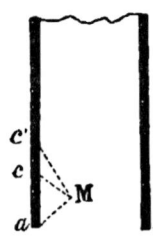

Soit, en effet, Ma cette distance. Si on prend Mc égal à Ma et Mc' égal au rayon de l'attraction sensible, il est évident que la portion cc' de l'arête du tube réel exercera sur la molécule M l'action résultante susdite.

---

(1) *Annales de chimie et de physique,* 3e série, t. LI, p. 394, et *Leçons de physique,* par M. P. DESAINS, t. I, pp. 591 et 592.

CᴏʀᴏʟʟᴀɪʀE. La composante verticale de l'action moléculaire dont il est ici question tend à soulever le liquide; de
sorte que, si on représente par α la composante verticale de
l'action moléculaire exercée par la portion de l'anneau du
tube réel qui correspond à l'unité de longueur du périmètre p
sur le liquide intérieur au tube, et par F, la somme de toutes
ces actions soulevantes, on aura

$$F = p\alpha.$$

3ᵉ Tʜᴇ́ᴏʀᴇ̀ᴍᴇ. Une molécule liquide située comme précédemment à l'intérieur du tube réel à une distance du périmètre de la base horizontale supérieure du tube fictif,
moindre que le rayon de l'attraction sensible, éprouve de la
part du tube fictif une action moléculaire résultante dont la
composante verticale est dirigée de haut en bas.

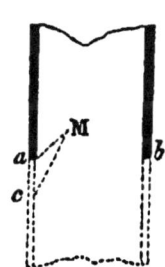

Soient, en effet, Ma cette distance, et
Mc le rayon de l'attraction sensible. Il est
visible que la portion ac de l'arête du tube
fictif exerce sur la molécule liquide la résultante moléculaire susdite.

CᴏʀᴏʟʟᴀɪʀE. La composante verticale dont
il s'agit tend à déprimer le liquide. Par con-
séquent, si on appelle α' la composante verticale de l'action
moléculaire exercée par la portion de l'anneau liquide du
tube fictif qui correspond à l'unité de longueur du périmètre
sur le liquide intérieur au tube réel, et par F', la somme de
toutes ces actions déprimantes, on aura

$$F' = p\alpha'.$$

4ᵉ Tʜᴇ́ᴏʀᴇ̀ᴍᴇ. Les actions moléculaires réciproques de deux
molécules liquides prises où on voudra dans le tube réel ont
des composantes verticales égales et contraires.

C'est une conséquence nécessaire de l'égalité de l'action et de la réaction.

Corollaire. De telles actions sont impuissantes, soit à soulever, soit à déprimer le liquide.

II

ACTIONS MOLÉCULAIRES QUI SOLLICITENT LE LIQUIDE INTÉRIEUR
AU TUBE FICTIF (1).

1er Théorème. Une molécule liquide située à l'intérieur du tube fictif à une distance du périmètre de la base horizontale inférieure du tube réel moindre que le rayon de l'attraction sensible, éprouve de la part du tube réel une action moléculaire résultante dont la composante verticale est dirigée de bas en haut.

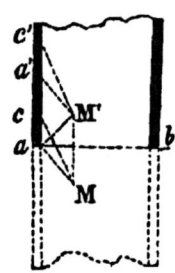

Soient, en effet, Ma cette distance, et Mc le rayon de l'attraction sensible, il est visible que la portion ac de l'arête du tube réel exerce sur M l'action moléculaire susdite.

Corollaire. La composante verticale dont il s'agit tend à soulever le liquide. De plus, les actions moléculaires que le tube exerce sur la molécule M et sur sa symétrique M' par rapport à la base horizontale du tube, sont évidemment égales et parallèles, puisque les relations

$$M a = M' a' \qquad \text{et} \qquad M c = M' c'$$

entraînent l'égalité

$$ac = a'c'.$$

---

(1) *Leçons de physique*, par M. P. DESAINS, t. I p. 592.

On a donc, en appelant F″ la somme des actions soulevantes dont il s'agit

$$F'' = F = p\alpha.$$

2ᵉ Théorème. La couche d'eau qui forme la paroi du tube fictif recourbé ne peut produire aucun déplacement relatif du liquide qu'elle renferme.

C'est une conséquence nécessaire des deux premiers théorèmes de l'article précédent appliqués au tube fictif.

3ᵉ Théorème. Les actions moléculaires réciproques des molécules liquides situées à l'intérieur du tube fictif sont impuissantes, soit à soulever, soit à déprimer le liquide.

La raison en a été donnée au théorème quatrième du même article.

———

III

LOI GÉNÉRALE DE L'ASCENSION ET DE LA DÉPRESSION DES LIQUIDES DANS LES TUBES CAPILLAIRES CYLINDRIQUES.

Les théorèmes qui précèdent conduisent à des conséquences générales que nous allons faire connaître.

Théorème. Dans les tubes cylindriques la variation du niveau capillaire est, pour un même solide et un même liquide, en raison directe du périmètre et en raison inverse de l'aire de la section intérieure du tube.

En effet, la somme des composantes verticales qui agissent au bas du tube pour soutenir la colonne liquide si elle est soulevée, ou pour la maintenir déprimée dans le cas contraire, est dans la première supposition,

$$2\,F - F' = p\,(2\,\alpha - \alpha'),$$

et, dans la seconde,

$$F' - 2F = p(\alpha' - 2\alpha).$$

De sorte qu'en représentant par h la hauteur de la colonne soulevée ou déprimée, par s l'aire de la section du tube, par ρ la densité du liquide et par a^2 une constante spécifique qui ne dépend que de la nature du tube et de celle du liquide, on aura pour la condition nécessaire et suffisante de l'équilibre dans le tube capillaire,

$$\pm p(2\alpha - \alpha') = sh\rho g$$

ou

$$h = \pm \frac{2\alpha - \alpha'}{\rho g} \frac{p}{s} = \pm a^2 \frac{p}{s}.$$

Corollaire 1er (1). Entre tous les tubes prismatiques de même base intérieure le tube cylindrique à base de cercle est celui dans lequel la hauteur h est *minimum*; car, de toutes les figures planes de même aire, c'est le cercle qui a le plus petit périmètre.

Corollaire 2e. Entre tous les tubes prismatiques de même périmètre intérieur le tube cylindrique à base de cercle est encore celui dans lequel la hauteur h est *minimum*; car, de toutes les figures planes isopérimètres, c'est le cercle qui a l'aire la plus grande.

Corollaire 3e. Dans les tubes prismatiques dont les bases intérieures sont des polygones semblables les hauteurs h sont en raison inverse des côtés homologues; car, si d'un côté les périmètres sont proportionnels aux côtés homologues, de l'autre, les aires sont proportionnelles aux carrés des mêmes côtés.

---

(1) Laplace, *Mécanique céleste*, 2e supplément au livre X^e, pp. 21, 22, 26, 31 et 32.

COROLLAIRE 4e. La hauteur h est la même pour des tubes prismatiques dont les bases sont des polygones circonscrits à un même cercle, et ces hauteurs sont en raison inverse des rayons des cercles inscrits lorsque les bases intérieures sont des polygones circonscrits à des cercles différents.

COROLLAIRE 5e. Lorsqu'on plonge un tube capillaire par son extrémité inférieure dans un vase contenant un nombre quelconque de liquides différents superposés en couches horizontales, la différence des poids des liquides que le tube peut contenir avec et sans l'action capillaire, est absolument indépendante de la nature des liquides supérieurs à celui dans lequel est plongée l'extrémité inférieure du tube (1).

De là, si on plonge deux tubes capillaires identiques dans un même liquide et à une même profondeur, et qu'on introduise à la partie supérieure de l'un d'eux un liquide différent du premier, les poids des liquides renfermés dans les deux tubes seront égaux après comme avant.

COROLLAIRE 6e. Lorsqu'on plonge entièrement un tube capillaire dans un vase qui contient deux liquides superposés, de manière que l'extrémité inférieure plonge dans le second liquide et l'extrémité supérieure dans le premier, la différence des poids du volume du liquide inférieur élevé dans le tube au-dessus du niveau extérieur de ce même liquide dans le vase et d'un égal volume du liquide supérieur, est égale à la différence des poids des volumes liquides qui seraient soulevés dans le tube par l'action capillaire au-dessus du niveau extérieur si on le plongeait successivement par l'extrémité inférieure dans le liquide inférieur et dans le liquide supérieur.

---

(1) M. Bertrand a démontré directement cette proposition. Voir, à cet effet, le *Journal de mathématiques pures et appliquées*, t. XIII, p. 206.

COROLLAIRE 7e. Lorsque le tube capillaire qui plonge par son extrémité inférieure dans un liquide indéfini est incliné à l'horizon, le produit du volume du liquide soulevé par le sinus de l'inclinaison est une quantité constante.

En effet, les forces soulevantes dont l'action est nécessairement parallèle à l'axe du tube n'ont plus à détruire, dans ce cas, que le poids de la colonne soulevée estimé dans la même direction.

SCHOLIE. La formule générale

$$h = \pm a^2 \frac{p}{s}$$

suppose le tube capillaire assez étroit pour qu'on puisse négliger le poids du ménisque supérieur et regarder la colonne soulevée ou déprimée comme très-sensiblement cylindrique ou prismatique.

Après avoir établi la loi générale de l'ascension et de la dépression des liquides dans les tubes capillaires cylindriques, il ne sera pas sans intérêt de descendre à quelques conclusions plus particulières. C'est ce que nous allons faire dans les articles suivants.

———

IV

TUBES CYLINDRIQUES PROPREMENT DITS.

1er THÉORÈME. Dans un tube cylindrique *à base de cercle*, et pour un même liquide, l'élévation et la dépression sont en raison inverse du rayon du tube.

En effet, pour un tube cylindrique à base de cercle de rayon r, la formule générale devient,

$$h = \pm \frac{2a^2}{r}.$$

Cette loi est connue sous le nom de *loi de Jurin.* ·

Il est toutefois essentiel de remarquer que cette loi n'est vérifiée par l'expérience que pour des tubes dont le diamètre est inférieur à 0^{mm},5.

Pour des diamètres supérieurs l'influence du ménisque ne peut plus être négligée, et elle augmente avec les dimensions du tube.

SCHOLIE. Des mesures faites par Haüy ont montré qu'on peut regarder le ménisque comme sensiblement hémisphérique pour des diamètres compris entre 0^{mm},5 et 3^{mm},00.

Alors, h étant la distance du niveau du liquide extérieur au point du ménisque où le plan tangent est horizontal, on a

$$\pm\, 2\pi r.\, a^2 = \pi r^2.\, h + \pi r^3 - \frac{2}{3}\,\pi\, r^3 = \pi r^2\left(h + \frac{r}{3}\right)$$

ou

$$h + \frac{r}{3} = \pm\, \frac{2a^2}{r}.$$

Ainsi, quand on tient compte du ménisque hémisphérique, ce sont les hauteurs h accrues du tiers du rayon du tube qui doivent être réciproquement proportionnelles au rayon.

Cette loi a été vérifiée par Gay-Lussac et M. Ed. Desains.

2e THÉORÈME (1). Lorsque la section du tube capillaire est une *ellipse* d'assez petites dimensions pour qu'on puisse négliger le ménisque, 2a' étant le grand axe de l'ellipse, 2b' le petit axe et S la somme de la série

$$1 - \left(\frac{1}{2}e\right)^2 - \frac{1}{3}\left(\frac{1.3}{2.4}e^2\right)^2 - \frac{1}{5}\left(\frac{1.3.5}{2.4.6}e^3\right)^2 - \dots$$

la formule fondamentale donne,

$$h = \pm\, a^2\,\frac{2\pi a'.\,S}{\pi a' b'} = \pm\, 2\, a^2\,\frac{S}{b'}.$$

(1) *Annales de chimie et de physique*, 3e série, t. LI, p. 412.

CorOLLAIRE. Dans un tube cylindrique dont la base circulaire est équivalente à celle du tube elliptique, la variation de niveau est déterminée par l'équation

$$h = \pm \frac{2\,a^2}{\sqrt{a'b'}} = \pm\, 2\,a^2\, \frac{s}{b'}$$

s étant donnée par l'équation

$$s = \left(1 - e^2\right)^{\frac{1}{4}} = 1 - \frac{1}{4}e^2 - \frac{1.3}{2.4.4}e^4 - \frac{1.3.7}{2.3.4.4.4}e^6 - \ldots\ldots;$$

ce qui montre que la variation du niveau est plus considérable dans le tube capillaire elliptique que dans le tube circulaire. Ce résultat est conforme à un théorème général de l'article qui précède.

V

TUBES PRISMATIQUES.

1er THÉORÈME. Lorsque la section du tube capillaire est un rectangle dont les côtés sont B et D, on a

$$h = \pm\, a^2\, \frac{2\,(B + D)}{B\,D} = \pm\, 2\,a^2\, \left(\frac{1}{B} + \frac{1}{D}\right).$$

La hauteur du liquide soulevé ou déprimé est proportionnelle, dans ce cas, à la somme des réciproques des côtés du rectangle.

CorOLLAIRE. Si le rectangle est un *carré* de côté D, on a

$$h = \pm\, \frac{4a^2}{D}.$$

2e THÉORÈME. Si on suppose B infini, le rectangle devient l'ensemble de deux *lames parallèles indéfinies*, et on a,

$$h = \pm\, \frac{2a^2}{D},$$

c'est-à-dire, qu'entre deux lames indéfinies l'élévation et la dépression sont, toutes choses égales d'ailleurs, en raison inverse de la distance des lames.

COROLLAIRE. Dans un tube cylindrique à base de cercle de diamètre D on a, ainsi qu'il a été dit,

$$h = \pm \frac{4a^2}{D}.$$

La variation de niveau entre deux lames parallèles est donc la moitié de celle qui aurait lieu, soit dans un tube cylindrique à base de cercle dont le diamètre serait égal à l'écartement des lames, soit dans un tube prismatique quadrangulaire de même épaisseur.

SCHOLIE. Si on voulait tenir compte dans le cas des lames parallèles du ménisque supposé cylindrique, on aurait pour une longueur l prise sur les lames

$$\pm 2a^2 l = l D h + \frac{l D^2}{2} - \pi \frac{l D^2}{8}$$

et, par conséquent,

$$h + (4 - \pi) \frac{D}{8} = \pm \frac{2a^2}{D}.$$

Cette formule a été vérifiée par Gay-Lussac (1).

3e THÉORÈME. Dans un *angle dièdre très-aigu* formé par deux lames verticales la surface supérieure du liquide soulevé prend une forme hyperbolique.

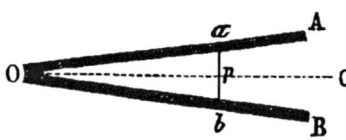

Soient, O la trace de l'arête verticale de l'angle dièdre sur le plan horizontal du niveau extérieur du liquide,

OA et OB celles des faces,

OC celle du plan bissecteur.

(1) *Annales de chimie et de physique*, 3e série, t. LI, p. 427.

Soient, de plus, 2φ l'angle dièdre des deux lames, x la distance Op, et y la hauteur de la tranche liquide qui se projette en ab. Vu l'extrême petitesse de l'angle dièdre, la tranche qui se projette en ab doit s'élever très-sensiblement à la même hauteur que si elle se trouvait comprise entre deux lames parallèles indéfinies distantes l'une de l'autre d'une quantité égale à ab. Or

$$ab = 2 \, tg \, \varphi . \, x;$$

on aura donc

$$y = \frac{a^2}{tg\varphi . \, x}$$

ou

$$xy = \frac{a^2}{tg \, \varphi}.$$

Cette équation représente une hyperbole équilatère ayant pour asymptotes l'arête verticale de l'angle dièdre et la bissectrice à la base de l'angle plan correspondant.

———

VI

TUBES CONCENTRIQUES (1).

THÉORÈME. L'ascension et la dépression capillaires ont la même valeur dans le cas de deux tubes prismatiques concentriques de même nature, que dans le cas d'un tube cylindrique à base de cercle de même substance et d'un rayon égal à l'intervalle constant des deux prismes.

En effet, entre deux tubes prismatiques de même nature

———

(1) LAPLACE, *Mécanique céleste*, 2ᵉ supplément au livre Xᵉ, pp. 32, 33 et 34.

dont les polygones des bases sont semblables et semblablement placés, l'équation fondamentale de l'ascension et de la dépression capillaires donne, en représentant par V le volume liquide soulevé ou déprimé, et par p et p' les périmètres en contact avec le liquide,

$$V = \pm\, a^2\, (p + p').$$

Mais, d'un autre côté, on a, D étant la distance commune des côtés semblables,

$$V = h\, D\, \frac{p + p'}{2}$$

on a donc

$$h = \pm\, \frac{2\,a^2}{D}.$$

1er COROLLAIRE. Lorsque les deux tubes prismatiques sont de nature différente, on a,

$$V = \pm\, (a^2\, p + a'^2\, p')$$

et, par conséquent,

$$h = \pm\, \frac{2\,(a^2 p + a'^2 p')}{D\,(p + p')}.$$

2e COROLLAIRE. Quant au volume soulevé ou déprimé autour d'un prisme plein, il est donné par la formule

$$V = \pm\, a^2 p$$

qui exprime en même temps l'augmentation ou la diminution de poids que le prisme éprouve par le fait de l'action capillaire.

CHAPITRE DEUXIÈME.

DES ACTIONS MOLÉCULAIRES AU SOMMET DE LA COLONNE CAPILLAIRE.

L'effet des forces moléculaires qui ont leur siége à la base de la colonne capillaire est de soulever ou de déprimer la première couche liquide en contact avec les parois du tube et dont l'épaisseur ne peut dépasser le rayon de l'attraction sensible de la matière du tube; celle-ci en déplace une seconde; cette dernière une troisième, et ainsi de suite. Quant au poids du liquide soulevé ou déprimé, il doit être égal à l'intensité des forces qui ont produit le déplacement (1). Mais la considération des forces moléculaires qui agissent à la base de la colonne capillaire ne nous apprend rien sur la forme précise que doit prendre la surface capillaire au sommet de la colonne. Car il est évident que cette surface peut prendre une infinité de formes différentes et le poids de la colonne rester le même. Tout ce que nous entrevoyons, c'est que cette surface doit être concave quand il y a ascension et convexe quand il y a dépression. L'équation, et partant la nature de la surface capillaire, est un point de la théorie qu'il nous faut traiter maintenant. Nous commencerons par quelques considérations générales.

_____

(1) LAPLACE, _Mécanique céleste_, 2ᵉ supplément au livre Xᵉ, p. 15.

I

PRESSION MOLÉCULAIRE DANS LES LIQUIDES.

Les liquides exercent sur une file quelconque de molécules normale à leur surface des actions moléculaires que nous allons déterminer tout d'abord, en ayant soin de distinguer les différents cas qui peuvent se présenter.

LIQUIDES TERMINÉS PAR UNE SURFACE PLANE. Soient, AB la surface plane du liquide,

mn la file de molécules dont il s'agit,

ab, $a'b'$... les sphères successives décrites des divers points m, m', m''.... de la file mn, comme centres, avec le rayon de l'attraction sensible du liquide.

La *résultante moléculaire* de toutes les actions que les divers points de la demi-sphère ab exercent sur le point m est dirigée suivant la normale mn et sollicite de l'extérieur du liquide à l'intérieur.

La résultante moléculaire du point m' se réduit évidemment à l'action du segment cde : elle est dirigée suivant la file normale $m'n$, et elle agit dans le même sens que précédemment, mais avec une intensité moindre.

Au point m'' et en tous les autres points de la file normale la résultante moléculaire est nulle.

Les résultantes moléculaires des divers points du segment mm'' de la file normale transmettent leur action, en tous sens, à toutes les molécules inférieures et donnent ainsi naissance à la *pression moléculaire*, qui n'est autre chose en chaque point que la somme de toutes ces pressions partielles. Cette pression croît d'un point à l'autre tout le long du segment mm'', et c'est au point m'' qu'elle atteint sa valeur maximum. A partir de ce point elle est constante et égale à la valeur maximum trouvée. Nous représenterons par A la pression moléculaire constante qui correspond à l'unité de surface.

LIQUIDES TERMINÉS PAR DES SURFACES CONCAVES. Il peut arriver par l'effet de causes que nous étudierons plus tard qu'un

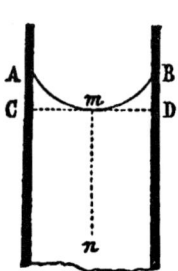

liquide soit terminé par une surface concave telle que AmB. La pression moléculaire constante sur la file normale mn est évidemment égale alors à celle qui aurait lieu si le liquide était terminé au point m par la surface plane CD, diminuée de l'action soulevante que le ménisque ABCD exerce sur cette même file.

Dans ce cas, la pression moléculaire constante qui correspond à l'unité de surface sera égale à une expression de la forme A — M.

LIQUIDES TERMINÉS PAR DES SURFACES CONVEXES. Il peut arriver par le jeu des mêmes causes qu'un liquide soit terminé

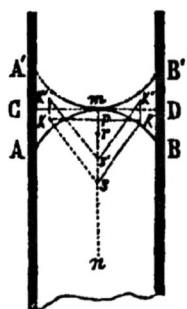

par une surface convexe telle que AmB. Dans ce cas, la pression moléculaire constante de la file mn, diminuée de l'action soulevante que le ménisque ABCD est capable d'exercer sur cette file, doit être égale à la pression moléculaire constante qui aurait lieu si le liquide était terminé au point m par la surface plane CD. La pression moléculaire constante qui correspond à l'unité de surface, est égale alors à une expression de la forme A + M.

Il n'est pas difficile de se convaincre que l'action du ménisque ABCD sur la file normale mn est bien réellement une action soulevante ; car, l'action moléculaire que deux molécules quelconques k appartenant au ménisque et symétriques par rapport à la file mn exercent sur cette file, se réduit nécessairement à l'action que ces deux points exercent sur le segment rs, ce segment étant déterminé de la manière suivante : l'extrémité s est à une distance des points k égale au rayon de l'attraction sensible et le point r sâtisfait aux égalités

$$kr = km, \qquad \text{et} \qquad pr = pm.$$

Or, l'action que les points k exercent sur le segment rs, est évidemment une action soulevante.

L'action que le ménisque ABCD peut exercer sur la file normale mn est d'ailleurs égale à celle que le ménisque symétrique A'B'CD exercerait sur la même file. L'action, en effet, que les deux points k' symétriques des points k par rapport au plan horizontal CD exercent sur la file de molécules dont il s'agit, ne s'étend pas au delà du segment ms' déterminé à partir du point m par les lignes $k's'$ menées parallèlement aux lignes ks. Or, on a évidemment

$$ms' = rs;$$

les actions résultantes des points k et k' sur la file normale sont donc identiques.

_____

II

EXPRESSION ANALYTIQUE DE LA PARTIE DE LA PRESSION MOLÉCULAIRE CONSTANTE QUI DÉPEND DE LA COURBURE DE LA SURFACE (1).

Ce qui diversifie les pressions moléculaires constantes d'un

_____

(1) *Annales de chimie et de physique*, 3ᵉ série, t. LI, pp. 383 et suiv.

même liquide terminé par des surfaces courbes de figures différentes, nous venons de le voir, c'est la partie de cette pression que nous avons représentée par **M**; il est donc nécessaire d'en rechercher l'expression analytique.

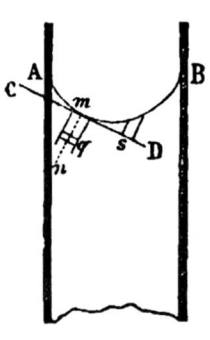

Soient, m un point de la surface du liquide, mn la normale intérieure, ou, mieux encore, le petit filet cylindrique droit dirigé suivant la normale comme axe;

soient de plus,

ω la base de ce filet cylindrique,

q un de ses éléments;

y la distance de l'élément q au point m.

Soient encore, CD le plan tangent à la surface au point m, ou plutôt l'intersection du plan tangent avec un plan sécant passant par la normale, AmB la section faite dans la surface par ce plan sécant, et r le rayon de courbure de cette section.

Menons par la normale mn un second plan sécant infiniment voisin du premier et partageons le double coin liquide ainsi formé en éléments d'épaisseur infiniment petite, par des surfaces cylindriques concentriques ayant toutes la normale mn pour axe.

Soient, s un de ces éléments, l sa hauteur,

x et $x + dx$ les rayons des surfaces cylindriques qui le terminent, $d\vartheta$ l'angle des plans.

L'action moléculaire ne s'étendant qu'à des distances insensibles, on peut dans la question qui nous occupe regarder la courbe AmB comme se confondant très-sensiblement dans le voisinage du point m avec son cercle de courbure en ce point.

Cela posé, il est clair que le volume de l'élément s est égal à

$$x \, d\vartheta \, dx \, l.$$

On a de plus

$$x^2 = (2r - l) l$$

et, par conséquent,

$$l = \frac{x^2}{2r - l}$$

ou, très-sensiblement,

$$l = \frac{x^2}{2r};$$

ce qui donne à l'expression du volume de l'élément s, la forme

$$\frac{x^3 \, d\theta \, dx}{2r}.$$

Le volume de l'élément q est ωdy.

L'action mutuelle de ces deux éléments est donc

$$\frac{\rho^2 \, \omega \, x^3 \, d\theta \, dx \, dy}{2r} \; \Phi \; \left(\sqrt{x^2 + y^2} \right)$$

ρ étant la densité du liquide, et,

$\Phi \left(\sqrt{x^2 + y^2} \right)$, l'expression de l'action moléculaire en fonction de la distance.

Il est vrai que cela suppose la masse de l'élément s condensée tout entière à sa base; mais cette supposition est très-sensiblement exacte, puisque l est du même ordre de grandeur que x^2; et $\sqrt{x^2 + y^2}$, devant lequel on néglige l, du même ordre que x.

Quant à la composante normale à la surface, elle est égale à

$$\frac{\rho^2 \omega \, x^3 y \, d\theta \, dx \, dy}{2r \sqrt{x^2 + y^2}} \; \Phi \left(\sqrt{x^2 + y^2} \right).$$

En joignant à cette composante normale, celle de l'élément symétrique de s par rapport à la normale mn, et en faisant la somme des composantes normales des actions moléculaires de tous les éléments s sur chacun des éléments q, on aura, en remarquant que la fonction Φ devient nulle pour toute valeur de $\sqrt{x^2 + y^2}$ supérieure au rayon de l'attraction moléculaire,

$$\frac{\rho^2 \omega \, d\theta}{r} \int_0^\infty \int_0^\infty \frac{x^3 y}{\sqrt{x^2 + y^2}} \, \Phi \left(\sqrt{x^2 + y^2} \right) dx \, dy.$$

Ajoutant enfin à cette action moléculaire totale celle du double coin dont les faces sont respectivement perpendiculaires à celles du premier, et en représentant par r' le nouveau rayon de courbure et par H l'intégrale définie commune, on a

$$\text{H} \left(\frac{1}{r} + \frac{1}{r'} \right) \rho^2 \omega d\theta.$$

Pour évaluer M, il reste à intégrer cette dernière expression par rapport à θ entre o et $\frac{\pi}{2}$. Or on sait par la théorie des surfaces que la somme $\frac{1}{r} + \frac{1}{r'}$ ne varie pas avec θ, mais qu'elle est constamment égale à $\frac{1}{\text{R}} + \frac{1}{\text{R}'}$, R et R' étant les rayons de courbure principaux de la surface au point m.

On aura donc

$$\text{M} = \pi \, \rho^2 \, \frac{\text{H}}{2} \left(\frac{1}{\text{R}} + \frac{1}{\text{R}'} \right).$$

REMARQUE. Au lieu de supposer avec Laplace l'incompressibilité du liquide, on pourrait admettre avec Poisson une variation rapide de densité dans le voisinage de la surface par le fait de la pression moléculaire. Le facteur ρ^2 serait alors remplacé dans l'expression de la composante normale de l'action moléculaire de l'élément s sur l'élément q, par le facteur $\rho \rho'$, ρ étant la densité de l'élément s et ρ' celle de l'élément q. Si on admet dans ce cas qué ρ' ne change point autour du point m dans toute la portion active du ménisque, on obtient pour l'action moléculaire totale au point m

$$\mathrm{M} = \pi \, \rho' \, \frac{(\mathrm{H})}{2} \left(\frac{1}{\mathrm{R}} + \frac{1}{\mathrm{R}'} \right)$$

(H) étant une intégrale définie différente de H.

Pour que le coefficient de $\left(\dfrac{1}{\mathrm{R}} + \dfrac{1}{\mathrm{R}'} \right)$ dans cette dernière expression, qui est évidemment plus générale que la première, ne varie pas avec le point m, il faut que ρ' reste constant aux divers points de la surface et que ρ'' y varie partout de la même manière le long de la normale.

III

ÉQUATION DE LA SURFACE CAPILLAIRE AU SOMMET DE LA COLONNE.

Ce que nous venons de dire montre très-clairement comment les choses se passent dans l'équilibre de la colonne capillaire.

En effet, la colonne soulevée, par exemple, peut se décomposer en cylindres élémentaires de section infinitésimale ω et de hauteur z, et il est évident que la condition nécessaire et suffisante de l'équilibre de la colonne totale, c'est que le poids $g\rho z\omega$ de chaque cylindre élémentaire soit comme soutenu par l'action soulevante $\mathrm{M}\omega$ du ménisque correspondant; car les ménisques successifs s'étendant par voie de continuité jusqu'à la couche cylindrique soulevée par les forces moléculaires qui agissent au bas de la colonne capillaire, peuvent être considérés comme soutenus par elle. Il est aussi évident d'autre part que ces conditions déterminent la forme de la surface capillaire.

Mais avant d'exprimer analytiquement ces conditions, il est bon de remarquer que tout point de la surface capillaire dont la distance à la paroi du tube est moindre que le rayon de l'attraction moléculaire de la matière du tube, est soumis à une double action moléculaire : celle du tube et celle du liquide; tandis que les points dont la distance à la paroi est une distance sensible, ne sont soumis qu'à la simple action moléculaire du liquide. La détermination de la forme de deux portions aussi distinctes de la surface capillaire constitue donc une double recherche. Nous allons parler successivement de l'une et de l'autre.

FORME DE LA SURFACE CAPILLAIRE A DES DISTANCES INSENSIBLES DE LA PAROI. L'attraction moléculaire est nulle, comme on sait, à toute distance sensible. Sans rien ôter à la généralité de la

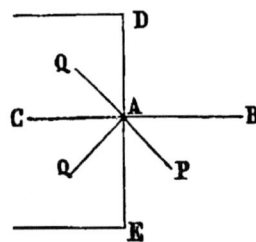

question qui nous occupe, nous pouvons donc considérer une lame indéfinie DE d'un solide quelconque, plongée dans un liquide dont nous représenterons la surface horizontale par BAC.

Le point A de la surface primitive, contigu à la lame, est soumis à l'action de trois forces moléculaires : deux forces Q, résultantes moléculaires des portions DAC et EAC du solide, égales, rectangulaires et faisant chacune avec l'horizontale de part et d'autre de cette droite, un angle égal à $\frac{\pi}{4}$; et une force P, bissectrice de l'angle droit BAE et résultante moléculaire du liquide.

La direction de la résultante de ces trois forces et de celle qui provient de l'action de la pesanteur doit être normale au plan tangent à la surface capillaire au point A, dont elle détermine, par cela même, la direction en ce point.

Or, la résultante dont il s'agit peut être dirigée à l'intérieur du solide, à l'intérieur du liquide ou suivant la verticale. Elle est dirigée à l'intérieur du solide, lorsque la composante horizontale totale $(2\,Q - P)\cos\frac{\pi}{4}$ est positive; à l'intérieur du liquide, lorsque cette composante est négative; et enfin, suivant la verticale, lorsqu'elle est nulle.

Dans le premier cas, la surface du liquide est concave dans le voisinage de la paroi; dans le second, elle est convexe, et dans le troisième, elle est plane et horizontale.

On a donc définitivement pour la forme de la surface capillaire dans la partie qui est immédiatement en contact avec la paroi :

forme concave, lorsque $2\,Q - P > 0$
forme plane, » $2\,Q - P = 0$
forme convexe, » $2\,Q - P < 0$.

Une étude complète de la surface capillaire dans la limite du rayon d'activité moléculaire étant inutile pour le but que nous nous proposons, nous ne pousserons pas plus loin cet examen.

FORME DE LA SURFACE CAPILLAIRE A DES DISTANCES SENSIBLES DES PAROIS. Quand après quelques petites oscillations, la colonne soulevée ou déprimée dont la forme dans le voisinage des parois est déterminée, ainsi qu'il vient d'être dit, par les intensités et les directions relatives des résultantes moléculaires du tube et du liquide en chaque point,

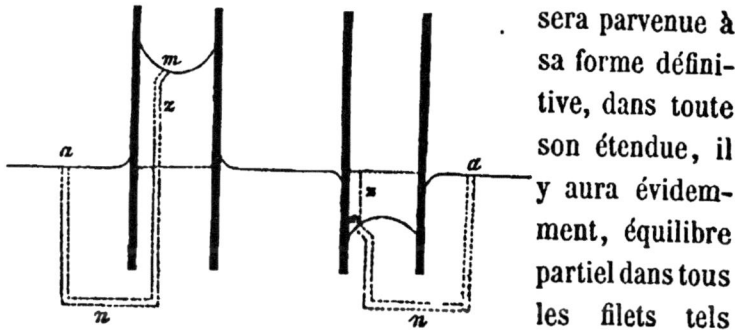

sera parvenue à sa forme définitive, dans toute son étendue, il y aura évidemment, équilibre partiel dans tous les filets tels que *mna*. On aura donc, en négligeant de considérer les portions de ces filets dont les poids se font nécessairement équilibre,

$$A \, \omega = (A \mp M) \, \omega \pm g \, \rho \, z \, \omega,$$

ou

$$g \, \rho \, z = M,$$

z étant la distance du point *m* au plan de la surface horizontale du liquide extérieur.

Cette équation montre que la différence des pressions moléculaires aux deux sommets *a* et *m* de la colonne est contre-balancée dans tous les filets liquides par le poids de la partie soulevée ou déprimée. On aura donc, en chaque point *m* de la surface capillaire,

$$g \, \rho \, z = \pi \, \rho^2 \, \frac{H}{2} \left(\frac{1}{R} + \frac{1}{R'} \right)$$

ou

$$z = \frac{k^2}{2} \left(\frac{1}{R} + \frac{1}{R'} \right)$$

R et R' étant les rayons de courbure principaux de la surface au point *m*, et $\frac{k^2}{2}$ un facteur constant qui ne varie pas avec le point *m*. Dans la théorie de Laplace, k^2 est égal à $\frac{\pi \rho}{g}$ H.

Dans l'hypothèse de Poisson, ce coefficient est encore constant lorsqu'on admet que la variation de densité dans le voisinage de la surface capillaire est nulle parallèlement à la surface, et qu'elle a lieu en chaque point de la même manière dans le sens de la normale : sa valeur est alors égale à $\frac{\pi \rho'}{g \rho}$ (H).

L'équation qui précède est l'équation de la surface capillaire pour tous les points qui sont à distance sensible des parois du tube. Elle est aux différentielles partielles du second ordre, car elle devient en remplaçant le binome $\frac{1}{R} + \frac{1}{R'}$ par sa valeur connue,

$$z = \frac{k^2}{2} \frac{\left(1 + \frac{dz^2}{dy^2}\right)\frac{d^2z}{dx^2} - 2\frac{dz}{dx}\frac{dz}{dy}\frac{d^2z}{dxdy} + \left(1 + \frac{dz^2}{dx^2}\right)\frac{d^2z}{dy^2}}{\left(1 + \frac{dz^2}{dx^2} + \frac{dz^2}{dy^2}\right)^{\frac{3}{2}}}.$$

Lorsque le tube capillaire est cylindrique et à base de cercle, la surface capillaire est une surface de révolution autour de l'axe du tube et l'équation précédente se simplifie.

Dans une surface de révolution, en effet, les sections normales qui correspondent aux rayons de courbure principaux de la surface en un point, sont, l'une, la section méridienne passant par ce point, l'autre, la section normale perpendiculaire à la première et dont le plan est nécessairement dirigé suivant la tangente au parallèle du point dont il s'agit.

Le rayon de courbure de la courbe méridienne est donné par l'équation

$$\frac{1}{R} = \frac{\frac{d^2z}{du^2}}{\left(1 + \frac{dz^2}{du^2}\right)^{\frac{3}{2}}},$$

u étant la distance du point considéré à l'axe du tube; celui de la section normale qui passe par la tangente au parallèle, est égal à la portion de la normale à la surface comprise entre l'axe de révolution et le point dont il s'agit : il est donné par l'équation

$$\frac{1}{R'} = \frac{\frac{dz}{du}}{u\sqrt{1 + \frac{dz^2}{du^2}}}$$

en vertu du théorème de Meunier sur les rayóns de courbure des sections obliques.

L'équation de la surface capillaire devient donc

$$z = \frac{k^2}{2} \cdot \frac{\frac{d^2z}{du^2} + \frac{1}{u}\frac{dz}{du}\left(1 + \frac{dz^2}{du^2}\right)}{\left(1 + \frac{dz^2}{du^2}\right)^{\frac{3}{2}}}.$$

IV

EXPRESSION ANALYTIQUE DU VOLUME DU LIQUIDE SOULEVÉ OU DÉPRIMÉ DANS UN TUBE CYLINDRIQUE.

Un des résultats les plus remarquables de la théorie mathématique de la capillarité, est sans contredit l'expression analytique du volume liquide soulevé ou déprimé par l'action capillaire dans un tube cylindrique.

Le volume du liquide compris entre deux surfaces cylindriques à base de cercle et concentriques de rayons u et $u + du$ est évidemment égal à $2\pi . u\, z\, du$; le volume soulevé total V est donc exprimé dans les tubes cylindriques de révolution par l'intégrale définie

$$\int_0^r 2\pi u\, z\, du$$

en représentant par r, soit le rayon du tube diminué du rayon de l'attraction sensible de la matière dont il est composé, soit, ce qui revient au même dans la pratique, le rayon même du tube (1).

---

(1) *Annales de chimie et de physique*, 5e série, t. LI, pp. 392 et 393.

De là

$$V = \pi k^2 \int_0^r \frac{u \frac{d^2 z}{du^2} + \frac{dz}{du}\left(1 + \frac{dz^2}{du^2}\right)}{\left(1 + \frac{dz^2}{du^2}\right)^{\frac{3}{2}}} \, du$$

ou,

$$V = \pi k^2 \int_0^r d.\frac{u \frac{dz}{du}}{\sqrt{1 + \frac{dz^2}{du^2}}}$$

ou, en appelant δ l'angle variable formé par la tangente à la courbe méridienne et par la génératrice correspondante de la paroi,

$$V = \pi k^2 \int_0^r d.\, u \cos \delta.$$

Le volume soulevé ou déprimé est donc donné par l'équation

$$V = \pi k^2 r \cos \omega$$

ω étant l'*angle de raccordement*, c'est-à-dire, l'angle aigu formé dans un plan méridien quelconque, par la génératrice correspondante de la paroi du tube cylindrique à base de cercle et par la tangente à la courbe méridienne, non pas précisément au point où cette dernière rencontre la paroi, mais au point, très-voisin d'ailleurs de celui-ci, dont la distance à la paroi est égale au rayon de l'attraction sensible du tube. Il est évident que dans la pratique on peut omettre cette distinction.

Le théorème qui précède est tout à fait général; il a encore lieu, ainsi que Laplace l'a fait voir (1), dans le cas d'un tube

---

(1) LAPLACE, *Mécanique céleste*, 2ᵉ supplément au livre Xᵉ, p. 10.

cylindrique dont la section est quelconque. Voici la démonstration de ce théorème général, telle, à peu près, que M. Bertrand l'a donnée dans son *Mémoire sur la théorie des phénomènes capillaires* (1).

L'équation de la surface capillaire rapportée au niveau horizontal du liquide extérieur comme plan des xy, est

$$z = \frac{k^2}{2} \left(\frac{1}{R} + \frac{1}{R'} \right).$$

En multipliant par $dxdy$, et en intégrant dans toute l'étendue de la section du tube, on a

$$V = \frac{k^2}{2} \iint \left(\frac{1}{R} + \frac{1}{R'} \right) dxdy.$$

Si on construit maintenant une surface parallèle à la surface capillaire en portant sur chaque normale, à partir de la surface, un segment constant et infiniment petit ε, et qu'on divise ces deux surfaces, tant la surface capillaire que la surface parallèle, en rectangles infiniment petits correspondants

$$du = ds\, ds'$$
$$dv = d\sigma\, d\sigma'$$

par le moyen de leurs lignes de courbure, on aura

$$\frac{du}{dv} = \frac{ds}{d\sigma} \frac{ds'}{d\sigma'} = \frac{R}{R-\varepsilon} \frac{R'}{R'-\varepsilon}$$

et, aussi,

$$\frac{du}{RR'} = \frac{dv}{(R-\varepsilon)(R'-\varepsilon)} = \frac{du - dv}{(R+R')\varepsilon}$$

en négligeant l'infiniment petit du second ordre ε^2; d'où l'on tire, tant pour les rectangles infiniment petits dont il est

---

(1) *Journal de mathématiques pures et appliquées*, t. XIII, p. 199.

question que pour des éléments de surface infiniment petits, correspondants, mais quelconques, représentés par les mêmes notations,

$$du - d\upsilon = du \left(\frac{1}{R} + \frac{1}{R'} \right) \varepsilon.$$

Cette équation constitue un fort beau théorème que M. Bertrand a signalé le premier dans son *Mémoire sur les surfaces isothermes orthogonales*.

Cela posé, concevons que chaque élément de surface, du, soit pressé normalement par la force $\frac{du}{\varepsilon}$, et que chaque élément correspondant, $d\upsilon$, soit aussi sollicité, mais en sens contraire, par la force normale $\frac{d\upsilon}{\varepsilon}$. La différence de ces deux forces élémentaires sera égale, pour des éléments correspondants, à

$$du \left(\frac{1}{R} + \frac{1}{R'} \right),$$

et la différence de leurs composantes verticales, à

$$dx \; dy \left(\frac{1}{R} + \frac{1}{R'} \right).$$

L'intégrale

$$\iint \left(\frac{1}{R} + \frac{1}{R'} \right) dx \; dy$$

est donc égale à la différence des résultantes verticales des forces $\frac{du}{\varepsilon}$ d'une part, et des forces $\frac{d\upsilon}{\varepsilon}$ de l'autre.

Or, la résultante verticale des forces $\frac{du}{\varepsilon}$ est donnée par le produit de la force normale constante $\frac{1}{\varepsilon}$ qui correspond à l'unité de surface, et de la projection horizontale de la surface capillaire; de la même manière celle des forces $\frac{d\upsilon}{\varepsilon}$, par le produit de la pression normale constante $\frac{1}{\varepsilon}$ et de la projection horizontale de la surface parallèle. La différence de ces deux résultantes est donc égale au produit de $\frac{1}{\varepsilon}$ et de la projection horizontale de la surface formée par les segments normaux ε qui correspondent aux divers points du contour p de la section du tube.

On a, par conséquent

$$V = \frac{k^2}{2} \, p \, \cos \omega,$$

pour un tube cylindrique quelconque (1).

V

ANGLE DE RACCORDEMENT DANS LES TUBES CYLINDRIQUES A BASE DE CERCLE.

1er THÉORÈME. Le poids du liquide soulevé ou déprimé devant être égal à la force soulevante ou déprimante, on a

$$\pm\, 2\pi r\,(2\alpha - \alpha') = k^2\pi\, r\, g\, \rho\, \cos\omega$$

ou, puisque l'on a fait $\dfrac{2\alpha - \alpha'}{\rho g} = a^2$

$$\cos \omega = \pm\, \frac{2\,a^2}{k^2} \,;$$

---

(1) Gauss, Poisson et M. Bertrand ont démontré que l'inclinaison de la normale à la surface capillaire sur le plan horizontal est constante tout le long du contour p.

l'angle de raccordement est donc indépendant du rayon du tube et absolument le même dans tous les tubes cylindriques à base de cercle, quand il s'agit d'une même matière de tube et d'un même liquide.

2e THÉORÈME. Lorsque l'action moléculaire du tube sur le liquide est égale à celle du liquide sur lui-même, on a, d'une part,

$$\alpha = \alpha',$$

et de l'autre,

$$\omega = 0.$$

En effet, si l'angle de raccordement n'était pas nul, l'action de la partie du tube comprise entre l'arête verticale et la tangente à la courbe méridienne capillaire au point où cette dernière rencontre la paroi, donnerait naissance à une résultante dont la composante suivant la tangente devrait être égale et contraire à celle de la résultante de la partie du liquide renfermé entre la courbe et cette même tangente. Une telle égalité est impossible, attendu que le premier angle est un angle fini, et le second un angle nul au sommet.

COROLLAIRE. On a donc, dans cette supposition,

$$2a^2 = \frac{2\alpha'}{\rho g} = k^2$$

et, par conséquent,

$$\alpha' = \frac{k^2}{2}\, \rho\, g,$$

ou, en remplaçant k^2 par sa valeur trouvée plus haut,

$$\alpha' = \pi \rho^2\, \frac{H}{2}.$$

On a aussi, dans le cas d'un angle de raccordement quelconque

$$a^2 \rho g = 2\alpha - \alpha' = \frac{k^2}{2} \rho g \cos \omega = \alpha' \cos \omega$$

et, par suite,

$$\alpha = \alpha' \frac{1 + \cos \omega}{2} = \alpha' \cos^2 \frac{\omega}{2}.$$

Ces résultats sont très-importants dans la théorie capillaire, puisqu'ils permettent d'assigner le rapport de α à α' quand on connaît l'angle ω, et qu'ils établissent une relation entre α' et H ; ils ont été démontrés directement par Laplace (1).

VI

EXPRESSIONS PLUS EXACTES DES LOIS DE LA VARIATION DU NIVEAU CAPILLAIRE DANS LES TUBES CYLINDRIQUES A BASE DE CERCLE.

Dans les tubes cylindriques de petit diamètre, alors que la surface capillaire coïncide sensiblement avec un segment sphérique, ces segments sont semblables pour des tubes de même nature et pour un même liquide, et leurs rayons sont en raison directe des rayons des tubes.

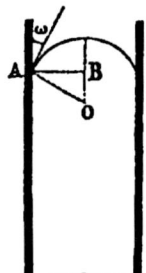

On a, en effet, dans ces circonstances, outre la constance de l'angle AOB

$$R = R'$$

et

$$\frac{r}{R} = \frac{AB}{AO} = \cos \omega,$$

---

(1) *Mécanique céleste*, 1er supplément au livre Xe, pp. 47 et 48 ; 2e supplément, pp. 17 et 18.

et, par conséquent,

$$R = \frac{r}{\cos\omega}.$$

L'équation de la surface capillaire donne dans ce cas en chaque point

$$h = \frac{k^2}{R} = \frac{k^2}{r}\cos\omega,$$

ce qui est la *loi de Jurin*.

Mais on voit, par ce résultat, que regarder la surface capillaire comme un segment de sphère, équivaut à négliger la flèche du ménisque devant la hauteur h.

Lorsque le diamètre des tubes capillaires est trop grand pour qu'on puisse ainsi négliger la hauteur du ménisque et regarder la surface capillaire comme un segment de sphère, on peut la considérer comme coïncidant très-sensiblement avec un segment d'ellipsoïde de révolution autour de l'axe du tube et dont le grand axe serait horizontal (1).

En prenant alors pour origine des coordonnées le point où l'axe du tube rencontre la surface capillaire; pour axe des ordonnées y, l'axe du tube lui-même, et pour axe des abscisses u, l'horizontale, on a pour l'équation de l'ellipse méridienne, $2b'$ étant le petit axe de l'ellipse et $2a'$ le grand axe,

$$\frac{(y - b')^2}{b'^2} + \frac{u^2}{a'^2} = 1$$

et, par suite, pour la partie inférieure de l'ellipse dans le cas d'une colonne soulevée, et pour la partie supérieure dans le cas contraire, m représentant le rapport du petit axe au grand axe

---

(1) *Annales de chimie et de physique,* 3e série, t. LI, pp. 399 et suiv.

$$y = b' - \sqrt{b'^2 - m^2 u^2}.$$

L'ellipse méridienne doit faire avec la verticale, en un point dont l'abscisse est sensiblement égale au rayon du tube, un angle aigu égal à l'angle de raccordement ω; de plus, son rayon de courbure b à l'origine, doit satisfaire à la relation

$$h = \frac{k^2}{b}$$

h étant la variation de niveau du point où le ménisque rencontre l'axe du tube.

Ces deux conditions permettent de déterminer b' et m.

En effet, la cotangente variable de l'angle que la tangente à la courbure méridienne fait avec l'arête du tube, étant déterminée par l'équation

$$\frac{dy}{du} = \frac{m^2 u}{\sqrt{b'^2 - m^2 u^2}},$$

on a pour première équation de condition

$$\cot. \omega = \frac{m^2 r}{\sqrt{b'^2 - m^2 r^2}}.$$

L'expression générale du rayon de courbure dans une courbe plane quelconque, étant

$$\frac{\left(\frac{dy^2}{du^2} + 1\right)^{\frac{3}{2}}}{\frac{d^2 y}{du^2}};$$

comme on a à l'origine, dans le cas qui nous occupe, $\dfrac{dy}{du} = o$ et, en un point quelconque,

$$\frac{d^2 y}{du^2} = \frac{m^2 b'^2}{\left(b'^2 - m^2 u^2\right)^{\frac{3}{2}}},$$

la seconde équation de condition est,

$$\frac{k^2}{h} = \frac{b'}{m^2}.$$

Ces deux équations permettent de déterminer b' et m en fonction de h. Or, l'équation qui résulte de l'égalité de la force totale soulevante ou déprimante

$$\pm 2\pi (2\alpha - \alpha') \qquad \text{ou} \qquad \pm 2\pi r.\, a^2 g\rho,$$

et du poids du liquide soulevé ou déprimé

$$g\rho\left[\pi r^2 h + \int_0^r 2\pi u y\, du\right]$$

fera connaître h.

Cette équation est :

$$\pm 2 a^2 r = r^2 h + 2\int_0^r u y\, du.$$

Or, on a

$$\int_0^r u y\, du = \int_0^r \left(b'u - u\sqrt{b'^2 - m^2 u^2}\right) du = \int_0^r d.\frac{b'u^2}{2} + \int_0^r d.\frac{\left(b'^2 - m^2 u^2\right)^{\frac{3}{2}}}{3 m^2}$$

c'est-à-dire,

$$b'\frac{r^2}{2} + \frac{\left(b'^2 - m^2 r^2\right)^{\frac{3}{2}}}{3 m^2} - \frac{b'^3}{3 m^2}.$$

En remarquant que l'on a aussi

$$\pm 2 a^2 = k^2 \cos \omega$$

l'équation qui doit déterminer h devient finalement

$$k^2 r \cos \omega = r^2 h + 2\left[b'\frac{r^2}{2} + \frac{\left(b'^2 - m^2 r^2\right)^{\frac{3}{2}}}{3 m^2} - \frac{b'^3}{3 m^2}\right].$$

Quand l'angle de raccordement est nul, on a

$$b' = m r = m^2\,\frac{k^2}{h}.$$

et, par conséquent,

$$v' = \frac{h r^2}{k^2}.$$

L'équation qui doit déterminer h devient alors

$$k^2 r = r^2 h + h \frac{r^4}{k^2} - 2 h \frac{r^4}{3 k^2}$$

ou

$$\frac{k^2}{r} = h \left(1 + \frac{r^2}{3 k^2} \right).$$

Avec cette approximation, ce n'est donc plus la hauteur h qui varie en raison inverse du rayon du tube, mais bien la hauteur h multipliée par le facteur $\left(1 + \frac{r^2}{3 k^2} \right)$.

L'exactitude de cette loi, énoncée pour la première fois par M. Hagen, a été vérifiée par M. Ed. Desains.

————

VII

THÉORÈME DE LAPLACE.

Nous avons démontré dans le chapitre premier que le liquide capillaire s'élève entre deux tubes cylindriques à base de cercle, concentriques et très-rapprochés l'un de l'autre, à la même hauteur que dans un tube cylindrique à base de cercle dont le rayon est égal à l'intervalle qui sépare les deux tubes.

Voici une nouvelle démonstration de ce beau théorème.

Soient r et r' les rayons de l'espace annulaire compris entre les deux tubes.

Le volume du liquide soulevé sera donné, comme précédemment, par l'équation

$$V = \int_{r\prime}^{r} 2\,\pi\,u\,z\,du.$$

On aura donc, en faisant attention au signe négatif d'un des rayons de courbure dans la première partie de l'intervalle qui sépare les limites,

$$V = \pi\,k^2 \int_{r\prime}^{r} d. \; \frac{u\,\dfrac{dz}{du}}{\sqrt{1 + \dfrac{dz^2}{du^2}}} = \pi\,k^2 \int_{r\prime}^{r} d.\;u\,\cos\delta$$

δ étant estimé convenablement.

Puisque $d.\,u\,\cos\delta$ est positif de $r\prime$ en r et que $u\,\cos\delta$ est égal à $r\,\cos\omega$ à la limite supérieure, et à $-\,r\prime\,\cos\omega$ à la limite inférieure, on a

$$V = \pi\,k^2.\,(r + r\prime)\,\cos\omega.$$

D'un autre côté la hauteur moyenne h de la colonne annulaire doit satisfaire à l'équation

$$V = \pi\,(r^2 - r\prime^2)\,h;$$

on a donc

$$h = \frac{k^2}{r - r\prime}\,\cos\omega.$$

Dans un tube cylindrique à base de cercle de rayon $(r - r\prime)$, on aurait,

$$V\prime = \pi\,k^2\,(r - r\prime)\,\cos\omega$$

et

$$V\prime = \pi\,(r - r\prime)^2\,h\prime$$

et, par conséquent,

$$h' = \frac{k^2}{r - r'} \cos \omega;$$

les hauteurs moyennes h et h' sont donc égales.

Corollaire. Si on suppose r et r' infinis, on a le cas de deux lames parallèles et verticales très-rapprochées l'une de l'autre, et on est conduit à un théorème connu.

Scholie. Ces théorèmes ont encore lieu dans le cas où le liquide est déprimé.

VIII

ÉLÉVATION ET DÉPRESSION DES LIQUIDES CONTRE UNE LAME (1).

Dans ce cas, u pouvant être considéré comme infini, l'équation des surfaces capillaires de révolution devient,

$$z = \frac{k^2}{2} \frac{\dfrac{d^2 z}{du^2}}{\left(1 + \dfrac{dz^2}{du^2}\right)^{\frac{3}{2}}}$$

ou, en multipliant par dz

$$z \, dz = \frac{k^2}{2} \frac{\dfrac{dz}{du} \dfrac{d^2 z}{du^2} du}{\left(1 + \dfrac{dz^2}{du^2}\right)^{\frac{3}{2}}}.$$

On a, en intégrant,

$$\frac{z^2}{2} = \text{const} - \frac{k^2}{2} \frac{1}{\sqrt{1 + \dfrac{dz^2}{du^2}}}.$$

------

(1) *Annales de chimie et de physique,* 3e série, t. LI, p. 430.

4

Loin de la lame, on doit avoir simultanément

$$z = 0 \qquad \text{et} \qquad \frac{dz}{du} = 0.$$

Cette double condition exige que

$$\text{const} = \frac{k^2}{2},$$

ce qui permet d'écrire l'intégrale générale sous la forme

$$z^2 = k^2 \left(1 - \frac{1}{\sqrt{1 + \frac{dz^2}{du^2}}} \right).$$

L'expérience ayant fait voir que dans le cas de l'eau et d'une lame de verre, l'angle de raccordement est nul, il faut en conclure que, dans ce cas, $\frac{dz}{du}$ est infini contre la lame. On a donc pour l'expression de l'élévation de l'eau contre une lame de verre

$$h = k.$$

Dans le cas d'un liquide quelconque, d'une lame quelconque et d'un angle de raccordement ω, on aurait pour l'élévation ou la dépression,

$$h^2 = k^2 (1 - \sin \omega).$$

CHAPITRE TROISIÈME.

DIVERS ÉQUILIBRES ET MOUVEMENTS CAPILLAIRES.

Nous allons rassembler dans ce chapitre les phénomènes capillaires qui nous paraîtront les plus intéressants et en même temps les plus propres à montrer toute la portée des principes établis dans les deux chapitres précédents.

———

I

ÉQUILIBRE DE PLUSIEURS LIQUIDES SUPERPOSÉS, DANS UN TUBE CAPILLAIRE CYLINDRIQUE A BASE DE CERCLE (1).

Supposons qu'on ait plongé par son extrémité inférieure un tube capillaire cylindrique à base de cercle, dans un liquide qui le mouille et de densité f; et qu'ensuite on ait introduit à la partie supérieure du même tube, un deuxième liquide capable aussi de le mouiller et de densité ρ. La surface capillaire supérieure sera absolument la même que si le tube plongeait dans le liquide introduit; mais aux points de contact, les deux liquides auront une surface capillaire commune différente de la première et différente aussi de celle que prendrait dans le tube capillaire le premier liquide s'il était seul.

Nous nous proposons de déterminer la nature de cette surface commune, en supposant le tube capillaire assez

———

(1) LAPLACE, *Mécanique céleste*, 2ᵉ supplément au livre Xᵉ, pp. 26 et suiv.

étroit pour qu'on puisse regarder sans erreur sensible les deux surfaces capillaires comme des segments de sphère.

Considérons pour cela un canal infiniment étroit dirigé suivant l'axe du tube et recourbé à la partie inférieure de manière à aboutir au niveau horizontal du liquide extérieur, et estimons positivement les forces moléculaires qui le sollicitent dans le sens de la pesanteur, et négativement celles qui le sollicitent en sens contraire.

A la surface capillaire supérieure, la pression moléculaire du liquide supérieur sur lui-même agit de haut en bas dans le canal infinitésimal et est égale à

$$A - M$$

c'est-à-dire, en représentant par r le rayon du tube et par ω l'angle de raccordement de ce liquide, à

$$A - \frac{\pi \rho^2 H}{r} \cos \omega.$$

A la surface commune, dont nous représenterons l'angle de raccordement par θ, la pression moléculaire du même liquide sur lui-même agit de bas en haut et est égale à

$$- \left(A + \frac{\pi \rho^2 H}{r} \cos \theta \right).$$

L'action moléculaire du liquide inférieur sur le liquide supérieur agit de haut en bas, et est égale à

$$A_1 + \frac{\pi \rho \rho' H_1}{r} \cos \theta.$$

L'action du liquide inférieur sur lui-même agit aussi de haut en bas, et est égale à

$$A' - \frac{\pi \rho'^2 H'}{r} \cos \theta.$$

L'action du liquide supérieur sur le liquide inférieur agit de bas en haut, et est égale à

$$- \left(A_1 - \frac{\pi \rho \rho' H_1}{r} \cos \theta \right).$$

De sorte que l'action totale de haut en bas est égale à

$$A' + \pi \frac{2 \rho \rho' H_1 - \rho^2 H - \rho'^2 H'}{r} \cos \theta - \pi \frac{\rho^2 H}{r} \cos \omega.$$

Si le liquide inférieur était seul dans le tube capillaire, le poids du liquide déplacé serait le même que celui qui est soulevé dans les circonstances actuelles, ainsi que nous l'avons montré dans le premier chapitre, et l'action moléculaire de haut en bas serait égale à,

$$A' - \frac{\pi \rho'^2 H'}{r} \cos \omega'.$$

Ces deux forces sont donc égales, et on a

$$\frac{\rho'^2 H'}{r} \cos \omega' = \frac{\rho^2 H}{r} \cos \omega - \frac{2 \rho \rho' H_1 - \rho^2 H - \rho'^2 H'}{r} \cos \theta$$

ou

$$\cos \theta = \frac{\rho^2 H \cos \omega - \rho'^2 H' \cos \omega'}{2 \rho \rho' H_1 - \rho^2 H - \rho'^2 H'}.$$

L'angle θ détermine le segment sphérique qui constitue la surface capillaire commune aux deux liquides.

II

SUSPENSION DES LIQUIDES DANS LES TUBES CYLINDRIQUES A BASE DE CERCLE.

Lorsqu'on retire avec précaution un tube capillaire du liquide qui le mouille et dans lequel il était plongé par son extrémité inférieure, ou qu'on introduit directement ce liquide par l'extrémité supérieure, on voit se former à la partie inférieure du tube une goutte liquide dont la convexité peut être plus ou moins prononcée. La hauteur et le volume de la colonne soulevée croissent avec cette convexité.

M. Bertrand a fait connaître une expression remarquable de la limite supérieure du volume soulevé (1). On peut parvenir au résultat indiqué par le savant géomètre de la manière suivante.

Soient, V la limite supérieure du volume soulevé dont il s'agit, et V' celui qui serait soulevé si le tube plongeait par son extrémité inférieure dans le liquide.

Il est facile de voir qu'en représentant par p le périmètre de la section inférieure du tube, on a

$$g \rho V = 2 \alpha . p.$$

D'un autre côté,

$$g \rho V' = (2 \alpha - \alpha') p.$$

On a donc

$$\frac{V}{V'} = \frac{2 \alpha}{2 \alpha - \alpha'}.$$

Mais nous avons vu que

$$2 \alpha - \alpha' = \alpha' \cos \omega$$

et que, par conséquent,

$$2 \alpha = \alpha' (1 + \cos \omega) ;$$

on a donc finalement

$$\frac{V}{V'} = 1 + \frac{1}{\cos \omega}.$$

---

(1) *Journal de mathématiques pures et appliquées*, t. **XIII**, p. **205**.

Le volume soulevé lorsque le tube est suspendu verticalement et que les deux extrémités sont à l'air libre, est donc *tout au plus* égal au volume V' multiplié par le facteur $\left(1 + \dfrac{1}{\cos \omega}\right)$.

SCHOLIE. Il a été démontré par Gauss, Poisson et M. Bertrand, que l'angle de raccordement est constant tout autour de la surface capillaire dans un tube cylindrique à section quelconque, et qu'il ne dépend que de la nature du tube et de celle du liquide. Si on tient compte de cette remarque, la démonstration qui précède de particulière devient générale, sans qu'il soit besoin d'y rien changer.

III

ASCENSION ET DÉPRESSION DES LIQUIDES DANS LES TUBES CONIQUES (1).

Nous supposerons le tube assez étroit pour qu'on puisse regarder la surface capillaire comme se confondant sensiblement avec un segment de sphère.

Lorsque la surface capillaire est tangente aux parois du tube, r étant le rayon de la section d'affleurement et φ le demi-angle au sommet du cône, la variation de niveau est donnée par l'équation

$$h = \frac{k^2}{r} \cos \varphi.$$

Lorsque la surface capillaire fait avec la paroi du tube un angle ω, la variation de niveau est donnée

---

(1) *Annales de chimie et de physique*, 3e série, t. LI, pp. 407, 433 et suiv.

par l'équation

$$h = \frac{k^2}{r} \cos (\varphi \pm \omega).$$

Ces formules peuvent s'appliquer aux lames indéfinies dont le plan bissecteur serait vertical; il suffirait d'y remplacer r par la distance D des deux lames aux points d'affleurement.

Dans le cas, par exemple, d'un tube conique et d'une surface capillaire concave tangente aux parois du tube, on a de plus, r' étant le rayon de la section du tube qui correspond au niveau du liquide extérieur,

$$\frac{r' - r}{h} = tg\,\varphi,$$

et, par conséquent,

$$\frac{r'}{h} - \frac{k^2 \cos \varphi}{h^2} = tg\,\varphi.$$

Cette équation donne

$$h^2\,tg\,\varphi - r'h + k^2\,\cos \varphi = 0$$

et

$$h = \frac{r'}{2\,tg\,\varphi} \pm \frac{1}{2\,tg\,\varphi} \sqrt{r'^2 - 4\,k^2\,\sin \varphi}.$$

On voit par là que l'équilibre de la colonne soulevée est impossible lorsqu'on plonge le tube assez profondément pour que l'on ait

$$r' < 2\,k\,\sqrt{\sin \varphi};$$

le liquide doit alors monter jusqu'au haut du tube.

Lorsqu'on ne plonge pas le tube aussi profondément, et que l'on prend garde que la relation

$$r' > 2\,k\,\sqrt{\sin \varphi}$$

soit vérifiée, il y a deux positions d'équilibre de la colonne liquide également possibles, l'une

$$h' = \frac{r'}{2\,tg\,\varphi} - \frac{1}{2\,tg\,\varphi}\,\sqrt{r'^2 - 4\,k^2\,\sin\varphi}$$

qui correspond à un *équilibre stable*, l'autre

$$h'' = \frac{r'}{2\,tg\,\varphi} + \frac{1}{2\,tg\,\varphi}\,\sqrt{r'^2 - 4\,k^2\,\sin\varphi}$$

qui correspond à un *équilibre instable*.

En effet, on a

$$\frac{dh}{dr'} = \frac{1}{2\,tg\,\varphi}\left[\,1\,\pm\,\frac{r'}{\sqrt{r'^2 - 4\,k^2\,\sin\varphi}}\right].$$

Cette équation montre que h'' varie dans le même sens que r', tandis que h' varie en sens contraire. Il s'ensuit que si on déplace un tant soit peu la colonne liquide, soit dans un sens, soit dans un autre, en produisant une aspiration, par exemple, ou une compression, à la partie supérieure du tube, h'' ne pourra pas revenir à sa position primitive, et que le contraire arrivera pour la colonne h'.

IV

ÉQUILIBRE D'UNE GOUTTE LIQUIDE DANS UN TUBE CONIQUE.

Une goutte liquide qui mouille les parois d'un tube conique suffisamment étroit est terminée, comme on sait, par deux segments sphériques concaves de rayons différents. Dans ce cas, lorsque l'angle de raccordement est nul, les pressions moléculaires qui correspondent à chacun des ménisques, sont, en prenant pour unité de poids celui de l'unité de volume du liquide et en représentant par r et r' les rayons des sections aux points d'affleurement,

$$A - \frac{k^2}{r} \cos \varphi \qquad \text{et} \qquad A - \frac{k^2}{r'} \cos \varphi.$$

Admettons que l'on ait écrit les rayons r et r' dans l'ordre de leurs distances au sommet du cône, et que l'on ait conséquemment

$$r' > r.$$

Il est évident que la pression moléculaire qui correspond à la section r est plus petite que celle qui correspond à la section r', et que la goutte liquide s'avancera vers le sommet du tube, tant que la différence des actions moléculaires ne sera pas contre-balancée par l'action de la gravité.

Lorsque la goutte liquide ne mouille pas le tube, les segments sphériques qui la terminent sont convexes; les pressions moléculaires sont respectivement égales à

$$A + \frac{k^2}{r} \cos \varphi \qquad \text{et} \qquad A + \frac{k^2}{r'} \cos \varphi;$$

et la goutte liquide s'éloigne dans ce cas du sommet du tube, jusqu'à ce que l'action des forces qui la sollicitent soit contre-balancée par celle de la gravité.

Supposons maintenant que la goutte liquide après avoir éprouvé l'un ou l'autre des mouvements dont il vient d'être question ait atteint sa positiond'é-quilibre.

Alors le petit filet centraldont

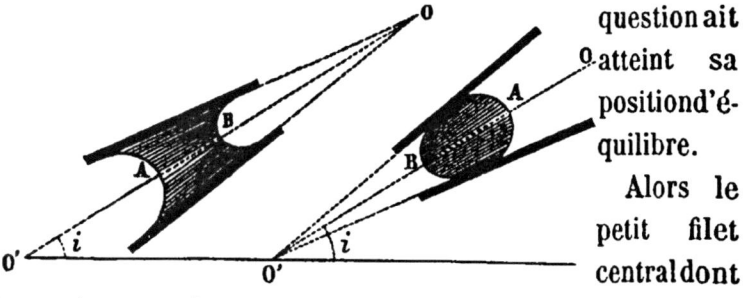

la section peut être prise pour unité de surface, est sollicité dans le sens AO par la force moléculaire

$$k^2 \cos \varphi \left(\frac{1}{r} - \frac{1}{r'} \right) \quad (1)$$

et dans le sens OA par la composante de son poids suivant cette direction. En représentant par $2l$ la longueur de la goutte, et par i l'angle d'inclinaison de l'axe du tube sur l'horizontale, la valeur de cette composante est

$$2l \sin i.$$

On a donc l'équation

$$2l \sin i = k^2 \cos \varphi \left(\frac{1}{r} - \frac{1}{r'} \right).$$

En appelant x la distance $\dfrac{OA + OB}{2}$, on a aussi

$$tg\, \varphi = \frac{r}{x - l} = \frac{r'}{x + l} = \frac{r' - r}{2\,l}$$

et, par conséquent,

$$r' - r = 2l\, tg\, \varphi \qquad \text{et} \qquad rr' = x^2 tg^2\, \varphi$$

en négligeant l devant x;
on a, par suite,

$$2l \sin i = k^2 \cos \varphi \, \frac{2l}{x^2 tg\, \varphi}$$

ou

$$\sin i = \frac{k^2 \cos^2 \varphi}{x^2 \sin \varphi}$$

ou encore,

$$\sin i = \frac{\dfrac{k^2 \cos \varphi}{r''}}{x}.$$

(1) *Leçons de physique*, par M. DESAINS, t. I, p. 607.

en posant

$$r'' = x \, tg \, \varphi,$$

La première valeur de sin i fait voir que le sinus de l'inclinaison du tube sur l'horizon est à peu près en raison inverse du carré de la distance du centre de la goutte liquide au sommet du tube lors de l'équilibre. Ce résultat a été vérifié par Newton (1).

La seconde montre que le sinus de l'inclinaison est encore sensiblement égal à une fraction dont le numérateur est la hauteur à laquelle le liquide s'élèverait dans un tube cylindrique de même rayon que la section moyenne de la goutte liquide, et dont le dénominateur est égal à la distance du centre de la goutte au sommet du tube lors de l'équilibre.

Tous ces résultats sont applicables, ainsi qu'il a été dit plus haut, aux lames formant entre elles un angle très-aigu et dont l'intersection commune est horizontale.

V

SUSPENSION DES CORPS LÉGERS A LA SURFACE DES LIQUIDES DE MOINDRE DENSITÉ.

Les corps de petites dimensions peuvent flotter à la surface des liquides qui ne les mouillent pas, alors même que la pesanteur spécifique de ces derniers est moindre que celle du solide.

En effet, il faut et il suffit pour cela, que le poids du corps

------

(1) *Optique,* question 31.

soit égal à la poussée du liquide ; en d'autres termes, b étant la base de poussée du corps supposé cylindrique, h sa hauteur, ρ sa densité, ρ' la densité du liquide et h' l'élévation de son niveau extérieur au-dessus de la base b ; il suffit que l'on ait

$$bhg\rho = bh'g\rho'$$

ou

$$h\rho = h'\rho'.$$

Il est seulement essentiel de remarquer, que la mobilité du liquide étant un obstacle pour que h' diffère considérablement de h, ρ ne pourra jamais différer beaucoup de ρ'.

———

VI

ATTRACTION DES CORPS LÉGERS (1).

Il est facile de se rendre compte d'un des phénomènes capillaires les plus intéressants, savoir de l'attraction des corps légers, à l'aide des principes que nous avons établis.

Nous considérerons d'abord les corps qui peuvent être mouillés par les liquides dans lesquels ils sont plongés.

Soient AA' et BB' deux lames verticales très-rapprochées l'une de l'autre et qui peuvent être rendues mobiles à un moment donné.

Ces lames supportent en chacun de leurs points des pressions qu'il est aisé d'évaluer.

———

(1) LAPLACE, *Mécanique céleste*, 1er supplément au livre X⁰, pp. 41 et suiv.

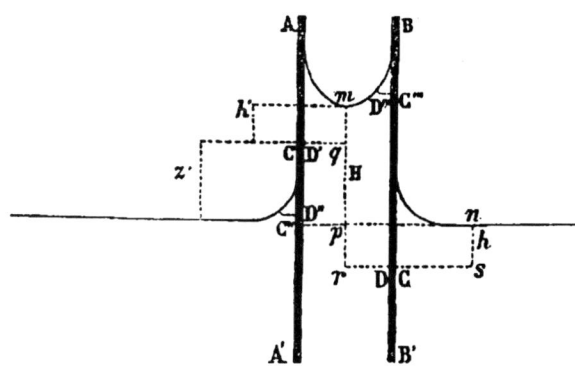

Soient P la pression atmosphérique estimée en colonne d'eau, H la hauteur de la colonne mr, et h celle de la colonne ns.

Les pressions supportées par la lame BB' en deux points tels que C et D, sont :

Au point D,

$$P + (A - M) + H - A \qquad \text{ou} \qquad P + H - M;$$

au point C,

$$P + A + h - A \qquad \text{ou} \qquad P + h.$$

Ces deux pressions sont égales, attendu que l'on a

$$M = H - h.$$

On néglige dans ce calcul l'action réciproque exercée en chacun des deux points par la lame sur le liquide et par le liquide sur la lame, par la raison que cette action réciproque ne peut communiquer à la lame aucune tendance au mouvement.

Soient, h' la hauteur de la colonne mq et z' celle de pq.

Les pressions supportées par la lame AA' en deux points tels que C' et D', sont :

au point C',

$$P;$$

au point D',

$$P + (A - M) + h' - A \qquad \text{ou} \qquad P + h' - M \qquad \text{ou} \qquad P - z'.$$

Ces deux pressions sont inégales et l'excès de la première sur la seconde est égal au poids de la colonne z'.

Les pressions supportées par la lame AA' en deux points tels que C″ et D″, sont :

au point C″,

$$P + (A - M') - A \quad \text{ou} \quad P - M' \quad \text{ou} \quad P - h''$$

en appelant h'', l'élévation du point C″ au-dessus du niveau horizontal du liquide extérieur non soulevé ;

au point D″,

$$P + (A - M) + (H - h - h'') - A \quad \text{ou} \quad P - h''.$$

Ces deux pressions sont égales.

Les pressions supportées par la lame BB' en deux points tels que C‴ et D‴, sont :

au point C‴,

$$P;$$

au point D‴,

$$P + (A - M'') - A \quad \text{ou} \quad P - h'''.$$

en représentant par h''', l'élévation du point D‴ au-dessus du plan horizontal du niveau du liquide extérieur.

Ces deux pressions sont inégales et l'excès de la première sur la seconde est égal au poids de la colonne liquide h'''.

La lame AA' est donc pressée en définitive de dehors en dedans sur l'unité de longueur, par une force totale égale au poids d'une colonne liquide, qui, l et l_1 étant les distances verticales au-dessus du niveau horizontal du liquide extérieur des lignes de l'affleurement intérieur et de l'affleurement extérieur, aurait pour base le rectangle

$$l - l_1$$

et pour hauteur, la demi-somme

$$\frac{l + l_1}{2}.$$

Ce poids est égal à

$$\frac{l^2 - l_1^2}{2} \, pg.$$

Les deux lames AA′ et BB′ tendent donc à se rapprocher, et elles se rapprocheront effectivement si on leur donne la mobilité qu'elles peuvent recevoir.

Considérons, en second lieu, les corps plongés dans les liquides qui ne peuvent pas les mouiller et conservons les notations précédentes.

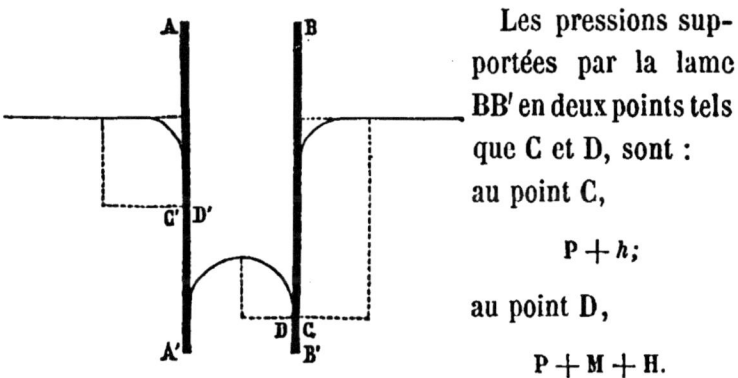

Les pressions supportées par la lame BB′ en deux points tels que C et D, sont :
au point C,

$$P + h;$$

au point D,

$$P + M + H.$$

Ces deux pressions sont égales, attendu que l'on a

$$M = h - H.$$

Les pressions supportées par la lame AA′ en deux points tels que C′ et D′, sont :
au point C′,

$$P + h';$$

au point D′,

$$P.$$

Ces pressions sont inégales, et l'excès de la première sur la seconde est égal au poids de la colonne h'.

La lame AA' est donc pressée de dehors en dedans sur l'unité de longueur, par le poids d'une colonne liquide qui aurait pour base le rectangle

$$l - l_{,,}$$

et pour hauteur

$$\frac{l + l_{,}}{2}.$$

Ce poids est égal à

$$\frac{l^2 - l_{,}^2}{2} \rho g.$$

Les deux lames AA' et BB' tendent donc à se rapprocher.

———

VII

RÉPULSION DES CORPS LÉGERS (1).

Lorsqu'une des lames est mouillée par le liquide, et que l'autre ne l'est pas, il y a généralement répulsion. L'explication de ce phénomène exige quelque développement. Nous le traiterons cependant le plus brièvement possible.

L'équation de la surface capillaire de révolution devient dans le cas de deux lames parallèles

$$z = \frac{k^2}{2} \frac{\frac{d^2 z}{du^2}}{\left(1 + \frac{dz^2}{du^2}\right)^{\frac{3}{2}}};$$

———

(1) LAPLACE, *Mécanique céleste*, 2e supplément au livre Xe, pp. 39 et suiv.

et il est facile de voir que la courbe méridienne a nécessairement dans ce cas un point d'inflexion, lorsque les deux lames sont à une distance assez grande l'une de l'autre. Ce point est d'ailleurs au niveau du liquide extérieur, attendu qu'en un point d'inflexion le rayon de courbure de la section méridienne est en général infini.

Cela posé, supposons que le liquide soit déprimé près de la première lame et soulevé près de la seconde;

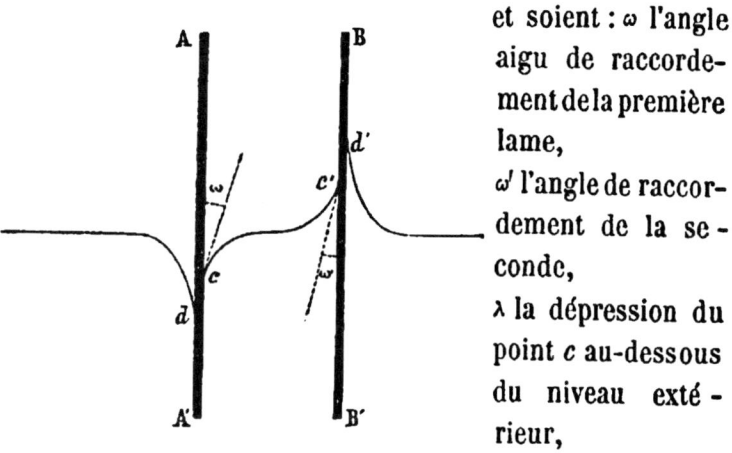

et soient : ω l'angle aigu de raccordement de la première lame,

ω' l'angle de raccordement de la seconde,

λ la dépression du point c au-dessous du niveau extérieur,

λ_1 celle du point d,

λ' l'élévation du point c' au-dessus du même niveau,

λ'_1 celle du point d'.

On a

$$z\,dz = \frac{k^2}{2}\frac{\frac{dz}{du}\frac{d^2z}{du^2}\,du}{\left(1+\frac{dz^2}{du^2}\right)^{\frac{3}{2}}}$$

et en intégrant,

$$\frac{z^2}{2} = \text{const} - \frac{k^2}{2}\frac{1}{\sqrt{1+\frac{dz^2}{du^2}}}.$$

Comme on doit avoir au point c

$$\frac{\lambda^2}{2} = \text{const} - \frac{k^2}{2}\sin\omega,$$

et au point c'

$$\frac{\lambda'^2}{l'^2} = \text{const} - \frac{k^2}{l'^2} \sin\omega' ;$$

il faut que

$$\lambda'^2 - \lambda^2 = k^2 (\sin\omega - \sin\omega')$$

et que

$$\frac{k^2}{\sqrt{1 + \frac{dz^2}{du^2}}} = \lambda^2 + k^2 \sin\omega - z^2.$$

En posant

$$k^2 Z = \lambda^2 + k^2 \sin\omega - z^2,$$

la dernière équation devient

$$du = \frac{Z \, dz}{\sqrt{1 - Z^2}}$$

ou

$$du = tg\varphi \, dz,$$

φ étant l'angle variable formé par la tangente à la courbe méridienne cc' avec la verticale.

Z, qui est toujours inférieur à l'unité, devient au point d'inflexion

$$\frac{\lambda^2 + k^2 \sin\omega}{k^2} ;$$

on a donc :

$$\lambda^2 + k^2 \sin\omega \gtreqless k^2 \qquad \text{et} \qquad \lambda'^2 + k^2 \sin\omega' \gtreqless k^2.$$

Mais il n'est pas possible d'avoir

$$\lambda^2 + k^2 \sin\omega = k^2 = \lambda'^2 + k^2 \sin\omega',$$

attendu qu'on aurait alors

$$k^2 (1 - Z) = z^2$$
$$k^2 (1 + Z) = 2k^2 - z^2$$

et partant,

$$du = \mp \frac{(k^2 - z^2)\, dz}{z \sqrt{2\, k^2 - z^2}}.$$

Or, cette dernière équation donne par l'intégration,

$$u = \frac{k}{2\sqrt{2}}\; l.\left[\frac{k\sqrt{2} + \sqrt{2\, k^2 - z^2}}{k\sqrt{2} - \sqrt{2\, k^2 - z^2}} \right] - \sqrt{2\, k^2 - z^2} + \text{const},$$

pour la partie de la courbe méridienne comprise entre la première lame et le point d'inflexion; c'est-à-dire, en remplaçant la constante par la valeur qu'elle doit avoir pour satisfaire à l'égalité

$$u = o \qquad \text{pour} \qquad z = \lambda:$$

$$u = \frac{k}{2\sqrt{2}}\left[l.\frac{k\sqrt{2}+\sqrt{2k^2-z^2}}{k\sqrt{2}-\sqrt{2k^2-z^2}} - l.\frac{k\sqrt{2}+\sqrt{2k^2-\lambda^2}}{k\sqrt{2}-\sqrt{2k^2-\lambda^2}} \right] + \sqrt{2k^2-\lambda^2} - \sqrt{2k^2-z^2}.$$

Cette valeur de u devenant infinie pour $z = o$, il faudrait donc en conclure que les deux lames sont à une distance infinie l'une de l'autre, ce qui est contraire à nos suppositions.

On a donc nécessairement, ainsi que nous l'avons dit,

$$\lambda^2 + k^2 \sin \omega < k^2 \qquad \text{et} \qquad \lambda'^2 + k^2 \sin \omega' < k^2,$$

et puisqu'on a

$$\lambda_i^2 + k^2 \sin \omega = k^2 \qquad \text{et} \qquad \lambda_i'^2 + k^2 \sin \omega' = k^2,$$

ainsi qu'il a été démontré à la fin du chapitre précédent, on a aussi :

$$\lambda < \lambda_i \qquad \text{et} \qquad \lambda' < \lambda_i'.$$

La variation de niveau est donc moins forte aux points c et c', qu'aux points d et d'.

Cela posé, il résulte de l'examen qui a été fait dans l'article précédent, que la lame AA′ est pressée de dedans en dehors sur l'unité de longueur, par une colonne liquide dont le poids est égal à

$$\frac{\lambda_1^2 - \lambda^2}{2} \rho g,$$

en même temps que la lame BB′ est pressée de la même manière, du dedans au dehors, par le poids liquide

$$\frac{\lambda_1'^2 - \lambda'^2}{2} \rho g.$$

Ces deux pressions sont égales, puisque l'on a

$$\lambda'^2 - \lambda^2 = k^2 (\sin \omega - \sin \omega') = \lambda_1'^2 - \lambda_1^2 .$$

Si $\omega = \omega'$, le point d'inflexion se trouve à égale distance des deux lames et subsiste toujours, quel que soit le degré de rapprochement des parois en regard. Dans ce cas, il y a toujours répulsion des deux lames.

Si on a $\omega > \omega'$: d'une part, il est nécessaire que le point d'inflexion soit, dans ce cas, plus rapproché de la première lame que de la seconde, attendu que, l'angle φ obtenant les mêmes valeurs de part et d'autre du point d'inflexion pour les mêmes valeurs absolues de z, il s'ensuit que les différentielles du sont égales deux à deux de part et d'autre de ce point et qu'on a

$$\int_\lambda^0 du < \int_0^{\lambda'} du;$$

d'autre part, il est facile de voir que le point d'inflexion doit finir par se confondre avec la paroi de la première lame, si on rapproche indéfiniment les deux lames en regard.

En effet, on a tout à la fois

$$\lambda'^2 - \lambda^2 = k^2 (\sin \omega - \sin \omega')$$

et

$$du = tg\varphi\, dz;$$

la première équation exige que l'on ait constamment

$$\lambda'^2 > k^2 (\sin\omega - \sin\omega'),$$

tandis que la seconde, intégrée depuis la première lame jusqu'au point d'inflexion, demande que λ' soit du même ordre de grandeur que la distance des lames.

Il est évident que ces deux conditions, qui subsistent tant qu'il y a point d'inflexion, ne peuvent coexister quand on rapproche indéfiniment les deux lames, puisque λ' devrait être à la fois une quantité finie et une quantité infinitésimale.

Lorsque le point d'inflexion coïncide avec la lame AA', λ est égal à zéro.

A partir de ce moment, la courbe capillaire méridienne demeure concave dans toute son étendue, et λ qui croît à mesure qu'on diminue la distance des lames ne caractérise plus une dépression du liquide, mais bien une ascension.

La lame AA' est alors soumise à deux forces contraires, l'une qui agit du dehors au dedans et qui est égale sur l'unité de longueur au poids liquide

$$\frac{\lambda^2}{2}\rho g;$$

l'autre qui sollicite du dedans au dehors et qui est égale au poids liquide

$$\frac{\lambda_1^2}{2}\rho g.$$

Tant que la résultante de ces deux forces,

$$\frac{\lambda_1^2 - \lambda_2^2}{2}\rho g$$

est positive, c'est-à-dire, tant que l'on a

$$\lambda_, > \lambda,$$

il y a répulsion des deux lames.

Mais lorsqu'on aura

$$\lambda_, = \lambda,$$

et partant

$$\lambda'_, = \lambda'_,$$

la répulsion se changera en attraction, et cela pour les deux plans à la fois (1).

———

VIII

THÉORÈME DE M. BERTRAND (2).

M. Bertrand a fait connaître il y a quelques années un fort beau théorème par lequel nous allons terminer cette revue des principaux phénomènes capillaires.

Supposons qu'une goutte de mercure repose sur une lame horizontale de verre, et que, par le moyen d'un canal recourbé terminé à un petit orifice pratiqué dans la lame au centre même de la base de support, elle communique avec un vase assez large pour que la surface du niveau du liquide y soit horizontale.

---

(1) On peut consulter sur ce sujet, la *Nouvelle théorie de l'action capillaire*, par Poisson, n° 96-100; *Mécanique céleste* translated with a commentary by Bowditch, v. 4, pp. 929 et suiv.; *Fisica de' corpi ponderabili* del cavaliere Avogadro, t. II, pp. 224 et suiv.

(2) *Journal de mathématiques pures et appliquées*, 1re série, t. XIII, p. 207.

Soient, V le volume de la goutte,

b la surface de la base de support,

L le contour de cette base,

i l'angle formé avec le plan horizontal par le plan tangent à la surface de la goutte tout le long du contour L.

Si on prend le plan de la lame pour le plan coordonné des xy et qu'on compte les z dans le sens de la pesanteur, on a pour l'équation de la surface de la goutte mercurielle,

$$h - z = \frac{k^2}{2} \left(\frac{1}{R} + \frac{1}{R'} \right)$$

h étant l'élévation de la surface horizontale du liquide du vase au-dessus du plan de la lame de verre.

Multipliant par $dx\, dy$, intégrant sur toute l'étendue de la surface libre de la goutte de la même manière que dans la détermination des volumes, et remarquant que le produit $h\, dx\, dy$ est nul sur toute l'étendue de l'anneau horizontal compris entre le contour L et celui de la projection de la surface, on obtient

$$bh - V = \frac{k^2}{2} \iint \left(\frac{1}{R} + \frac{1}{R'} \right)\, dx\, dy.$$

Nous avons déjà vu que l'on peut considérer l'intégrale

$$\iint \left(\frac{1}{R} + \frac{1}{R'} \right) dx\, dy$$

comme la différence de deux sommes : celle des composantes verticales des pressions $\frac{du}{\varepsilon}$ s'exerçant normalement sur toute l'étendue de la surface libre de la goutte, et celle des composantes verticales des pressions $\frac{dv}{\varepsilon}$ s'exerçant aussi normalement, mais en sens contraire des premières, sur toute l'étendue de la surface parallèle à la surface libre dont la distance constante à cette dernière est infiniment petite et égale à ϵ.

Cette intégrale est donc égale à la différence des produits de $\frac{1}{\epsilon}$, d'une part par la projection horizontale de la portion de la surface libre renfermée dans le cylindre vertical qui a b pour base; de l'autre, par la projection horizontale de la portion de la surface parallèle renfermée dans le cylindre vertical qui passe par le contour terminateur de cette surface. En d'autres termes, l'intégrale dont il s'agit est égal au produit de $\frac{1}{\epsilon}$ par la projection horizontale de la surface formée par ceux des segments ϵ normaux à la surface libre, qui sont situés tout le long du contour L.

On a par conséquent

$$bh - V = -\frac{k^2}{2} L \sin i$$

et, par suite,

$$V = bh + \frac{k^2}{2} L \sin i.$$

Cette relation remarquable fournit un moyen nouveau de soumettre la théorie de la capillarité à la sanction de l'expérience.

FIN.

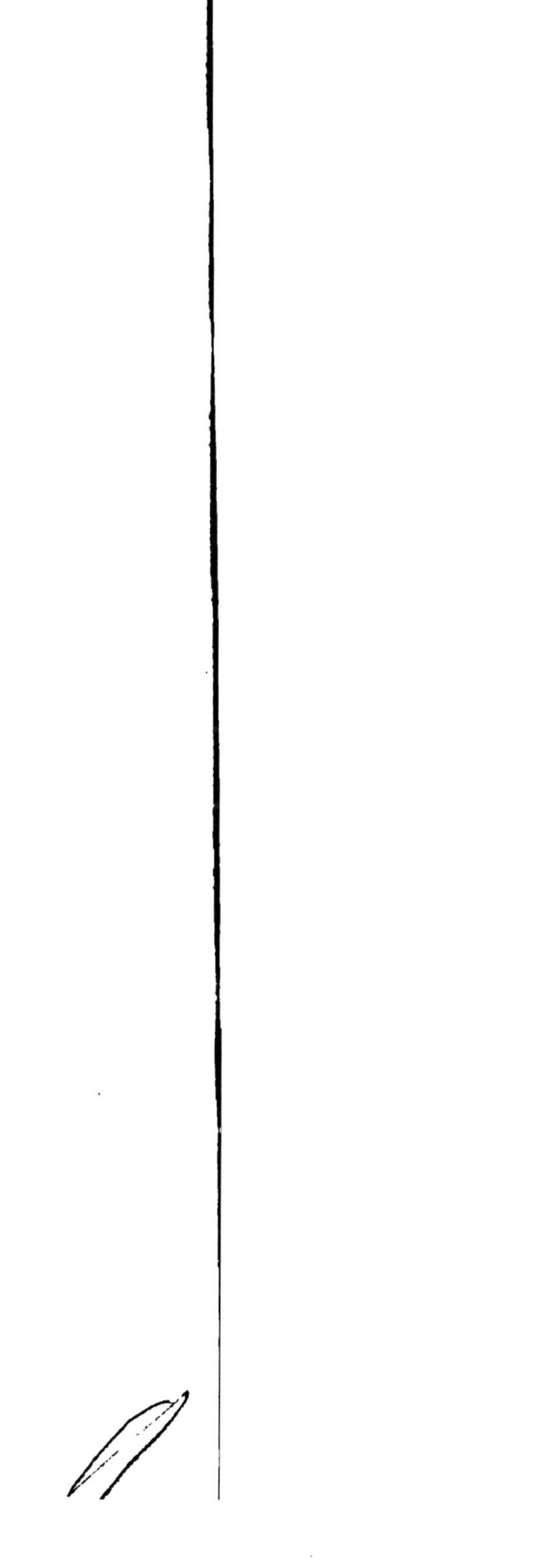

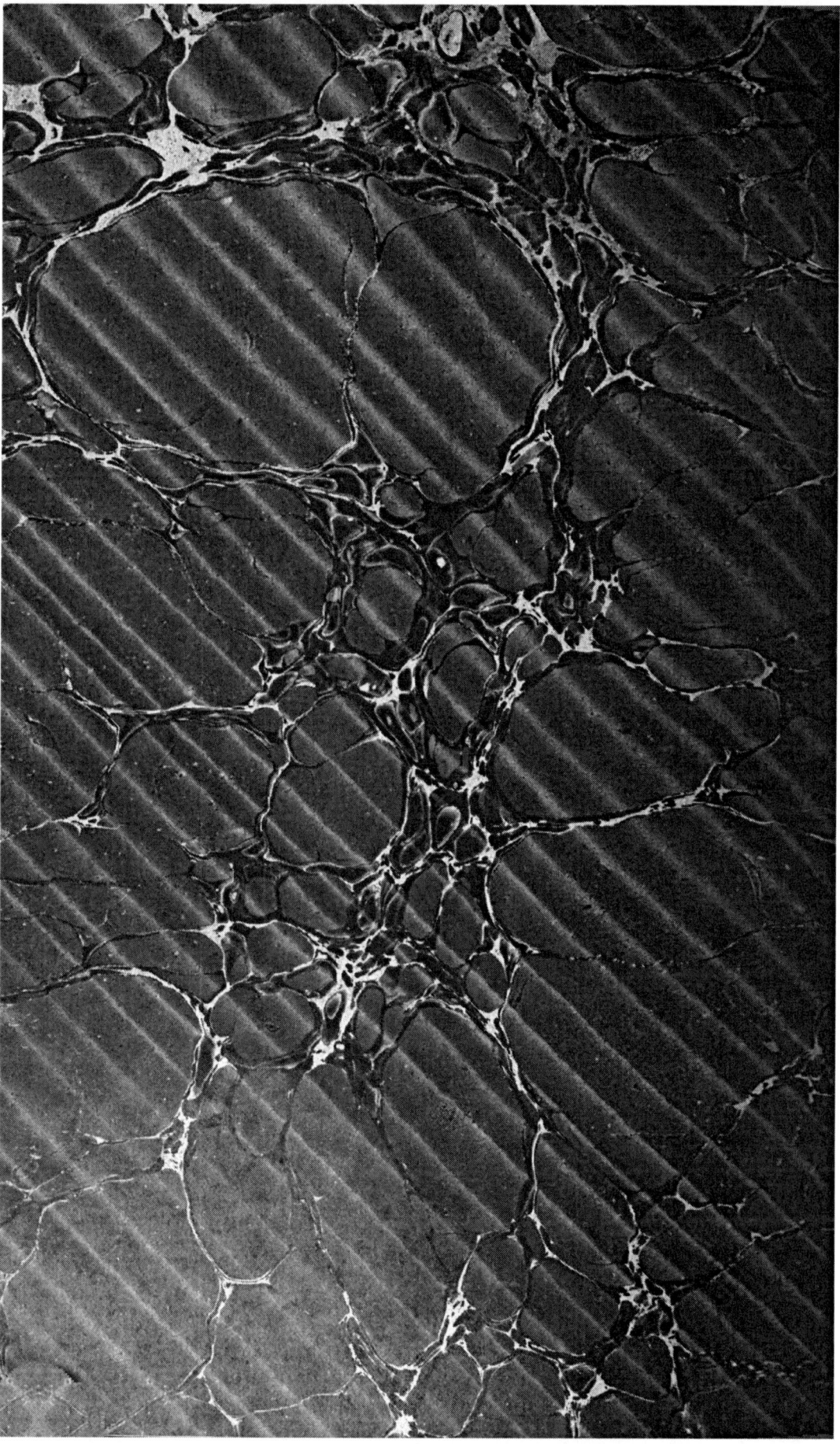

Lightning Source UK Ltd.
Milton Keynes UK
UKOW02f2219180913

217478UK00012B/1254/P